日本の選挙制度と
1票の較差

川人貞史 著 Sadafumi KAWATO

東京大学出版会

Japanese Electoral Systems and Disparity in Vote Values
Sadafumi KAWATO
University of Tokyo Press, 2024
ISBN978-4-13-030193-0

はしがき　なぜ日本の区割り基準は人口較差最大 2 倍なのか？

　本書は，日本の選挙制度がどのように形成され，どのように変化してきたかを長期的に分析する試みである．本書の研究のきっかけは，選挙を主要な研究分野の 1 つとする研究者の私が，衆議院議員選挙区画定審議会（区割り審）委員となり，2022 年 6 月に審議会会長として首相に区割り改定案を勧告したことである．改定案を期限内にまとめ，会長として責任を果たしたものの，研究者としてはモヤモヤが残った．というのは，審議会としては最善の改定案をとりまとめることができたが，研究者の立場からするとそうとは言い切れないからである．その一例は，区割り改定案における選挙区人口の最大較差が 1.999 倍だったことである．これは 2020 年の国勢調査人口であるから，2 年近く経過した勧告当時にはすでに 2 倍を超えていたと推測されるが，メディアも含めてその問題点を指摘する声はほとんどなかった．選挙区人口の較差が大きければ，1 人の議員を選出する投票の価値が大きく異なるため，1 票の較差，投票価値の不平等が存在することを意味する．

　審議会の改定案の勧告は，政府がそのまま公職選挙法改正案として国会に提出し，無修正で可決されるのが通例である．そして，新しい区割りの下で解散総選挙が行われた後で，当日有権者数にもとづく選挙区間の最大較差が 2 倍を超えていることを根拠に選挙無効請求訴訟が提起されても，最高裁判所に投票価値の平等に反しており違憲無効であると判示されないことが期待されている．この期待を満たすためには，区割りが総選挙時に法の下の平等などの憲法上の要請に反していても（違憲状態），憲法上要求される合理的期間内に是正しなかった（違憲）とされない必要がある．そのためには，不平等を是正する公職選挙法改正案が国会で国会議員の多数の支持を得て成立する必要があり，さらに政府が閣議決定を経て国会に改正案を提出する前に，政権担当の自由民主党内の了承を取り付けることが必要である．自民党の了承には，自民党議員たちが好ましいと思わなくても許容できる（せざるを得ない）と考えるものでなけ

ればならない．したがって，区割り改定案はこれらのアクターから拒否されないと予想されるものにする必要があり（anticipated reaction），国民・有権者の平等な投票参加の権利は軽視されることになる．ゲームの理論の用語で言えば，最終的に成立する公職選挙法改正案は逆戻り推論（backward induction）を用いて各アクターに受け入れられるものが最初から提案される．

それでも，アダムズ方式の完全適用による15都県での「10増10減」の議員定数配分を含む全25都道府県で140選挙区の区割り改定の影響の大きさに政治家からは強い不満や悲鳴の声が上がり，ある自民党幹部は「議員のことなのに，学者がいろいろ口を出してふざけんなという話だ」と毒づいたとされる．実際のところ，10増10減は区割り審設置法の規定によって自動的に決まり，区割り改定案の作成も同法の規定にもとづく「区割り改定案の作成方針」によって進められ，学者として容喙できる余地はない．しかし，政治生命がかかる選挙区のことだけに，衆議院では2022年11月の区割り改定法（公職選挙法改正）議決に際して選挙制度の抜本的検討を行うとする附帯決議がなされ，2023年2月に，衆議院選挙制度協議会が設置された．同年12月にとりまとめられた報告書では，今後衆議院の正式な機関に移行して本格的な議論を開始するポイントとなり得る視点が提示されたにとどまり，改革の方向性は定まっていない．

こうした区割り改定の政治過程において，日本政治の常識が世界標準の政治学理論や西欧民主政治諸国の比較政治学の知見からかけ離れていることは明らかであり，違和感を覚えざるを得なかった．

選挙制度の研究者として，これまで私は，単に現在の区割りだけではなく明治以来の選挙制度とその運用にもモヤモヤを感じてきた．そこで，本書では日本の選挙制度の全体を取り上げて，分析を進めていきたい．諸外国の選挙制度および区割りの制度についても比較政治学的に分析しながら，日本の選挙制度と区割りがどのような歴史的経緯をもって現在まで繋がっているかを明らかにしたい．

選挙制度と区割りは現代民主政治においてきわめて重要である．直接影響を受ける議員や候補者だけでなく，選挙に関わるさまざまなアクターたち，そして，すべての国民にとって代表を選出する機会が公正・公平に保障されていな

けなければならない．民主政治は政治的に平等な構成メンバー全員の選好に完全あるいはほとんど完全に応答する特質を持つ政治システムであり，日本の民主政治の健全な発達のためには，国民が有権者として選挙に平等に参加し，最終結果に対して平等に影響を及ぼすことができなければならない．

なお，本書は専門研究書であり，戦前の分析においては，時にはあいまいで矛盾する議会議事録の発言から比例代表制の方式を特定する作業や，都道府県人口と定数配分の照合作業を行っており，比例代表制の数理的説明や，区割り作業の細かな部分についても記述を行っている．これらは，専門研究書としては不可欠であるが，一般の読者にとっては難解であり，興味をつなぐことが容易でないかもしれない．そのような場合には，気にせず，読み進めて，各章の末尾の結論で再確認するようにしてほしい．

本書の研究に際し，数多くの方々のお世話になったことを感謝している．本書でもっとも早い時期に執筆した部分は，久保文明氏のお招きにより 2014 年の東京大学第 7 回ヘボン＝渋沢記念講座シンポジウム「比較の中の日米政治」において「日米の比例代表制」と題するプレゼンテーションのために準備したものであり，各章の中に溶け込んでいる．また，都道府県への議員定数配分の実際の運用においてヘア式最大剰余法を用いることになったのは一体いつからだろうかという問いから始まった研究が，品田裕氏との個人的な会話やメールのやり取りによって進展し，川人（2020）の論文となり，一部加筆・修正して第 4 章となっている．品田氏から数々の貴重な示唆をいただき，人口統計や選挙区割りに関するデータのやりとりと議論によって共有した知見をもとに分析を進めることができたことを感謝したい．川人（2020）の研究に際して，日本学術振興会科学研究費補助金基盤研究（C）「選挙制度改革と政治制度改革のインパクトの理論的・実証的研究」（川人貞史，2018 〜 2021 年度）の補助を受けた．論文の一部を修正して本書に使用することを許可していただいた著作権者の東京大学大学院法学政治学研究科にお礼申し上げる．お名前をあげることは差し控えるが，私の資料の提供のお願いや問い合わせに快く応じてくださった方々にも感謝している．いうまでもなく本書の内容に関するすべての責任は私にある．

刊行に際して，東京大学出版会編集部の奥田修一氏にお世話になり，感謝し

iv　　はしがき

ている．奥田氏の周到な編集の目が行き届き，少しは本書が読みやすくなった
と喜んでいる．

　本書中で，衆議院議員選挙区画定審議会に関する資料については，総務省ホ
ームページ内の衆議院議員選挙区画定審議会のページに，設置法令などの概要，
勧告，開催状況，会議資料などが掲載されているので，個別に引用先を注記し
ていない．下記リンクから参照可能である．

https://www.soumu.go.jp/main_sosiki/singi/senkyoku/senkyoku_shingi.html

　また，1899 年から 1947 年までの都道府県への議員定数配分については，本
書巻末の付表を参照されたい．

目　次

はしがき
図表一覧

第1章　民主政治と選挙制度 ——————————————————— 1

　1. 大規模政治システムにおける民主政治　　1

　　民主的プロセスの規準と大規模民主政治システムの政治制度（1）

　　日本における民主政治（4）

　2. 大規模民主政治システムにおける選挙制度　　6

　　選挙制度と代表のあり方（6）

　　選挙制度と政党システム（8）

　3. 選挙制度と民主政治の質　　11

　　選挙民主政治と代表民主政治（11）

　　マジョリテリアン・デモクラシーとコンセンサス・デモクラシー（12）

　　民主政治のための選挙制度の条件（14）

　　議員定数の配分と選挙区の区割り（15）

　4. 本書の構成　　18

第2章　各国の選挙制度と選挙区改定 ——————————— 21

　1. アメリカ　　21

　　選挙権（21）

　　各州への下院議員の配分（Apportionment）（22）

　　公正な議員配分方法の探求（25）

　　各州における選挙区割り（Redistricting）（27）

　2. イギリス　　33

　　選挙改革以前（33）

　　19世紀の選挙改革（34）

　　20世紀以降の選挙改革（36）

vi　目　次

3. カナダ　42

選挙権（42）

各州への議席配分と選挙区割り（43）

4. 日　本　46

選挙権（47）

選挙制度と選挙区割りの変遷（48）

小選挙区比例代表並立制（52）

5. 各国の比較　58

6. 結　論　62

第3章　比例代表制の各方式と1票の較差 ——————— 65

1. 民主政治における議員定数配分　65

2. 議員定数を都道府県に配分する方法　67

3. 最大剰余法　70

4. 最高平均法　74

最高平均法の計算方法（74）

除数方式（76）

5. 比例代表制の各方式の比較　78

人口と配分定数のグラフ（78）

都道府県の議員1人あたり人口の較差（80）

比例代表制がもたらす結果について（87）

6. 結　論　89

第4章　衆議院議員定数の都道府県への配分 ——————— 91

1. 選挙法規に明記されなかった都道府県への定数配分の方法　91

2. 1889年の小選挙区制　93

3. 1900年の大選挙区制への改正　95

第12議会（1898年）における第3次伊藤内閣の衆議院議員選挙法改正の試み（96）

第13議会（1899年）における第2次山県内閣の衆議院議員選挙法改正の試み（100）

第14議会（1899-1900年）における第2次山県内閣の衆議院議員選挙法改正（103）

4. 1919年の小選挙区制への改正　110

目　次　vii

5.　1925 年の中選挙区制への改正　114

6.　1945 年の大選挙区制への改正　116

7.　1947 年の中選挙区制への改正　118

8.　結　論　121

第 5 章　衆議院議員選挙制度における区割りと 1 票の較差 ——— 126

1.　選挙制度と区割り　126

2.　1889 年の区割り：最大限の較差容認 = 島嶼を除き全国で 2 倍未満の基準　128

3.　1900 年の大選挙区制：区割り不要の選挙制度　135

4.　1919 年：1900 年の踏襲と不徹底な小選挙区制の区割り　139

5.　1925 年：SNTV の選挙区割り　147

6.　1947 年：SNTV の選挙区割り　151

7.　中選挙区制における定数不均衡の是正：既存選挙区の維持と定数変更による 1 票の較差縮小　157

　1964 年の定数変更（157）

　1975 年の定数変更（162）

　1986 年の定数変更（164）

　1992 年の定数変更（167）

8.　結　論　169

第 6 章　1994 年以降の衆議院議員選挙制度と 1 票の較差 ——— 174

1.　政治改革後の議員定数配分・区割りと 1 票の較差　174

2.　1994 年の小選挙区比例代表並立制における定数配分と区割り　175

3.　1995 年国勢調査による改定勧告の見送り　184

4.　2002 年の定数配分変更と選挙区割り改定　188

5.　2005 年国勢調査による改定勧告の見送り　190

6.　2011 年最高裁判決と 2013 年緊急是正　191

7.　衆議院選挙制度に関する調査会と 2017 年の選挙区割り改定　198

8.　2022 年の選挙区割り改定　206

viii　目　次

9. 結　論　212

第7章　参議院議員選挙制度と1票の較差 ————————— 216

1. 地方区と全国区の選挙制度　216
2. 1947年の地方区の定数配分　218
3. 1票の較差拡大をめぐる最高裁判決と1994年の定数是正　221
4. 2000年以降の定数是正と最高裁判決　227
5. 結　論　235

第8章　選挙区改定方法の改革へ向けて ————————— 239

1. 本書の分析の要点　239
2. 衆議院選挙制度協議会における議論　244
3. 衆議院の選挙区改定方法の改革へ向けて　246

付　表　259

1　1889年の府県への定数配分　259
2　1900年の道府県の市部・郡部への定数配分　260
3　1919年の道府県の市部・郡部への定数配分　262
4　1925年の道府県への定数配分　264
5　1945年の都道府県への定数配分　265
6　1947年の都道府県への定数配分　266

参考文献　267
索　引　275

図表一覧

図 2-1　アメリカ 2020 年議席再配分と区割り後の選挙区人口分布　31

図 2-2　イギリス 2023 年リビューの選挙区有権者数の分布　41

図 2-3　カナダ 2023 年選挙区人口の分布　46

図 2-4　2022 年区割り後の選挙区人口分布　57

図 3-1　ヘア式最大剰余法とラウンズ方式　72

図 3-2　比例代表制の諸方式　80

図 3-3　ドント方式の議員定数配分（2015 年日本国民の人口）　82

図 3-4　サント・ラグ方式の議員定数配分（2015 年日本国民の人口）　83

図 3-5　アダムズ方式の議員定数配分（2015 年日本国民の人口）　84

図 3-6　1 人別枠方式＋ヘア式最大剰余法の議員定数配分（2015 年日本国民の人口）　86

図 3-7　比例代表制の諸方式と議員 1 人あたり人口の範囲　87

図 4-1　1889 年小選挙区制における府県への定数配分基準　95

図 4-2　第 12 議会大選挙区制案における府県への定数配分基準　98

図 4-3　第 13 議会大選挙区制案における道府県への定数配分基準　102

図 4-4　第 14 議会大選挙区制案における道府県への定数配分基準　107

図 4-5　1919 年小選挙区制における道府県への定数配分基準　113

図 4-6　1925 年中選挙区制における道府県への定数配分基準　115

図 4-7　1945 年大選挙区制における都道府県への定数配分基準　118

図 4-8　1947 年中選挙区制における都道府県への定数配分基準　120

図 5-1　1889 年小選挙区制における府県人口と府県の議員 1 人あたり人口　129

図 5-2　1889 年小選挙区制における府県人口と選挙区人口　134

図 5-3　1900 年市部・郡部の人口と市部・郡部の議員 1 人あたり人口　136

図 5-4　1900 年府県人口と市部・郡部の議員 1 人あたり人口　138

図 5-5　1919 年市部・郡部の人口と市部・郡部の議員 1 人あたり人口　140

図 5-6　1919 年市部・郡部の人口と選挙区人口（島嶼を除く）　145

図 5-7　1925 年道府県人口と道府県の議員 1 人あたり人口　148

図 5-8　1925 年道府県人口と定数別選挙区人口　150

図 5-9　1947 年都道府県人口と都道府県の議員 1 人あたり人口　152

図 5-10　1947 年都道府県人口と定数別選挙区人口　155

図 5-11　1960 年選挙区人口と選挙区の議員 1 人あたり人口　158

図 6-1　1994 年都道府県人口と都道府県の議員 1 人あたり人口　182

x　　図表一覧

図 6-2　1994 年小選挙区制における都道府県人口と選挙区人口　183

図 6-3　2000 年国勢調査にもとづく都道府県人口・選挙区人口と 2002 年区割り改定　189

図 6-4　2010 年国勢調査にもとづく都道府県人口・選挙区人口と 2013 年区割り改定　197

図 6-5　2015 年国勢調査にもとづく都道府県人口・選挙区人口と 2017 年区割り改定　204

図 6-6　2020 年国勢調査にもとづく都道府県人口と 2022 年区割り改定後の都道府県の議員 1 人あたり人口　208

図 6-7　2020 年国勢調査にもとづく都道府県人口・選挙区人口と 2022 年区割り改定　209

図 6-8　2022 年区割り改定後の都道府県人口・選挙区人口　210

図 7-1　1947 年都道府県人口と都道府県の参議院地方区議員 1 人あたり人口　220

図 7-2　1994 年の参議院選挙区定数変更　225

図 7-3　2015 年の参議院選挙区定数変更　233

図 8-1　2022 年区割り改定後の選挙区人口と偏差 ±5%〜±12% の範囲　253

表 1-1　民主的プロセスの規準　2

表 1-2　大規模民主政治システムに必要な政治制度　3

表 2-1　アメリカ 1790 年国勢調査による各州への議員配分　23

表 2-2　アメリカの区割り改定における州の議員 1 人あたり人口および選挙区人口の最大較差　31

表 2-3(1)　イギリス第 5 次リビューにおける選挙基数からの偏差（島嶼の 3 選挙区を除く）　39

表 2-3(2)　イギリス 2023 年リビューにおける選挙基数からの偏差（保護された島嶼の 5 選挙区を除く）　39

表 2-4　カナダ 2022 年下院議席再配分　44

表 2-5　区割り改定における都道府県の議員 1 人あたり人口および選挙区人口の最大較差　53

表 2-6　分散要素分析による各国の議員定数配分と選挙区割りの比較　60

表 3-1　ドント方式，サント・ラグ方式，アダムズ方式の数値例　68

表 3-2　比例代表制の諸方式の除数　75

表 3-3　比例代表制の諸方式の除数と端数の処理（2015 年日本国民の人口）　79

表 4-1　第 12 議会大選挙区制案における定数配分　99

表 4-2　第 13 議会大選挙区制案における定数配分　103

表 4-3　第 14 議会大選挙区制案における定数配分　108

表 4-4　1919 年小選挙区制における定数配分　113

図表一覧 xi

表 4-5 都道府県，市部・郡部・島嶼への議員定数配分方法 122
表 5-1 青森県の未成案と成案 133
表 5-2 1919 年市部・郡部別定数別選挙区人口と議員 1 人あたり人口（島嶼を除く）
146
表 5-3 1925 年定数別選挙区人口と議員 1 人あたり人口 149
表 5-4 1947 年定数別選挙区人口と議員 1 人あたり人口 156
表 5-5 1964 年定数不均衡是正前後の選挙区人口と議員 1 人あたり人口（1960 年国勢調
査人口） 159
表 5-6 1975 年定数不均衡是正前後の選挙区人口と議員 1 人あたり人口（1970 年国勢調
査人口） 163
表 5-7 1986 年定数不均衡是正前後の選挙区人口と議員 1 人あたり人口（1985 年国勢調
査人口） 166
表 5-8 1992 年定数不均衡是正前後の選挙区人口と議員 1 人あたり人口（1990 年国勢調
査人口） 168
表 5-9 選挙区割り・定数変更と 1 票の較差 170
表 6-1 区割り改定における都道府県の議員 1 人あたり人口および選挙区人口の最大較
差 176
表 7-1 参議院選挙区における 1 票の較差と定数是正 236
表 8-1 将来推計人口と 1 票の較差 254

第1章　民主政治と選挙制度

　本書の目的は，日本の選挙制度を，民主政治を実現する制度として分析することである．その中心的な分析対象は 1889 年から現在までの衆議院議員の選挙制度である．もとより，第 2 次世界大戦前の政治体制は民主政治とはいえないが，その体制のなかで衆議院は唯一の国民の代表機関であり，その選挙制度は戦前と戦後において継続性があることから，分析する意味はあると思われる．加えて，1947 年以降の参議院議員の選挙制度についても若干の分析を行う．

　本書における主要な問いは，日本の選挙制度が民主政治の規準に照らしてどのような特徴を持っているかということである．まず，政治学における民主政治と選挙制度に関するきわめて基礎的な理論の説明から始め，民主政治における選挙制度のあり方について考察する．

1. 大規模政治システムにおける民主政治

民主的プロセスの規準と大規模民主政治システムの政治制度

　アメリカの著名な政治学者ロバート・ダール（1915–2014）は，民主政治とは政治的に平等な構成メンバー全員の選好に完全あるいはほとんど完全に応答する特質を持つ理想的な政治システムであると述べる（Dahl 1971）．この理想的な民主政治システムにおいて，政府がその構成メンバーの選好に応答し続けていくためには，すべての構成メンバーが政府の重要政策の決定プロセスに平等に参加する機会が保障されなければならない．

　ダールは，こうした理想的な民主政治システムの政策決定プロセスが満たすべき規準を 5 点あげる（表 1-1 参照）．

　実効的な参加とは，政策決定がなされる前に，すべてのメンバーが，政策についての自分の見解を他のメンバーに知ってもらう平等かつ実効的な機会を持っていなければならないことである．平等な投票とは，政策決定が最終的に行

2　第1章　民主政治と選挙制度

表 1-1　民主的プロセスの規準

> 1. 実効的な参加 (Effective participation)
> 2. 平等な投票 (Voting equality)
> 3. 正しい知識にもとづく理解 (Enlightened understanding)
> 4. アジェンダ・コントロール (Control of the agenda)
> 5. 全成人の参加 (Inclusion of adults)

出典：Dahl (1989, 1998)

　われるときに，すべてのメンバーが平等で実効的な投票の機会を持っていなければならず，すべての投票が平等にカウントされなければならないことである．正しい知識にもとづく理解とは，妥当な期限内で，各メンバーが，重要な代替政策案とその起こりうる結果について知る平等かつ実効的な機会を持っていなければならないことである．アジェンダ・コントロールとは，メンバーたちだけが，どんな問題がどのようにして議題（アジェンダ）に設定されるかを決める機会を持っていなければならないことである．メンバーが望むならば，政策はいつでも変更される可能性が開かれている．全成人の参加とは，居住する成人のほとんどが上記の4つの規準によって示される完全な市民権を持っていなければならないことである．

　集団の政策決定を行う際に，すべてのメンバーが政治的に平等であるならば，これらの5つの規準が必要である．この民主的プロセスの規準は，現実に存在する国家を含むすべての政治システムにおいて民主政治の達成度と可能性を測定する尺度として適用できる．古代ギリシャ・ローマの都市国家や現代の欧米諸国や日本などは，この民主的プロセスの規準を理念としてめざしているが，完全に達成した政治システムは存在せず，部分的に達成するにとどまっている．

　民主政治を理想としてめざす場合でも，古代の都市国家と現代国家の大規模政治システムとでは，必要となる政治制度は大きく異なっている．都市国家において市民が直接統治に参加する「直接民主政治」に代わり，現代国家においては国民が自らの代表を選出し，代表が統治を行う「間接民主政治」の政治制度が必要となる．

　ダールは，大規模政治システムにおいて理想の民主的プロセスの規準をある程度まで満たすために必要な政治制度を6つ指摘する（表1-2参照）．彼はこう

表1-2　大規模民主政治システムに必要な政治制度

1. 選挙によって選出された公職者（Elected officials）
2. 自由・公正で頻繁に実施される選挙（Free, fair, and frequent elections）
3. 表現の自由（Freedom of expression）
4. 多様な情報源（Alternative sources of information）
5. 集団の自治・自立（Associational autonomy）
6. 全市民の包括的参画（Inclusive citizenship）

出典：Dahl（1998）

した制度を備える大規模政治システムをポリアーキーとよぶ（Dahl 1971）.

　これはカルレス・ボイッシュたちがリベラル・デモクラシー（Liberal democracy）とよぶシステムと同一である. 彼らは, リベラル・デモクラシーを,（1）議会（the legislature）が複数政党間の自由選挙で選出され,（2）政府（the executive）が普通選挙によって直接あるいは間接に選出され, かつ, 投票者に直接に, あるいは, 第1の条件で選出された議会に対して責任を負い,（3）国民の大部分が投票権を持つ, という3条件を満たす政治体制と定義する. そして, 第1の条件には, 市民的自由や報道の自由が保障され, かつ存在することが含まれる（Boix, Horne, and Kerchner 2020）.

　ポリアーキーの6つの政治制度のうち, 1について, 政府の政策決定のコントロール権限は, 憲法規定により, 市民によって選出された公職者に属する. したがって, 現代の大規模民主政治の政府は代表制をとっている. 2について, 公職者は, 頻繁で公正に実施される選挙で選出され, 選挙に対する抑圧はほとんどない. 3について, 市民は, 重罰の危険にさらされることなく公職者や政府, 体制, 社会経済秩序, 支配的なイデオロギーに対する批判など広範な政治的問題について自分の意見を表明する権利を持つ. 4について, 市民は, 政府以外の他の市民, 専門家, さまざまなメディアなどの代替的かつ独立した情報源を探し出す権利を持つ. さらに, 政府や一般国民の政治信条や態度に大きな影響を及ぼそうと試みる政治集団に支配されておらず, 法律によって実効的に保護されている情報源が, 現実に存在する. 5について, 市民は, 民主的政治制度の実効的運営に必要な権利を含む多様な権利を実現するために, かなり独立性の高い集団や組織（独立した政党および利益集団を含む）を結成する権利を持つ. 6について, その国に永住し, その国の法律に服している成人は, 誰

でも，他の成人が享受できる上記の5つの政治制度にとって必要な諸権利を享受することを否定されてはならない．それらは，自由・公正選挙における公職者の選挙での投票，立候補，表現の自由，独立した政治組織への参加，独立した情報源へのアクセス，そのほか，大規模民主政治システムの政治制度の実効的運営に必要な自由と機会を行使する権利である．

　これらの制度は，民主政治の実現をめざす諸国において，17世紀末から現在にかけて一定の時間をかけて徐々に民主化が進展するなかで達成されてきた．早くから民主化が進んだ国々では，一般に，すでに議会議員選挙が行われており，次いで，市民の表現の自由および多様な情報源の権利が徐々に拡大した．明確な政治的目標を掲げる結社を結成する権利はさらに後になってからである．そして，議会内の集団が政党を結成し，政府政策をコントロールするために多数派になることをめざすようになると，選挙において市民の投票を得るための政党間競争が展開されるようになった．

　こうした民主化が進んだ国々でも，6番目の全市民の包括的参画の制度は19世紀末になっても達成されなかった．人種，財産，性別などによる参政権の制限が廃止されて完全な民主政治の制度が保障されたのは，20世紀になってからであり，多くの国々では第2次世界大戦後のことである．

日本における民主政治

　日本において大規模民主政治システムに必要な政治制度はどのように整備されてきただろうか．

　1889年の大日本帝国憲法によって，国民が直接選挙する議員で構成される衆議院と皇族華族勅任議員で構成される貴族院からなる帝国議会が開設された．天皇は統治権を総攬する主権者であり，帝国議会は，元老，枢密院，陸海軍，内閣および国務大臣などの国家諸機関の中の1つであり，天皇を補佐して統治権を分有した．内閣は天皇を補弼する国務大臣の合議体として，議会には責任を負わない超然内閣だった．議会は天皇の持つ立法権に協賛するにすぎないが，協賛なしには法律が成立しないため，実質的には立法権を持っていた．しかし，国民の代表である衆議院は予算先議権を除けば貴族院とまったく対等の権限を持ったため，衆議院の議決はしばしば貴族院の反対により葬り去られた．衆議

院議員の任期は，大日本帝国憲法と同時に公布された衆議院議員選挙法により4年と規定され，解散されることもあったが，政府による選挙干渉がしばしば行われ，自由・公正選挙が確立していたわけではなかった．また，当初，選挙権，被選挙権ともに納税要件にもとづく制限選挙が規定された．選挙権の要件は25歳以上の男子で直接国税15円以上を1年以上納めること，被選挙権の要件は30歳以上の男子で同じ納税要件を満たすことだったため，有権者は人口のわずか1.1％にすぎなかった．納税要件は徐々に緩和され，1925年には完全に撤廃され，男子のみの普通選挙制が実現した．また，憲法では国民の言論，出版などの表現の自由や集会・結社の自由には法律の留保が規定され，議会の認める範囲内の相対的な権利にとどめられ，厳重な言論統制の法律が制定された．

　このように，第2次世界大戦前の日本は，民主主義体制ではなく権威主義体制であって，大規模民主政治システムに必要な政治制度は存在しなかったか，存在しても不完全なものでしかなかった．

　戦後の日本は，1947年の日本国憲法の施行によって民主政治システムとなった．憲法は前文で，国政は，主権者である国民によって正当に選挙された国会における代表者がその権力を行使することを宣言する．国会は国権の最高機関であり，衆議院と参議院で構成され，全国民を代表する選挙された議員によって組織される（41条，42条，43条1項）．内閣は国会の指名を受けた首相が組織し，行政権の行使について国会に対して連帯責任を負う議院内閣制が採用され，衆議院の信任を失ったときには総辞職するか，あるいは，衆議院を解散して総選挙の後に召集された国会で指名を受けた首相が内閣を組織する（66条3項，69条，70条，67条）．国民はすべての基本的人権を享有し，集会，結社および言論，出版その他一切の表現の自由を保障される（11条，21条）．また，すべて国民は，法の下に平等であって，人種，信条，性別，社会的身分または門地により，政治的，経済的または社会的関係において，差別されないとされ，公職者を選挙する権利は国民固有の権利として，成人した国民のすべてに保障され，国会議員の選挙権，被選挙権は，人種，信条，性別，社会的身分，門地，教育，財産または収入によって差別してはならないとされている（14条，15条1項，3項，44条但し書き）．

6   第1章　民主政治と選挙制度

　現代の大規模民主政治システムに必要な政治制度は，日本国憲法によって保障されるようになった．しかしながら，具体的な選挙制度に関する規定は戦前も戦後も憲法には規定されず，衆議院議員選挙法や公職選挙法に委ねている．したがって，日本における民主政治の達成度と可能性を測定するためには，施行された選挙制度の実態について分析を進める必要がある．

2. 大規模民主政治システムにおける選挙制度

　選挙制度は，大規模政治システムにおいて民主政治を実現するためにもっとも重要な制度である．選挙制度は各国でさまざまに異なり，また，各国内でも頻繁に改革が行われている．通常，人口動態の変化に対応するため，定期的に定数配分や選挙区制度の変更が必要になる．

　選挙制度は，選挙区から選出される代表のあり方および政党システムと密接な関係があり，さらに，民主政治のマジョリテリアン・モデルとコンセンサス・モデルとも強い関係がある．そしてまた，国民・市民が政府の重要政策の決定に対して政治的に平等に影響を及ぼすことができるように選挙制度が改定されることは，民主政治の質を高める上できわめて重要であるといえよう．

選挙制度と代表のあり方
　議会は西欧中世の身分制議会から長い時間をかけて，近代の代表民主政治の制度へと発展した．西欧中世の議会の議員は，国王の課税措置などに同意するために招請され，各共同体で命令的委任を受けて選出され，国王に対して自分の選出母体を代表した．これに対して，近代的な国民代表は個々の利益でなく，国民全体の一般的利益を代表する．国民代表の概念はエドマンド・バークによって明快に主張された．彼は，イギリス首相を2度務めたホウィッグ党のロッキンガム侯爵に近い庶民院議員として1774年総選挙でブリストル選挙区から選出されたとき，選挙民を前に行った演説で，同時に選出された議員が選挙区からの指示の強制権限を認め，選挙民の僕として自分の判断よりも選挙民の意向に従うと述べたことを強く批判して，次のように述べた．

議会はさまざまな敵対的な利益から送られてきた大使の会議ではない……議会は一つの利益，すなわち全体の利益を持つ一つの国民の審議的な集会であり，そこでは地方的な目的や偏見ではなく，全体の一般的理性から生じた一般的な善が指針とならなければならない．あなた方は実際に議員を選出する，しかし，選出した後では，彼はブリストル選挙区の議員ではない．彼は，イギリス議会の議員なのである（Burke 1774）．

バークによれば，こうした国民代表の担い手となるのが政党であり，政党は，特定の指針にもとづいて全国的な利益を推進しようとする団体であった．議員の役割は，国民代表として，選出された選挙区からは自由に，国家の問題を政党のメンバーとして政策決定していくことであった（Barker 1951; 川人 1991）．

これに対して，アメリカにおいては，アメリカ植民地の利益を顧みなかったイギリス本国の国民代表の議会に対する不信から，下院は選出された各州の利益を直接代表する委任代表の議院として，人民に直接依存し，密接な共感をもつことが不可欠であるとされた[1]．下院をできる限り人民に近い存在とするために，憲法には，下院は各州の州民が直接選挙で選出する任期2年の議員で組織し，10年ごとに実施する国勢調査の各州人口に比例して各州の議員数を決定することが規定された．これに対して，上院は，連邦を構成する各州から平等に2名ずつの議員を当初は州議会が選出し，1913年の憲法修正17条の批准以降は人民が直接選挙している（Jacobson and Carson 2020）．

国民代表と委任代表は憲法上の重要な違いであるが，現代の民主政治においては，議員の代表としての活動が大きく異なるとまではいえないだろう．議員が地元選挙民の意向を完全に無視して国民代表として行動すれば，次の選挙では落選する可能性が高い．しかし，議員が地元から明確な指示を受けてそれに従って議会で行動する委任代表も現実的ではない．政党の発達により，議会は各党が多数派形成をめぐって競争と協力を展開するアリーナとなっているからであり，各党は選挙の際に政策公約やマニフェストを掲げて選挙民の支持・投票を得ることをめざし，選挙後は多数の有権者の支持を得た多党が，選挙公

---

1)　James Madison, The Federalist No. 52, "The House of Representatives" を参照．

8　第1章　民主政治と選挙制度

約を政策として実施する責任を負うからである．各議員は政党のメンバーとして，および，自分が選出された選挙区の議員として，2つの代表の側面を持っているといえる．

選挙制度と政党システム

選挙制度は各国において多様である．本書では主要なものについて簡単に扱うだけに止める[2]．一般に，選挙制度は，①多数代表制（Plurality/Majority system），②比例代表制（Proportional representation system），③混合制（Mixed system）に大別される．①多数代表制は，有権者が候補者に投票した結果が集計されて上位から順に当選する制度であり，1議席を争うのが小選挙区制であり，主として3〜5議席を争うのが中選挙区制，6議席以上を争うのが大選挙区制である．複数の議席を争う選挙区で各有権者に与えられる投票数が議席数と同じ場合（連記制）には，多数党の候補者がそろって当選する可能性が高く，選挙結果は小選挙区制（単記制）と変わらないが，議席数よりも少ない投票しかできない場合（制限連記制）には，少数党の候補にも当選の可能性が高くなるので，少数代表の趣旨が加味されることになる．日本で戦前および戦後に用いられた中選挙区制は単記制であり，同じように少数代表の趣旨である[3]．中選挙区制では，候補への投票を同一政党所属の他候補のために譲ることができないことから，単記非移譲式投票制（Single non-transferable vote system, SNTV）とよばれることもある．日本では大選挙区制もかつて用いられたことがあるが，単記制を採用したものと，議席数により有権者に与えられる投票数が2〜3票となる制限連記制を採用したものがあった．

②比例代表制は，有権者の政党への投票数に比例して各政党へ議席が配分される制度である．政党があらかじめ順位をつけた候補リストの上位から当選する拘束名簿式と，順位のない候補リストに有権者が政党および候補に投票する

---

2)　よりくわしくは，川人他（2011）を参照．

3)　林田（1902）所収の附録（後篇）第3号「内務省選挙法調査報告書」（明治31（1888）年9月）によると，議員選挙に関する法制には，多数代表制と，「選挙人中の一部分たる少数者にも亦代表者を出す事を得せしむる法」である少数代表制との2種があり，後者には，制限連記投票，累積投票，比例代表制などが含まれている．

ことで議席配分と各党内の当選順位を決める非拘束名簿式とがある．得票に比例して議席配分する方式は，最大剰余法と最高平均法に大別され，多数が考案されている．後の第3章で主要なものについて取り上げる．

③混合制は，小選挙区制と比例代表制を組み合わせたものであり，並立制と併用制などがある．小選挙区比例代表並立制は，日本で1994年から採用されているが，2024年現在，289の小選挙区選挙および11ブロックで176議席の拘束名簿式比例代表選挙が同時に独立して実施される．有権者はそれぞれの選挙に1票ずつ投票し，それぞれの方式によって当選者が決まる．ただし，候補者は小選挙区選挙と比例代表選挙に重複して立候補することが可能であり，小選挙区で当選したときは比例拘束名簿から除かれる．小選挙区比例代表併用制は，ドイツ，ニュージーランドなどで採用されている．小選挙区選挙と比例代表選挙が同時に実施されることは並立制と同じであるが，各党の獲得議席は，有権者が投じる政党投票によって決まる．そして，小選挙区選挙での各党の獲得議席数が比例代表選挙の獲得議席数から差し引かれた残り議席数分について，政党比例名簿の順に当選者が決まる[4]．

選挙制度が政党システムに大きな影響を及ぼすことを明らかにした研究の中でもっとも著名なのは，フランスの憲法学者・政治学者モーリス・デュヴェルジェが提示したデュヴェルジェの法則である（Duverger 1954）．これは，「小選挙区制は2大政党システムをもたらし，比例代表制は多党システムをもたらす」というものである．デュヴェルジェは小選挙区制が2大政党システムをもたらす理由として，小選挙区制において第3党以下を排除するように働く機械的要因と心理的要因の存在を指摘する．機械的要因とは，1議席を争う小選挙区制では第3党候補よりも第1党と第2党の候補の間の選挙競争・議席獲得競争が重要となり，第3党が過小代表されることである．心理的要因とは，自分がもっとも選好する第3党候補に投票（誠実投票）する有権者は，その票が死

4）　ドイツの従来の選挙制度では，小選挙区選挙での政党の獲得議席数が比例代表選挙での獲得議席数を上回るとき，上回る議席を超過議席とよぶ．超過議席は比例代表選挙結果をゆがめるため，各党の最終的な獲得議席数が比例的な結果になるように調整議席が追加される．2023年の選挙法改正により，超過議席，調整議席ともに廃止されることになり，比例代表選挙の政党獲得議席数の範囲内で小選挙区選挙の得票率の高い勝利候補から順に議席が割り当てられる（山岡2023）．

票になることに気づいて，当選可能性のある他の2大政党候補のうちよりましな候補を次善の選択として投票（戦略投票）することである．これらの要因により，小選挙区制の下では第3党以下の政党は淘汰される．これに対して，比例代表制では，第3党以下の政党の議席獲得を妨げるこれらの要因はあまり働かない．各政党はその得票率に比例する議席を配分されるため，多党システムをもたらしやすい．

ただし，デュヴェルジェの法則は，現在では全国レベルの政党システムに関するものではなく，選挙区レベルに関する法則であると理解されている．すなわち，小選挙区選挙では主要2候補の競争になりやすく，有権者が戦略投票するため第3位以下の候補は得票が少なくなる傾向があるが，比例代表制ではそうした傾向はあまり存在しないということである．そうすると，小選挙区制は必ずしも2大政党システムをもたらすとは限らない．強力な地域政党が存在する場合には，全国レベルでは2大政党には収斂せず，多党化することになる．

また，政党システムは選挙制度だけによって規定されるわけでもない．社会に存在する民族，言語，宗教，階級・階層，都市—農村などの対立軸である社会的亀裂と選挙制度との相互作用によって規定されると考えられる．具体的には，①多党システムは，社会的亀裂が多様であって多数の政党によって代表される可能性があり，かつ，比例代表制の選挙制度がある時に形成される．②逆に2大政党システムは，社会的亀裂が少ない均質的な社会であれば選挙制度にかかわらず形成され，あるいは，③社会的亀裂が多様であっても小選挙区制によって2大政党競争が促進されたために形成される（Neto and Cox 1997）.

さて，日本でかつて用いられた中選挙区制はどのような政党システムをもたらすだろうか．選挙区レベルの法則としてのデュヴェルジェの法則を中選挙区制に拡張した研究によれば，定数1の小選挙区制が主要2候補間の選挙競争をもたらすならば，定数M（＝3～5）の中選挙区制ではM＋1人の主要候補間の選挙競争になると考えられる．戦後の中選挙区制の選挙データを用いて分析した結果，おおむね妥当することが確認されている（Reed 1991; 川人 2004）．中選挙区制と政党システムの関係については，しばしば，中選挙区制が自民党の1党優位政党システムをもたらしたと主張され，通説化しているが，これは必ずしも正しくない．というのは，中選挙区制の下で戦前期には2大政党システ

ムが成立し，戦後初期には多党システムが成立していたからである．中選挙区制は小選挙区制や比例代表制とは異なり，特定の政党システムをもたらすというよりも，多様な政党システムをもたらす許容的な選挙制度であると捉えられる（川人他 2011）．

中選挙区制の下で自民党が長期間政権を維持したが，そのためにはほとんどすべての選挙区で 2 名以上の自民党候補を擁立して当選させる必要があった．必然的に同士討ちが生じ，党内には選挙区でのライバル関係と連動する派閥が形成された．中選挙区制では，同じ政党に所属する候補の得票を移譲することができないので，大量得票した候補がいるとそのあおりを受けて落選する候補がいることもしばしばあった．中選挙区制では，大政党は同じ定数の選挙区でドント式比例代表制選挙を行ったときの議席配分数以下の候補者しか当選させることができないという特質（超ドント比例性）がある．同時に大政党は得票率と同じ議席率を得られる純粋比例代表の選挙で得られる議席以上を保障される特質（非純粋比例性）があるので，自民党は長期間政権を担当することができたといえる（Kawato 2002; 川人 2004）．

3. 選挙制度と民主政治の質

選挙民主政治と代表民主政治

現代の大規模政治システムにおける民主政治は代表民主政治（representative democracy）である．広義の代表民主政治とは，国民が自ら統治するのではなく，統治する代表を選出する間接民主政治である．ジョヴァンニ・サルトーリは，この代表民主政治において，①自律的な世論を持つ国民が存在し，②その世論が選挙を通じて同意を与えられた政府を支え，③政府がそれに対して国民の世論に応えるならば，それは国民が示す政策選好を代表が政府に伝達して統治を行う選挙民主政治（electoral democracy）であると述べる（Sartori 1987a）．選挙民主政治は，政治システムの構成メンバーの選好に政府が応答する民主政治の水平的な次元を示している．

しかし，他方で，選挙結果がどのように統治を行うべきかについて示すメッセージは，かならずしも強くなく明確でないことが多い．そうすると，選挙の

機能は，政策を実施することではなく，むしろ，誰が統治を担当して政策を実施するかを確定することに限られる．国民の選好に応答する民主政治の水平的な次元が希薄になると，代表民主政治は，国民が統治者である代表を選出した後では，国民が自らを統治する自治ではなく，代表によって統治される垂直構造を持つ政治システムとなる．そこでは，代表民主政治は，より狭い意味の，統治に国民の同意をとりつけて正統な政府を構成するために選挙によって代表を選出する手続きであり，選挙と代表は，支配に正統性を与える制度となる．

こうして，代表民主政治は，国民の選好に代表が応答する水平的次元の選挙民主政治と，国民と代表が統治者・被統治者になる垂直的次元の代表民主政治（狭義）とを含んでいる．

マジョリテリアン・デモクラシーとコンセンサス・デモクラシー

選挙制度は，現代民主政治のパターンに大きな影響を持っている．アレンド・レイプハルトは，現代民主政治を組織し運営するための政治制度のルールと慣行には，多数主義的（majoritarian）かコンセンサス（consensus）重視かという点で明瞭なパターンと規則性があると主張し，36 カ国の実証分析によって，各国を空間的に位置づけた（Lijphart 2012）．民主政治は政治的に平等な構成メンバーに応答する特質を持つ政治システムであるが，構成メンバーの選好が一致せず多様であるときに，構成メンバーの多数派が政権をコントロールし，多数派の利益に応答するのがマジョリテリアン・モデルである．これに対して，できる限り多くのメンバーが政権に参加し，できる限り多くのメンバーの合意にもとづく政策を追求するのがコンセンサス・モデルである．民主政治のマジョリテリアン・モデルとコンセンサス・モデルは，ともに，多数決によって決定を行う点で同じである．しかし，マジョリテリアン・モデルは，権力をぎりぎりの多数派に集中させるのに対し，コンセンサス・モデルは，権力をさまざまな方法で共有し，拡散し，制限することをめざす．マジョリテリアン・モデルは，排他的，競争的，敵対的であるのに対して，コンセンサス・モデルは，包括的で交渉と妥協を特徴とする．

レイプハルトは，2 つのモデルの特徴を 10 個の変数の対比で示している．まず，行政権—政党次元として，単独多数党内閣への行政権集中—多党連立内閣

での権力共有，内閣優位―行政権と立法権の均衡，2大政党システム―多党システム，小選挙区制―比例代表制，利益集団多元主義―利益集団コーポラティズムの5つがあげられる．連邦制―単一制次元として，単一集権国家―連邦制・分権的政府，1院制議会への立法権集中―強い2院制，議会の単純多数で改憲可能―特別多数でのみ改憲可能，違憲法令審査制なし―違憲法令審査制あり，中央銀行の行政権への従属―中央銀行の独立性があげられる．この中でおそらくもっとも重要なのは選挙制度であり，マジョリテリアン・モデルでは，小選挙区制が，立法権に対して内閣が優越する議院内閣制において2大政党システムと単独多数党内閣をもたらし，多数党が少数党の反対を押し切って政策を決定・実施し，総選挙で政権交代が生じたときには新たな多数党が同じように行動する．これに対して，コンセンサス・モデルでは，比例代表制の選挙で単独多数党が登場することはほとんどないため，行政権と立法権が均衡する政治システムにおいて多党システムと多党連立内閣での権力共有をもたらすのである．

　また，レイプハルトがあげた連邦制―単一制次元の変数である連邦制，強い2院制，違憲法令審査権，中央銀行の独立性などの特徴は，政治システムにおいて制度的な拒否権プレイヤーが存在する権力分散的な制度を形作っており，コンセンサス・モデルをもたらす傾向があるとされている．しかし，行政権―政党次元におけるマジョリテリアン・モデルの国々でも連邦制―単一制次元においてコンセンサス寄りの連邦制などの制度が存在する場合もあり，2次元の組み合わせで4つのタイプがありうるにもかかわらず，レイプハルトは1次元的なマジョリテリアン・モデルとコンセンサス・モデルの対比の説明をとり続けている．そのため，連邦制―単一制次元が民主政治のタイポロジーにとって必要不可欠なものか疑問を投げかける研究者もいる (Bormann 2010)．10個の変数を指標化して行った実証分析では，行政権―政党次元と連邦制―単一制次元においてマジョリテリアン―単一制であるイギリス，ニュージーランド，フランス，韓国などおよび，コンセンサス―連邦制であるスイス，ドイツなどは，レイプハルトの理論に適合的であるが，マジョリテリアン―連邦制のアメリカ，カナダ，オーストラリアなどおよび，コンセンサス―単一制のイスラエル，スウェーデン，フィンランド，ノルウェー，イタリア，オランダなどはマ

14 第1章 民主政治と選挙制度

ジョリテリアンとコンセンサスの混合形態であり，理論に必ずしも適合的でなく，これらについてのレイプハルトの説明はあまり説得的ではない．連邦制—単一制の次元は，それだけではコンセンサス・モデルをもたらす決定的な特徴とはいえないようである[5]．

民主政治のための選挙制度の条件

さて，どのような選挙制度が大規模政治システムにおける民主政治にとって必要だろうか．まず，第1に，ポリアーキーの政治制度が憲法によって保障されていなければならない．すなわち，自由・公正で頻繁に実施される選挙によって選出された公職者が政府を組織し，選挙によって交代させられることである．国民は政治に対して自由に意見を述べることのできる表現の自由が保障され，政府に独占されていない多様な情報源にもとづいて判断することができる．また，国民はそれぞれ自律的な集団を結成する権利を保障され，選挙を通じて全国民が包括的に参画することが保障されていなければならない．これらの制度的保障は，通常，憲法によって規定されるが，それらが実効的に国民に享受されているかどうかはきびしく監視されなければならない．

第2に，選挙民主政治，代表民主政治のプロセスが，いかなる歪みも制限もなく実現されなければならない．選挙民主政治においては，国民の選好が代表の選出および議会における政党の勢力分野として正確に反映され，国民の選好に応える政府が政策を実施しなければならない．代表民主政治においては，統治に国民の同意をとりつけて正統な政府を構成するために代表を選出する手続きとしての選挙は，国民が平等に参加して代表を選出する制度として機能していなければならない．

第3に，マジョリテリアン・モデルあるいはコンセンサス・モデルが国民の

---

5) レイプハルトは日本をコンセンサス・デモクラシー寄りに位置づけているが，それは，行政権—政党次元における指標の測定の誤りの結果，日本がコンセンサス寄りになったからだと思われる．戦後日本の長期政権を著しく過小評価したうえ，1976年から1992年を少数派内閣として扱ったために単独政権の成立期間比率を，正しくは54％であったのを14％低い40％としたことなどによって，マジョリテリアン・モデルよりコンセンサス・モデルに近い評価になったということである．日本はマジョリテリアン・モデルが妥当であることについて，川人（2015）を参照．

選好を的確に反映して実現されることである．2つのモデルは小選挙区制と比例代表制と結びついているので，これらの制度が国民の選好が平等なウェイトで代表の選出に反映するように機能しなければならない．日本ではかつて大選挙区制や中選挙区制（SNTV）が用いられたが，これらの制度は国民の選好を適切に代表の選出に反映する点で問題があった．複数の定数が配分された選挙区で有権者は1票しか与えられず，1候補の当選に関わるのみで選挙区全体の選挙結果に対して影響を及ぼす可能性がない．また，「定数のアンバランス，すなわち，選挙区に配分されている議員定数1人あたりの有権者数ないし人口に大きな隔差のある」当時の現状は，「平等な参政権の原理に反」していた．さらに，「3人区，4人区，5人区が並設されている」ことは，「得票と当選の経過について，3通りのルールが並設されていることを意味」し，「これは候補者に対して公正といい難い」[6]．

　選挙制度は，有権者が平等に参加し，最終結果に対して平等に影響を及ぼすことができるものでなければならない．中選挙区制がこの条件を満たしているかどうか疑わしい．小選挙区制と比例代表制は，選挙制度としてこの条件を満たしていると考えられる．

議員定数の配分と選挙区の区割り

　比例代表制においては，全国あるいは地域ブロックの選挙区が決定され，人口にもとづいて議員定数が配分された後は，定期的に議員定数の見直しが行われる．小選挙区制においては，定期的に行われる議員定数の配分とともに選挙区の区割り改定がきわめて重要である．現職議員や候補者はいうまでもないが，地域の利益共同体，そして個々の有権者にとっても，自分たちがどの選挙区に入り，どの選挙区から外され，あるいはどの選挙区によって分断されるかで影響を受ける（Handley 2017）．選挙事務を担当する地方行政区画も影響を受ける．選挙区の区割り改定が法律改正として行われる場合には，当事者である議員たちが区割りに影響力を持ち，特定の党派に有利になる区割りが行われる可能性がある．そのため，第三者機関に区割り案の作成と勧告を委ね，議会はそれを

6）　選挙制度審議会（1970a）における京極純一委員の意見．

16 第1章 民主政治と選挙制度

組み入れた法律を承認する権限だけを与えられるケースも多い．大規模民主政治システムにおける選挙制度は，すべての国民あるいは有権者が選挙の最終結果に対して平等に影響を及ぼすことができることが重要である．1票の較差は，選挙区の人口あるいは有権者数の違いによって投票価値に不平等が生じることである．1票の較差の存在は，民主政治の価値を損なうことになる．1票の較差をできる限り小さくする選挙区の区割り改定の方法について考えていきたい．

まず，多くの国々では，議員定数を州やラントなどの地方行政区画に割り当てた後，その行政区画内で選挙区を区割りすることが通常である．日本でも衆議院議員定数を都道府県に配分した後，各都道府県内で区割りする作業が行われる．この2段階のプロセスにおいて，最終的にすべての選挙区の国民が選挙の最終結果に平等に影響を及ぼすことができるようにすることは，容易ではない．ただし，それに近似するための方法は明らかである．

第1に，議員定数を地方行政区画に配分するために，比例代表制の方式を用いることである．数多く存在する方式の中で，「真の比例代表制」の方式のみを用いる必要がある．真の比例代表制とは，可能な場合には，人口比率と配分定数比率が完全に一致する完全比例状況をもたらす方式である（Gallagher 1992）．ドント方式（ジェファソン方式），サント・ラグ方式（ウェブスター方式），ヘア式最大剰余法，ラウンズ方式，ヒル方式，ディーン方式，デンマーク方式，アダムズ方式などがこの条件を満たす比例代表制の方式である[7]．例として，4つの州がそれぞれ1,000人，2,000人，3,000人，4,000人の人口からなる国において，100人の議員を選出する小選挙区の区割りを考えてみよう．総人口は10,000人であり，議員が100人であるから，議員1人あたり人口は100人である．各州人口を100で割れば，各州の議員定数はそれぞれ，10人，20人，30人，40人となる．この定数配分比率は各州人口比率と完全に一致する完全比例状況である．上記の各方式はすべてこの完全比例状況をもたらす真の比例代表制の方式である．各州人口に完全比例した配分定数で，各州内の選挙区人口を完全に等しくするように選挙区割りを行うことができれば，全国のすべての選挙区人口は等しくなり，民主政治におけるメンバーの完全平等な選挙権が

---

7) くわしくは第3章を参照．

達成されることになる．ただし，現実には，ある州の人口が 1,000 人ではなく 1,150 人というふうに，議員 1 人あたり人口で割ると 11.5 になり，都合よく割りきれず，1 未満の端数が発生する．そこで，この端数をどのように処理してより公正・公平にすべての議員定数を配分するかで上記のさまざまに異なる方法が考案されたのである．

　一般的に述べると，すべての真の比例代表制の方式では，人口が極端に少ない州が存在しない限り，議員 1 人あたり人口の最大較差は 2 倍未満となる．そのうち，ドント方式が人口のもっとも大きな州や都道府県に有利な議員定数配分となり，アダムズ方式が人口のもっとも小さな州に有利になる．端数の問題は人口の小さな州にとってより深刻である．端数がほんのわずか異なることで配分定数が 1 人になるか 2 人になるかに分かれる．これによってその州の議員 1 人あたり人口が大きく変化する．最大較差はほとんど 2 倍近くになることもあるが，それは人口の小さな州同士の間で生じることが多い．しかし，人口の大きな州にとってはすでにある程度の議員定数が配分されているので，端数の問題はさらに 1 人増えるかどうかの違いでしかなく，それほど深刻ではない．人口の小さな一部の州を除けば，真の比例代表制の方式によって，国民人口の大部分を占める州においてかなり人口に比例した議員定数配分が達成される．これらの方式を用いることにより，国民の完全な平等な選挙権に近似することができる．

　第 2 に，各州や各都道府県内における選挙区割りを 1 人 1 票の原則にもとづいて実行可能な限り等しい人口とすることが重要である．各州に配分された議員定数から各州の議員 1 人あたり人口が計算される．各州の議員 1 人あたり人口の最大較差は，選挙区割り後における全国の選挙区間の議員 1 人あたり人口の最小較差である．いいかえれば，比例代表制の方式にもとづいて各州に定数配分した後で，選挙区間の人口較差をそれ以上に改善できないのである[8]．

---

8)　たとえば，2020 年国勢調査の日本国民の人口にもとづいて，都道府県に議員定数を配分すると，都道府県の議員 1 人あたり人口の最大較差は，鳥取が岡山の 1.697 倍になっている．都道府県の選挙区割りを選挙区人口が完全に等しくなるように行えば，選挙区の議員 1 人あたり人口の最大較差は同じ 1.697 倍になるが，不均等になれば，最大較差は 1.697 倍より大きくなる．2022 年の区割り勧告では 1.999 倍であった．

さて，各州の議員1人あたり人口は，各州の選挙区の人口の期待値である．同じ州内の選挙区を，この議員1人あたり人口を基準として，可能な限り等しい人口となるように区割りを行うということである．区割り作業は，各州内，各都道府県内で完結し，他州，他都道府県の区割りとは無関係である．したがって，区割り基準は各州，各都道府県内において適用される基準でなければならない．上述したように，人口の小さな一部の州を除く大部分の州の議員1人あたり人口はかなり近似することが多い．したがって，それらの各州内の選挙区人口を実行可能な限り等しくすれば，全国の大部分の選挙区において投票価値の平等に近づけることができる．ただ，各州内の選挙区人口をすべて等しくするのが困難であることも多い．たとえば，州内の地理的状況，地方行政区画，面積，歴史的文化的な一体性を持つ地域，共通の利益でまとまった共同体などがある場合，それらを区割りに考慮することで選挙区人口が等しくならなくなる．また，人種や民族の少数派集団が代表を選出できるような選挙区割りを行う必要があることもある（Handley 2017）．そうした場合，しばしば行われる方法は，合理的な理由がある場合に，各州の議員1人あたり人口からの偏差を一定の範囲で許容することである．偏差は，ほとんどまったく認めない国もあれば，上下5%，10%という国もあり，25%まで許容する国もある（Handley 2017）[9]．

以上の2つの方法を合わせて用いることにより，全国の大部分の選挙区において投票価値の平等に近づけた選挙区割りを行うことができる．

4. 本書の構成

以下の各章では，外国の選挙制度についても比較政治学的に検討しながら，1889年から現在までの日本の選挙制度について，分析を進めていく．

第2章では，アメリカ，イギリス，カナダ，日本の選挙制度の変遷について概観した上で，各国の選挙データを用いながら，議員定数の配分と選挙区の区割りについて分析する．各国とも，下院（庶民院，衆議院）の議員定数を州（地方，都道府県）に人口に比例して配分した後，各州（地方，都道府県）内

---

9) アメリカ，イギリス，カナダなどについては第2章でくわしく説明する．

で選挙区割りを行っている．したがって，選挙区人口における不均衡は，州レベルでの議員定数配分の歪みおよび，各州内の選挙区レベルでの不均等な区割りによって生じる．選挙区人口データの数量的分析により，各国の定数配分と区割りを比較分析する．

第3章では，比例代表制の諸方式について説明し，それらがどのように公正・公平に州や都道府県への議員定数配分を行うかを分析する．真の比例代表制の諸方式の原理と特徴について検討し，比例代表制にもとづく議員定数配分がもたらす結果について考察する．

第4章では，1889年から1993年までの日本の衆議院議員定数の都道府県への配分がどのように行われてきたかを分析する．選挙制度は，衆議院議員選挙法や公職選挙法の附録や附則で選挙区構成と議員定数が記されているだけであり，どのような比例代表制の方式で都道府県に議員定数が配分されたかは，法律に規定されていない．2016年の公職選挙法改正で，初めてアダムズ方式を用いることが規定された．この章ではさまざまな記述資料と人口統計を用いて，これまで用いられてきた都道府県の人口に比例して議員定数を配分する方式を明らかにする．日本において，都道府県への議員定数配分は，政府の意図によって郡部より市部を過大代表する配分が行われた1900年と1919年を除けば，人口に比例して議員定数を配分するドント方式やサント・ラグ方式を用いて行われた．総じて，都道府県への議員定数配分は公正・公平に行われた．他方で，戦後いつの間にか，議員定数配分にはヘア式最大剰余法が用いられたと考えられ（解釈変更され），暗黙の了解事項として当然視されるようになった．その間の事情についてもできる限り解明する．

第5章では，1889年から1993年までの日本の選挙区割りがどのように行われてきたかを分析する．第4章で明らかにした比例代表制の方式で都道府県の人口に比例して配分された議員定数が，選挙区に分割されて割り当てられて，議員1人あたり人口の較差が生じることになる．選挙区人口のデータを用いてその分布および議員1人あたり人口の最大較差がどのようになっていたかを分析する．この分析によって，現在に至るまでの日本における区割りの独特の方法を明らかにする．

さて，選挙区割りは新しい選挙制度が採用されるたびに行われたが，区割り

改定は行われてこなかった．1947年の中選挙区制においては，1950年の公職
選挙法制定時に選挙区の区域と定数を示す別表は，5年ごとに国勢調査結果に
よって更生するのを例とすると規定されたにもかかわらず，別表の改正を行わ
なかった．戦後の大規模な都道府県間の人口移動に対して，都道府県への議員
定数配分を見直さずに，一部選挙区の定数是正のみを繰り返した結果，人口と
定数の逆転現象がきわめて多くの選挙区で生じ，選挙制度としての合理性が失
われた．

　第6章では，1994年に採用された小選挙区比例代表並立制の都道府県への
議員定数配分の方式と選挙区割りの改定について分析する．衆議院議員選挙区
画定審議会設置法によって，10年ごとの国勢調査人口を用いて都道府県への
議員定数配分と区割り改定が行われるようになった．しかし，選挙区間の人口
較差が憲法の法の下の平等にもとづく投票価値の平等の要求に反しているとし
て違憲状態とされる判決が下り，設置法の本則にもとづく定例の区割り改定が
できなくなった．設置法改正においては，附則にもとづく例外的な区割り改定
が2013年（0増5減）と2017年（0増6減）に行われ，改正された本則にも
とづく区割り改定は2022年にようやく行われた．こうした問題について分析
する．

　第7章では，参議院議員の選挙区制度について分析する．都道府県選挙区で
は1票の較差が衆議院よりも深刻であるため，区割り改定が重ねられ，都道府
県を選挙区とする現行の選挙制度の仕組みを維持することができなくなり，4
県2合区が導入された．これらの問題について簡単に分析する．

　第8章では，これまでの分析から得られたいくつかのポイントをまとめると
ともに，選挙区割り改定の方法をどのように改革していけばいいかについて考
察する．

第2章　各国の選挙制度と選挙区改定

　本章では，各国の選挙制度と選挙区画定・改定の制度の変遷について概観するとともに，最近の選挙データを用いてどのように選挙区改定が行われているかを検証する．投票権は民主化の進展につれて拡大し，現代では実質的にすべての成人に与えられている．また，すべての政治的に平等なメンバーである市民・国民が選挙において最終結果に対して持つ影響力が等しくなるように，選挙制度の改定が繰り返されてきた．本章では，アメリカ，イギリス，カナダ，および，日本について，選挙制度の民主化および投票価値の平等化の進展を見ていく[1]．

1. アメリカ

選挙権

　1787年のアメリカ合衆国憲法1条2節1項は，州議会のもっとも議員数の多い院の選挙権資格をもつ者が連邦下院議員の選挙権者となると規定しており，選挙権は各州の決定に委ねられていた．各州は選挙権を白人男性の財産所有者に制限し，1789年の大統領選挙の時点における有権者は人口の6％にすぎなかった[2]．その後，南北戦争前までには財産所有は選挙権の要件とされなくなり，1865年の憲法修正13条で奴隷制が禁止され，1870年の修正15条で人種，肌の色，奴隷であったことを理由として選挙権を制限することが禁止された．しかし，南部諸州は識字テストや人頭税の支払い義務を規定して，黒人を事実上選挙から排除した．また，非合法団体が黒人排斥をめざして活動した．1920年

---

1)　本章で取り上げる国以外を扱ったものとして，只野（2009，2010），佐藤令（2013），河崎（2018），岩崎（2021），中川（2024）などを参照．

2)　"Charters of Freedom"（http://www.archives.gov/exhibits/charters/charters_of_freedom_13.html）. Accessed August 19, 2023.

22　第2章　各国の選挙制度と選挙区改定

の修正 19 条で性を理由とする選挙権を制限することが禁止され，女性は男性と同じように選挙権を得た．人種差別は，1964 年の修正 24 条による人頭税などの税の支払いによる制限が禁止され，1965 年の投票権法の成立によって，初めて実質的に解消されることになった．1971 年には修正 26 条で投票権年齢が 18 歳に引き下げられた．

各州への下院議員の配分（Apportionment）[3]

　1787 年のアメリカ合衆国憲法により，アメリカ連邦議会は，各州から 2 名ずつ選出される議員で組織する上院と，各州の州民が 2 年ごとに選出する議員で組織する下院とで構成される．下院議員は連邦に加入する各州の人口に比例して各州間に配分され，実際の人口の算定（国勢調査）は，議会の最初の集会から 3 年以内に，それ以後は 10 年ごとに議会が法律で定める方法にしたがって行うこととされた．下院議員の数は，人口 3 万人につき 1 人の割合を超えてはならないが，各州は少なくとも 1 人の下院議員を選出するとされていた．国勢調査が行われるまでは，建国時の 13 州の選出議員は 65 名とされた（憲法 1 条 1 節，2 節 1 項，2 項，3 項，3 節 1 項）．このように，10 年ごとの国勢調査結果の各州人口に比例して下院議員が配分される憲法規定によって，下院における各州，そして，市民の公正な代表（fair representation）のあり方が定められた．

　これらの規定では下院議員総数と議員配分方法が定められていない．アメリカに加入する州および人口の拡大にしたがって，3 万人につき 1 人の議員を超えない数の下院議員が各州に配分されていくことになった．

　3 年後の 1790 年に行われた第 1 回の国勢調査の結果，全米人口は，2 州（ヴァーモント，ケンタッキー）増えた 15 州で 3,615,920 人だった（表 2-1 参照）[4]．議員配分方法をめぐって，トーマス・ジェファソン（Thomas Jefferson）率いる共和党（リパブリカンズ）とアレクサンダー・ハミルトン（Alexander Hamilton）率いる連邦党（フェデラリスツ）との間で論争があり，2 つの方式が考案された．

3）　この項と次の項は，Balinski and Young (2001) によっている．
4）　ここでの人口は，インディアンを除く自由人の総数に自由人以外のすべてのものの 3/5 を加えたものである（憲法 1 条 2 節 3 項）．

表 2-1　アメリカ 1790 年国勢調査による各州への議員配分

州	人口	最初の下院案			ヘミルトン方式（ヘア式最大剰余法）			ジェファソン方式（ドント方式）		
		30,000 を除したときの商	議員配分（端数切り捨て）	議員 1 人あたりの人口	ヘア基数を除したときの商	議員配分（最大剰余順）	議員 1 人あたり人口	33,000 を除したときの商	議員配分（端数切り捨て）	議員 1 人あたり人口
コネチカット	236,841	7.89	7	33,834	7.86*	8	29,605†	7.18	7	33,834
デラウェア	55,540	1.85	1	55,540	1.84*	2	27,770†	1.68	1	55,540
ジョージア	70,835	2.36	2	35,418	2.35	2	35,418	2.15	2	35,418
ケンタッキー	68,705	2.29	2	34,353	2.28	2	34,353	2.08	2	34,353
メリーランド	278,514	9.28	9	30,946	9.24	9	30,946	8.44	8	34,814
マサチューセッツ	475,327	15.84	15	31,688	15.77*	16	29,708†	14.40	14	33,952
ニューハンプシャー	141,822	4.73	4	35,456	4.71*	5	28,364†	4.30	4	35,456
ニュージャージー	179,570	5.99	5	35,914	5.96*	6	29,928†	5.44	5	35,914
ニューヨーク	331,589	11.05	11	30,144	11.00	11	30,144	10.05	10	33,159
ノースカロライナ	353,523	11.78	11	32,138	11.73*	12	29,460†	10.71	10	35,352
ペンシルヴェニア	432,879	14.43	14	30,920	14.37	14	30,920	13.12	13	33,298
ロードアイランド	68,446	2.28	2	34,223	2.27	2	34,223	2.07	2	34,223
サウスカロライナ	206,236	6.87	6	34,373	6.84*	7	29,462†	6.25	6	34,373
ヴァーモント	85,533	2.85	2	42,767	2.84*	3	28,511†	2.59	2	42,767
ヴァージニア	630,560	21.02	21	30,027	20.93*	21	30,027	19.11	19	33,187
計	3,615,920	120.53	112		120.00	120		109.57	105	

24   第2章　各国の選挙制度と選挙区改定

　まず，憲法規定により3万人に対し1人の議員数が上限だから，各州人口を3万で割った商の整数部分を各州に配分する議員総数112人の案が下院で可決された（最初の下院案）．これに対して上院は，下院案に反対し3万人に1人から33,000人に1人の議員に変更して議員総数を105人に減らす案にしたため（上院案＝後述のジェファソン方式と同一），行き詰まりになった．

　最初の下院案では，3万を除数として各州人口を割った商の整数部分が議員数となり，小数点以下の端数は切り捨てられる．この切り捨ての影響は人口の小さな州にとって深刻であり，デラウェアは議員配分が1人しかないので議員1人あたり人口が55,540人と3万人よりもかなり多くなるが，人口の大きな州であるマサチューセッツでは議員1人あたり人口が31,688人と少なく，かなり有利な議員配分になっている．

　そこで，ハミルトン派の議員たちは，小さな州が不利になる問題を解決するために，議員総数を120に増加させることを提案した．全米人口を3万で割ると120.5なので，議員総数を120とすれば，議員1人あたり人口は30,132人となって，ぎりぎり憲法規定に反しないからであった．この議員1人あたり人口は数十年後にトーマス・ヘア（Thomas Hare）が提唱したヘア基数（Hare quota）と同じであるが，これを除数として各州人口を割った商の整数部分が，ハミルトン方式による第1段階配分である．これだけでは，議員は111人しか配分できないので，残りの9人は，各州の小数点以下の端数の大きい順（＊印）に1人ずつ配分して，120人全部が配分できる．ハミルトン方式は，後にヘア式最大剰余法と呼ばれる方法と同じである．人口の小さな州があまり不利にならなくなり，デラウェアは逆に優遇されて議員1人あたり人口が27,770人になっている．このハミルトン方式にもとづく法案が妥協案として両院で可決され，ジョージ・ワシントン（George Washington）大統領に送付され，大統領が署名すれば法律となる．ところが，ワシントンは，この法案に署名せず，アメリカ初の拒否権を発動した．拒否の理由は，第1に，各州の議員配分に憲法が規定した単一の人口割合が用いられていない（no one proportion or division）こと，そして，第2に，8州の議員1人あたり人口が3万人以下（†印）になっていることが，憲法の3万人に1人の割合を超えてはならないという規定に反しているからだった．

大統領拒否権を覆すための投票が下院で否決されたあと，ジェファソンが提案した方式を用いて除数を 33,000 とする新しい法案が下院で可決された．この法案は上院でもともと可決された法案と同じであるため，上院でもすんなり可決された．これにワシントンが署名して法律が成立した．このジェファソン方式は，約 90 年後にベルギーのヴィクトル・ドント（Victor D'Hondt）によって再発見されることになるドント式比例代表制である．

公正な議員配分方法の探求

すでに説明したように，各州人口をある除数で割った商の整数部分だけに議席を与えるジェファソン方式（ドント方式）は，人口の大きな州に有利であり，小さな州は不利になる．切り捨てられる小数点以下の端数は，小さな州にとってはウェイトが大きく，その結果として配分された議員 1 人あたりの人口が大きくなるという問題があった．そこで，10 年ごとの国勢調査結果にもとづく各州への議員配分見直しの時に，この小数点以下の端数をどう扱うかをめぐってさまざまな方法が提案された．それらは，ラウンズ（William Lowndes）方式，ディーン（James Dean）方式，アダムズ（John Quincy Adams）方式，ウェブスター（Daniel Webster）方式，ヒル（Joseph Adna Hill）方式などである．ジェファソン方式は，小数点以下の端数を切り捨てる方法だったが，それに対して，ジョン・クィンシー・アダムズは小さな州が不利に扱われることを避けるために，小数点以下の端数をつねに切り上げて議員配分する方法を提案した．これは，最初に，各州にあらかじめ 1 人配分した後で，残りの議員数をジェファソン（ドント）方式で配分するのと同等である．したがって，「1 人別枠方式」とドント方式を組み合わせた方式であるといえる．これだと，小さな州に有利な配分になる．そして，このアダムズとジェファソンの中間の方式として位置づけられるのがウェブスター方式であり，これは小数点以下の端数を 4 捨 5 入する方法である．この方法は，議員 1 人の選出に必要な人口を除数として決めた後，各州人口をその値で割った商の小数点以下が 0.5 を超えていれば，1 人を追加するということである．ウェブスター方式は，現在では，サント・ラグ（Sainte-Laguë）方式として知られている比例代表制であり，一部修正した修正サント・ラグ方式がヨーロッパを中心に広く用いられている．

26 第2章 各国の選挙制度と選挙区改定

さて，アメリカでは，1830 年代までジェファソン方式が用いられた．州の数
は 15 から 24 に増え，1830 年の人口は 1790 年の約 3.3 倍の 11,931,000 人に増
加したが，用いる除数を当初の 33,000 から 47,700 にすることで，下院議員数
は約 2.3 倍の 240 人に抑えられた．1840 年の国勢調査による議員配分では，
議員総数を 223 人に減らした上で，小さな州が議員配分で不利になるジェファ
ソン方式に代えて，中立的なウェブスター方式が用いられた．さらに，1850 年
からはヴィントン方式（ハミルトン方式と同じ）が用いられるようになった．
しかし，この方式は，各州人口が変化しなくても議員総数を 299 から 300 に増
やすとアラバマ州の議員数が 8 から 7 に減るという，いわゆるアラバマのパラ
ドックス（Alabama paradox）を引き起こす欠陥が明らかになったため，1901 年
に放棄され，ふたたび，ウェブスター方式に戻り，議員総数は 433 人となった．
1910 年代には，アリゾナとニューメキシコが州に昇格して議員 1 人ずつが配
分されて議員総数 435 人となり，新州の加入は一段落した．

　1920 年には，ウェブスター方式よりさらにすぐれた方式としてヒル方式が提
案されたが，全米人口の増加および都市部州の人口増加と農村州の人口減少の
ために大規模な議員再配分が予想されたため，どの議員再配分法案も議会で多
数の賛成を得ることができず，議員配分ができなかった．この行き詰まりは，
1929 年議員再配分法によって解決され，議員総数を 435 人に固定し，10 年ご
との国勢調査結果に対してヒルとウェブスターの両方の方式で計算した議員配
分数が議会に通知され，議会が議員再配分法を成立させることができない時は，
前回用いた方式で自動的に議員配分がなされることになった．1930 年にはヒル
とウェブスターの議席配分が一致したため，問題なく，議員配分が実施された
が，1940 年には両者の結果が一致せず，そこで，1941 年にヒル方式を配分方法
とする法案が提出されて成立し，現行の議員配分の方式になった．ヒル方式は，
第 3 章でも説明するが，ジェファソン方式やウェブスター方式と同じようにあ
る除数を用いて各州人口を割り，求めた商の小数点部分の切り上げ切り捨ての
基準を，商の整数部分 a と $a+1$ の積の平方根（$\sqrt{a(a+1)}$），すなわち幾何平均
（geometric mean）とする方法である．$a=0$ の時には切り上げ切り捨て基準が 0
となるので，無条件に議員 1 人を配分し，$a=1$ の時には商が $\sqrt{1(1+1)}=\sqrt{2}=$
1.414 以上なら議員 2 人，$a=2$ の時には商が $\sqrt{2(2+1)}=\sqrt{6}=2.449$ 以上なら

議員 3 人というふうに配分する. この基準は 4 捨 5 入よりほんの少しだけ小さいから, ウェブスター方式よりもほんの少し小さな州に有利である.

各州における選挙区割り（Redistricting）[5]

　上述したように, 各州で選出される下院議員数は各州人口に比例して配分される（合衆国憲法 1 条 2 節 3 項）. そして, 下院議員選挙を行う日時, 場所, 方法は各州において各州議会が定めるが, 連邦議会はいつでも法律でそれらの規則を制定, 変更することができる（1 条 4 節 1 項）. この規定は, 各州が下院議員選挙を全州 1 区の連記投票（at-large election）で実施するか, あるいは小選挙区（district election）で実施するかを, 各州の決定に委ねるという問題であると捉えられていた. 当初, 各州は 2 つの制度を行ったり来たりして試みた. 大半の州は全州 1 区を採用したが, 途中で小選挙区に切り替えた州もあった. その後すぐに, 大きな州はすべて小選挙区を採用し, 小さな州は全州 1 区を採用するパターンが定着し, 1842 年まで続いた. この違いは, 小さな州では下院議員を州という地理的共同体の代表と捉えたのに対し, 大きな州では議員を地理的代表というよりもそこにたまたま居住する住民の代表と捉えたことに由来する. 小さな州では全州 1 区で同一党派の議員団が選出されたのに対し, 大きな州では各小選挙区から選出された議員たちの党派が同じではなかった. そのため, 小さな州選出の議員団の方が議会においてより効果的に活動できた. これに気がついた大きな州が全州 1 区への変更を検討し始めると, 小さな州は, 大きな州が小さな州を支配するようになることを恐れるようになり, その結果, 連邦議会で, すべての州が小選挙区を採用することを規定する 1842 年下院議員再配分法が成立した. この法律では, 2 名以上の議員が配分された州では, 議員は配分数と同じ数の飛び地のない選挙区から 1 名ずつ選挙されることが規定された. 法案審議過程では, 選挙区人口をできる限り均等にする規定も検討されたが, そのためには下位の行政区画の結合・分割が必要となることから, 法律からは削除された.

---

5)　この項は, Ansolabehere and Snyder (2008), McDonald (2011), McGann et al. (2016), Handley (2017), Jacobson and Carson (2020), Issacharoff et al. (2022) などによる.

28　第2章　各国の選挙制度と選挙区改定

　この後，10年ごとの議員配分の時には，連邦議会が同様の法律を制定することが慣例となった．1872年法には，初めて，各州における小選挙区は実行可能な限り同数の住民に近づける（districts ... contain[] as nearly as practicable an equal number of inhabitants）ことが規定された．1901年法には，これらに加えて選挙区が地理的にコンパクトであることも規定された．しかし，多くの州では，既得権益を持つ州議会が選挙区均等化に消極的なため，人口が大きく異なる選挙区改定を行い続けた．1929年議員再配分法では，選挙区が飛び地なしでコンパクトで人口均等であるとする規定自体がなくなった．たとえば，1930年のニューヨーク州では選挙区の最大人口が766,425人，最小人口が90,671人と9倍近くにもなり，1940年代のイリノイ州ではそれぞれ914,000人，112,116人で8倍を超えていた．これらの中には1901年に画定された選挙区が40年後もそのまま用いられていたものもあり，各州内での農村部から都市部への人口移動が反映されず，農村部が過大代表されていた．

　1946年にイリノイ州の人口がきわめて多い選挙区の有権者が州知事等に対して現行選挙区の州法の下での次の下院議員選挙の実施を抑止することを求めた訴訟の連邦最高裁判決（Colegrove v. Green, 328 U.S. 549）は，原告の訴えを退けた．その理由として，原告がこの法廷にその権限を超えるものを与えるよう求めているとし，この問題が特異な政治的性質を持つため，司法の決定になじまず，この法廷はこうした論争に介入することを拒否してきたと述べた．さらに，下院議員配分の歴史は政党間競争と党派的利益をめぐる政治的争いであり，司法はこうした「政治の茂み（political thicket）」に足を踏み入れるべきではなく，不公正な選挙区割りを正すためには，州議会に適切な区割りをさせるか，あるいは，連邦議会にその権限を行使させることが必要であり，裁判所によって強制することはできないとした．憲法4条4節の「合衆国は，この連邦内のすべての州に対し共和政体を保障する」規定（Guarantee Clause）の違反についても，司法判断適合性はないとした．そして，憲法は，統治機構の多くの任務の実行を行政および立法の忠実な活動に依存しており，究極的には市民が政治的権利を行使して行う監視にかかっていると述べた．

　選挙区割りを政治的問題だとして司法の管轄外であるとする連邦最高裁の判断は，1962年のテネシー州議会議員選挙区が1901年の区割り以降一度も改定

されていないことで投票価値の低下を被った都市部の有権者が訴えた訴訟の判決で覆った．判決は，連邦地裁が司法判断適合性がないとして却下した判決を破棄して差し戻した（Baker v. Carr, 369 U.S. 186）．その理由として，共和政体保障条項および政治的問題は司法判断適合性がないが，この訴訟は共和政体保障条項によらず，修正 14 条の平等保護条項（Equal Protection Clause）[6]違反の訴えであり，司法判断適合性を有するとした．また，共和政体保障条項および政治的問題にあたるかどうかの判断においては，問題が権力分立の政治的部分の行動に最終的に任せることが適切であること，および司法判断のために満足できる基準がないことが，主要な考慮事項であるとした．

　この判決は，州の選挙区割りが司法判断適合性があると述べたのみで，具体的な行動は下級審に委ねたのであるが，都市化による選挙区人口の不均衡は全国的な問題であったため，ただちに 36 州で区割りをめぐる訴訟が提起され，州議会における不均等な選挙区割りが正されることにつながった．連邦下院議員選挙区については，1931 年の区割り以降改定されていなかったジョージア州第 5 下院議員選挙区の有権者が他の選挙区よりも 2〜3 倍大きな人口となり，投票価値の低下を被ったとして訴えた訴訟の 1964 年の最高裁判決（Wesberry v. Sanders, 376 U.S. 1）が，憲法 1 条 2 節の「議員が『各州人民によって選出される』（Representatives be chosen "by the People of the several States")」ことの意味は，実行可能な限り，下院議員選挙における各人の投票が同一価値であるものとすると判示した（as nearly as is practicable, one person's vote in a congressional election is to be worth as much as another's）．州議会における不均等な区割りについても，最高裁は，各州は州議会の上院・下院とも選挙区の人口を等しくしなければならないことを判示した（Reynolds v. Sims, 377 U.S. 533）．こうして投票価値の平等を求める「1 人 1 票の原則（one-person, one-vote principle）」が確立したことによって，選挙区改定革命（reapportionment revolution）が進行し，不均等人口の選挙区は裁判所の監視の下で急速に消滅していった[7]．

　表 2-2 は，2010 年および 2020 年の国勢調査にもとづく議員再配分と選挙区

　6）　修正 14 条 1 節の「いかなる州も，その管轄内にある者に対し法の平等な保護を拒んではならない．」の部分を指す．

30　第2章　各国の選挙制度と選挙区改定

改定後の選挙区人口の最大較差を示したものである．また，図 2-1 は，アメリカの 2020 年の国勢調査結果にもとづく議員再配分と選挙区改定の結果を示した図である．下院議員 435 人がヒル方式を用いて各州に人口に比例して配分され，各州議会が選挙区改定を行っている．縦軸に人口をとり，図の左側から人口の小さい順に並べた各州の議員 1 人あたり人口と各州の選挙区人口の分布を箱ひげ図で描いてあり，参照線として全米の議員 1 人あたり人口である 760,367 人を書き加えてある．箱ひげ図は値の分布を箱の大きさで表し，外れ値を●で表す．各州の議員 1 人あたり人口はすべて同一なので小さな箱となるが，各州の選挙区人口も 1 桁レベルの違いしかないことが多く，ほとんどバラツキがないため，ほぼ同じ小さな箱となり，外れ値がいくつか見られるだけである．そのため，表 2-2 にあるように，州の議員 1 人あたり人口の最大較差がそのまま区割り改定後の選挙区人口の最大較差となって，区割りによって選挙区人口較差が広がる割増分がまったく存在しない．これは，国勢調査の小さなブロック・レベルの人口データを用いて，各州で 1 人 1 票の原則を貫徹させる選挙区改定が行われた結果であるといえよう．州の議員 1 人あたり人口が最小なのは議員 2 人が配分されたモンタナの 542,113 人であり，最大なのは議員 1 人が配分されたデラウェアの 989,948 人である．したがって，ヒル方式による各州の議員 1 人あたり人口の最大較差は両州の間で生じた 1.826 倍である．このように大きな較差は，人口の小さな州同士の間で議員配分が 2 人になるか 1 人になるかによって生じることが多い．図の左側の人口の小さな各州では，配分議員数いかんによって議員 1 人あたり人口が大きく変化することがわかる．人口がある程度大きな州では議員 1 人あたり人口も選挙区人口も全米の議員 1 人あたり人口である 760,367 人に収斂していくことがわかる．

　各州内の選挙区人口が均等になっても，バイアスがなくなったわけではない．選挙区割りを操作する方法として，①党派的ゲリマンダリング，②人種的ゲリマンダリング，③超党派ゲリマンダリングの存在が指摘されている．①につい

---

7)　Cox and Katz（2002）は，この革命が，1960 年代以前の共和党に有利な区割りから中立的あるいは民主党に有利な区割りへの変化をもたらし，下院議員候補者のリクルートとキャリアプランに影響した結果として，選挙競争における現職優位が強くなったことを明らかにしている．

表 2-2 アメリカの区割り改定における州の議員 1 人あたり人口および選挙区人口の最大較差

区割り改定年	国勢調査年	州への定数配分方式	州の議員1人あたり人口の最大較差	区割り後の選挙区人口の最大較差	区割りによる割増分
2012	2010	ヒル方式	1.880	1.880	0.000
2022	2020	ヒル方式	1.826	1.826	0.000

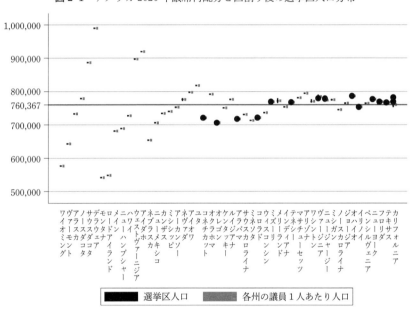

図 2-1 アメリカ 2020 年議席再配分と区割り後の選挙区人口分布

て，州議会の多数党は，自党の支持者の地理的分布をもとに獲得できる議員数を最大化するために選挙区割りを操作する党派的ゲリマンダリングを行った．ゲリマンダリングとは，対立党支持者を少数の選挙区に集中させて大差で対立党候補が当選することで得票を無駄にさせ，自党候補者が大差ではないが確実に当選するだけの自党支持者がいる選挙区をできるだけ多く作ることである．選挙区の地理的な形は無関係であるが，19世紀のマサチューセッツ州知事のエルブリッジ・ゲリー（Elbridge Gerry）が行った区割りがサラマンダー（架空の

火竜）のような異様な形をしていたことから，ゲリマンダーと揶揄された．共和党が大勝した 2010 年下院議員選挙後の 2012 年の区割りの分析によると，共和党が多数派の 18 州では共和党優位の選挙区が 16 増加し，民主党優位の選挙区が 1 減少し，支持が拮抗する選挙区が 11 減少した（Jacobson and Carson 2020）．

　党派的ゲリマンダリングの訴訟は数十年間争われているが，憲法違反の疑いはあるものの，党派的ゲリマンダリングと判定する一貫した基準が存在しないために，連邦最高裁が認定するまでに至らなかった（Vieth v. Jubelirer, 541 U.S. 267 (2004)）．そして，2019 年の判決（Rucho v. Common Cause, 588 U.S.）では，党派的ゲリマンダリングは連邦法廷の管轄外の政治的問題であるとして訴えを退けた．党派的ゲリマンダリングの問題は，これ以降，連邦レベルではなく，州レベルの法廷（州最高裁など）において，各州議会や区割り委員会が行った区割りが，区割りの手続きや区割り基準を定めた各州の憲法の規定に違反していないかが，争われている．

　②人種的ゲリマンダリングとは，人種的少数派集団の投票力を弱めるように行う選挙区割りをさす．1965 年の投票権法は，黒人の投票権行使の障害となる識字テストなどの差別的慣行を禁止したが，1986 年連邦最高裁判決（Thornburg v. Gingles, 478 U.S. 30）では，選挙区割りは人種の少数派を意図的でなくても差別してはならないと解釈し，複数議員を連記投票で選出する州上院議員選挙区割りが人種的ゲリマンダリングにあたり，投票権法違反であるとした．この判決後，人種や民族の少数派の居住地区をまとめて多数派になる選挙区（majority-minority district）を作るべきであるとされた．しかし，黒人を優遇する人種的ゲリマンダリングは一方で白人有権者の権利を侵害する恐れもあり，最高裁は，1993 年の判決（Shaw v. Reno, 509 U.S. 630）で，そのための極端な形の選挙区を憲法の平等保護条項違反とした．判決を受けて区割りしなおされた選挙区が下級審でふたたび違法な人種的ゲリマンダリングだとされたことに対して，最高裁は 2001 年に，少数派の有権者は一般に民主党支持者であることから，人種を考慮した区割りが党派的な問題でもある場合には，平等保護条項違反ではなく，合法であるとした（Easley v. Cromartie, 532 U.S. 234）．

　③超党派ゲリマンダリングとは，民主・共和両党の合意にもとづくゲリマンダリングであり，両党の現職候補が再選に有利になるよう，両党支持者が拮抗

する選挙区を作らない区割りである．この区割りも州議会の超党派による区割りとして司法判断適合性がないと考えられるが，最近の動きは，州民のイニシアティブによって独立委員会に区割り案を作成させることによって，区割り基準で制限することが行われている．

全米州議会協議会によると，連邦下院議員選挙区の区割りを行う州議会や区割り委員会は，1人1票の原則および1965年投票権法の人種にもとづく差別の禁止を遵守する義務があり，それに加えて，各州は区割りの原則や基準を州の憲法や州法などで規定している．それによると，多くの州が採用する伝統的な区割り基準として，①コンパクトであること，②飛び地がないこと，③郡および他の下位の行政区画を分割しないこと，④都市とその近隣地域や州内の区域などの利益共同体を分割しないこと，⑤区割り前の選挙区を分断しないこと，⑥現職議員が競合しないこと，をあげている．2000年以降，各州で検討され採用された新しい基準として，⑥現職議員，候補，政党に対して中立であること，⑦区割り作業に際して，党派支持のデータを用いないこと，⑧2大政党間の選挙競争になること，をあげている[8]．

2. イギリス

選挙改革以前

イギリスは，イングランド，スコットランド，ウェールズ，北アイルランドから構成される連合王国であるが，1801年から1922年の間は分離独立する前のアイルランドを含んでいた．イギリスにおける民主化のプロセスは，19世紀の3次にわたる選挙法の改正とその後の改革による国民の政治参加の拡大によって進められた．1832年以前の庶民院の総議員数は658人であり，イングランドから486人，ウェールズから27人，スコットランドから45人，アイルランドから100人が選出されていた．選挙区には，都市部のバラ選挙区と田舎のカウンティ選挙区および大学選挙区（ケンブリッジ，オックスフォード，ダ

---

8) "Redistricting Criteria." National Conference of State Legislatures Home Page (https://www.ncsl.org/redistricting-and-census/redistricting-criteria). Accessed July 10, 2023.

ブリン）があり，イングランドでは，2選挙区が4名を選出したほかはほとんどが2名の議員を選出し，スコットランド，ウェールズではほとんどが1人を選出し，アイルランドではバラが1人，カウンティが2人を選出した．有権者は選出議員数と同数の投票（連記投票）を行うので，基本的に小選挙区制と同じように多数党が有利になる．有権者はカウンティでは40シリング以上の価値の不動産の自由保有権者，バラでは居住や不動産賃借権などさまざまな要件を満たした者に限られ，その数はウェストミンスター選挙区の12,000人とヨークシャー選挙区の20,000人を除けば，数十人から数千人だった（Cook and Stevenson 1980; Johnston 2013）．複数の選挙区で有権者資格を持つ人はそれぞれの選挙区で投票することができた（複数投票制，plural voting）．

19世紀の選挙改革

1832年の第1次改革法[9]は，イングランドとウェールズの有権者数の少ない56バラ選挙区を廃止し，30バラ選挙区の選出議員数を1人に減らし，議員数4人のバラを2人に減らした（計143議席減）．そして，新たに選出議員数2人のバラ選挙区を22と1人のバラ選挙区を21創設した（計65議席増）．カウンティ選挙区については，カウンティを分割したり，選出議員数を増加させたりして65議席増加した．地域的には，イングランド南部の農業地域の議員数が減り，北部の工業発展地域の議員数が増加した（Rossiter, Johnston, and Pattie 1999; Johnston 2023）．また，イングランドの議員数は改革前の489から470に減少し，ウェールズは24から32に増加した．

同時に，有権者登録の制度が導入され，カウンティでは従来の40シリング自由土地保有権者か，年10ポンド以上の価値のある土地の謄本保有者や長期借地権者，年50ポンド以上の価値のある土地の中期借地権者など，バラでは1年以上年10ポンド以上の価値の不動産を所有する者や賃借する者に選挙権が与えられた．また，これまでは財産要件を満たせばまれに女性も有権者になることができたが，1832年法では有権者は男性に限定された．

同様の法律がスコットランドとアイルランドについても成立した．スコット

---

9) An Act to amend the Representation of the People in England and Wales. [7th June 1832.]

ランドの議員数は改革前の 45 から 53 に増加し，アイルランドの議員数は 100 から 105 に増加した．改革によって，イギリスの有権者は 516,000 人から 809,000 人へと 50％以上増加したが，それでも人口の 3％にすぎなかった．

1867 年の第 2 次改革法[10]では，バラ選挙区では 1 年以上居住するすべての男性戸主および家賃年 10 ポンド以上の男性賃借人に選挙権が与えられ，カウンティ選挙区では長期借地権の価値基準が年 10 ポンドから 5 ポンドに，その他の借地権の価値基準が年 50 ポンドから 12 ポンドに下げられた．

選挙区への議員配分については，1861 年の人口調査で 10,000 人未満の 35 選挙区の選出議員数を 1 人に減らし（35 議席減），選挙腐敗のひどい 4 選挙区を廃止し（6 議席減），人口の少ない 7 選挙区を廃止した（11 議席減で以上計 52 議席減）．そして，新たにバラ選挙区として議員数 1 人の 9 選挙区と 2 人の 1 選挙区を新設し，数都市の選挙区の選出議員数を増やし（計 19 議席増），12 のカウンティを 37 選挙区に分割し，議員数を 25 人増やした．なお，この時，選挙区の選出議員が 3 人の選挙区では 2 票まで，4 人の選挙区では 3 票までしか投票できない制限連記投票制が採用された．イングランドの議員数は 470 から 460 に減少し，ウェールズの議員数は 32 から 33 に増加した．

翌年の改革法により，スコットランドの議員数は 53 から 60 に増加したが，アイルランドの議員数は 105 のままで変わらなかった．

第 2 次改革によって多くの都市の労働者階級に選挙権が与えられ，イギリスの有権者は改正前の約 2 倍の 250 万人になり，成人人口の約 16％，総人口の 10％弱になった．

1884 年の第 3 次改革法[11]では，第 2 次改革法のバラの選挙人資格である男性戸主および年 10 ポンド男性賃借人をすべてのカウンティおよびバラに一律に適用した．これによって有権者数は 500 万人に増え，成人人口の 29％，総人口の 17％になった．

選挙区割りと議員配分は，翌 1885 年の議席再配分法[12]によって規定され，

---

10)　An Act further to amend the Laws relating to the Representation of the People in England and Wales. [15th August 1867.]

11)　An Act to amend the Law relating to the Representation of the People of the United Kingdom. [6th December 1884.]

15,000 人未満のバラは近隣のカウンティに併合し，15,000 人以上 50,000 人未満のバラは議員数を 1 人に減らし，腐敗があった選挙区を廃止することによって 143 議席を削減し，他方で，19 のバラの選出議員数を増やし，33 のバラを新設するとともに，カウンティの選出議員数も増やした．総定員数はそれまでの 658 から 670 へと増加した．そして，選出議員数を基本的に 1 人とするためにバラおよびカウンティを分割した結果，2 人選出の 27 選挙区をのぞく 616 選挙区が小選挙区となった．

　区割り案の作成はイングランドおよびウェールズ，スコットランド，アイルランドを担当する 3 つの選挙区画定委員会が行ったが，ほぼ同じ指示を受け，人口の均等化，利益共同体の反映，地方政府の区域の活用などを区割り基準とすることが求められた（Rossiter, Johnston, and Pattie 1999）．イギリスの選挙区の人口をおおむね均等化するよう求められたのは，この時が初めてであった（Johnston 2023）．イングランドの議席は 460 から 461 に増加し，ウェールズは 33 から 34 に増加した．スコットランドの議席は 60 から 72 に増加し，アイルランドの議席は 105 から 103 に減少した．

20 世紀以降の選挙改革

　女性参政権運動の活発化と第 1 次世界大戦のため，選挙法の改正が必要となった．1918 年の法律によって家屋・不動産に 1 年以上居住・占有する要件を満たす 21 歳以上のすべての男子，戦争動員によって居住要件を満たせない兵士たち，および 30 歳以上の一定の要件を満たした女性に選挙権が与えられた．有権者はそれまでの 800 万人から 2100 万人となったが，全女性のうち 2/3 の 850 万人が有権者となった．また，有権者となる要件は居住，不動産占有および大学選挙区での学位とがあったため，これまで複数の選挙区で有権者となることができる複数投票制が認められていたが，この時の改正で 2 選挙区までに制限された．選挙区割りと議員配分は，バラの選出議員数の増加によって総議員数が 707 人に増加したが，2 人選出の 17 選挙区と 3 人選出の 1 選挙区をの

---

12)　An Act for the Redistribution of Seats at Parliamentary Elections, and for other purposes. [25th June 1885.]

ぞく 670 選挙区が小選挙区となった[13].

1928 年には女子普通選挙が実現し，女性有権者は 1500 万人になった．

1940 年代には，選挙区割りと選挙区規模の見直しを定期的に行うプロセスが確立した．庶民院議長の下の超党派の協議会（Speaker's Conference）での審議にもとづいて，1944 年に庶民院議席再配分法[14]が成立し，地方ごとの 4 つの選挙区画定委員会（Boundary commissions）が設置され，議席配分のルールとして，①イギリス全体で 591 前後，スコットランドに 71 以上，ウェールズに 35 以上，アイルランドに 12 の議席を配分し，②カウンティの境界を超える選挙区や地方政府区域を分割する選挙区を禁止し，③選挙区の有権者数は実行可能な限りイギリス全体の選挙基数（全英有権者数／現議席数）の上下 25％以内としなければならず，④選挙区の規模や形やアクセスについての特別な地理的考慮から再配分ルールの厳格な適用を緩めることが望ましいと思われるときには，委員会はそうすることが許されることなどが規定された．

しかし，これらの規定にもとづく 1947 年の選挙区割りと議席配分の見直しにおいて，地方政府区域を尊重しながら選挙区規模を全英の選挙基数の上下 25％以内に抑えることが困難であったことから，1947 年の庶民院議席再配分法[15]では，上記の③の上下 25％以内の制限は削除され，実行可能な限り近づけるものとされた．これは選挙区の均衡よりも地方政府区域を優先したことを意味する．各地方の区割り委員会はこの修正されたルールにもとづいて選挙区見直しの最終勧告を行った．しかし，イングランドの勧告案のバラ選挙区が最大で 80,000 人を超えていたことから，政府はイングランド区割り委員会に新たな勧告を要請し，過小代表されるイングランドの選出議員数を 17 増加させ，議席配分ルールの全英の総議席数を 591 前後から 613 前後に引き上げる修正を行って 1948 年の国民代表法[16]を成立させた．この法律で，選挙区はすべて 1 人の議員を選出する地理的区域となり，有権者はそこに居住する成人のイギリス国民であって有権者登録した者であり，複数の選挙区で投票することができ

---

13) 1922 年にアイルランドが分離独立したため，総議員数は 615 人になった．

14) The House of Commons (Redistribution of Seats) Act 1944.

15) House of Commons (Redistribution of Seats) Act 1947.

16) Representation of the People Act 1948.

ないと規定され，複数投票制は廃止された．これによって大学選挙区は廃止された．最初の見直しによる選挙区は 1950 年総選挙から施行され，庶民院の議席数は 625 となった．

この後，選挙区割りと選挙区規模の見直しは，数年〜 15 年ごとに定期リビューとして行われ，第 1 次から第 5 次まで 1954 年，1965 年，1976 年，1991 年，2000 年に開始され，それぞれ 1955 年，1974 年，1983 年，1997 年，2010 年の総選挙から施行された（Rallings and Thrasher 2009; Johnston 2023）．

1969 年には選挙権年齢が 18 歳以上となった．

この間の主要な変化としては，第 1 次定期リビューにおいて全英の選挙基数にもとづく議席配分ではなく，事実上 4 つの地方ごとに異なる選挙基数を適用した議席配分を行っていたことが問題となり，1958 年の庶民院議席再配分法で，事実の後追いの形で地方ごとに異なる選挙基数（各地方の有権者数 / 各地方の現議席数）を用いると規定された．1979 年には北アイルランドの議席数が 12 から 16 以上 18 以下に改正された[17]．2000 年に開始された第 5 次定期リビューでは，スコットランド議会が 1999 年に設立されたことで，庶民院におけるスコットランドの過大代表を解消することになり，議席配分ルールのうち，スコットランドに 71 以上配分する規定が削除され，選挙区の有権者数を選挙基数に実行可能な限り近づける規定について，スコットランドの選挙基数はイングランドの選挙基数を用いると改正された[18]．これによってスコットランドの選挙区の有権者数はイングランドのそれとほぼ同じになり，2005 年総選挙における議席数は 71 から 59 に減少した．2010 年総選挙における総議席数は 650 であり，イングランド 533，スコットランド 59，ウェールズ 40，北アイルランド 18 である．

2010 年総選挙で労働党が敗れ，代わって登場した保守・自由両党の連立政権は議会選挙区法を改正し，庶民院の総議席数を 600 に変更し，選挙区有権者数を均等化する配分ルールに変更した[19]．このルールの下で第 6 次リビューが 2011 年に開始されたが，2013 年の区割り報告提出前に議会によって停止され，

---

17) House of Commons (Redistribution of Seats) Act 1979.

18) Scotland Act 1998.

19) Parliamentary Voting System and Constituencies Act 2011.

表2-3(1)　イギリス第5次リビューにおける選挙基数からの偏差（島嶼の3選挙区を除く）

地方	第5次リビュー開始年	選挙基数	選挙区数	最小偏差	最大偏差
イングランド	2000	69,935	532	79%	131%
北アイルランド	2003	60,969	18	99%	125%
スコットランド	2001	69,935	57	68%	118%
ウェールズ	2002	55,640	40	73%	132%

表2-3(2)　イギリス2023年リビューにおける選挙基数からの偏差（保護された島嶼の5選挙区を除く）

地方	2023年リビュー開始年	選挙基数	選挙区数	最小偏差	最大偏差
イングランド	2020	73,393	541	95.0%	105.0%
北アイルランド	2020	73,393	18	95.2%	104.9%
スコットランド	2020	73,393	55	95.0%	104.9%
ウェールズ	2020	73,393	31	95.1%	104.7%

2018年に延期された[20]．2018年のリビューは完了したが区割り報告は実施されず，政府は2020年に庶民院の総議席数を650に戻した上で新たなリビューを2023年までに完了するよう法律改正した[21]．現行のルールと手続きは，①イギリス全体の選挙区数を650とし，②島嶼の5選挙区を除き，選挙区有権者数は全英の選挙基数（島嶼を除く全有権者数 / 645）の95〜105％とする，③北アイルランドについては，±5％よりやや広い範囲が認められ，④4つの地方の議席数は有権者数に応じてサント・ラグ方式を用いて比例配分する，⑤各選挙区の面積は13,000 km^{2}を超えない，⑥地方政府の境界を考慮することができる，⑦当初案のパブリック・コンサルテーションを実施する，などである．4つの選挙区画定委員会の報告書を政府がそのままの内容でまとめた草案が，2023年11月に国王の裁可を経て枢密院勅令として施行され，2024年7月の総選挙から実施された[22]．

　表2-3(1)は，2007年に終了した第5次リビューの各地方の統計（2010年の有権者人口）をまとめたものである．第5次リビューでは，選挙区有権者数は

---

20)　Electoral Registration and Administration Act 2013.

21)　Parliamentary Constituencies Act 2020.

22)　The Parliamentary Constituencies Order 2023.

40　第2章　各国の選挙制度と選挙区改定

実行可能な限りリビュー開始時点（2000年以降）での各地方の選挙基数に近づけることとされているが，有権者数の範囲が定められているわけではない．2010年はリビュー終了後の最初の総選挙であるが，一定の時間が経過しているため，選挙基数はガイドラインの意味しかない[23]．選挙区有権者数は，イングランドではワイト島を除いて選挙基数の79-131％，ウェールズでは73-132％，スコットランドでは島嶼の2選挙区を除いて68-118％，北アイルランドでは99-125％の範囲に分布している．イギリス全体の選挙区有権者数の較差は，過大代表される北アイルランドの小さな選挙区とイングランドの大きな選挙区の間で生じているが，各地方内の較差はそれほど大きくない．リサ・ハンドリーも，選挙区の大多数は選挙基数の上下25％以内に収まっており，範囲外の4選挙区のうち3つは島嶼選挙区であると指摘している（Handley 2017）．

　表2-3(2)は，2023年リビューの4つの選挙区画定委員会の最終報告[24]にもとづく650選挙区の有権者数の各地方の統計をまとめたものであり，図2-2は，各地方の選挙区有権者数の分布を箱ひげ図で描いたものである．2020年3月2日の庶民院議員選挙の登録有権者数にもとづき，5つの島嶼保護選挙区を除く645選挙区がサント・ラグ方式で4つの地方に配分され，イングランドは541，ウェールズは31，スコットランドは55，北アイルランドは18となった．イングランドの選挙区画定委員会は，さらに541選挙区をサント・ラグ方式で9つの地域に配分した上で，各地域内で選挙区割りを行った．全英の選挙基数（島嶼を除く全有権者数/645）は73,393人であり，選挙区の有権者数は選挙基数の上下5％以内とすると規定され，北アイルランドについてはそれよりほんの少し広い範囲が許されている．表2-3(2)にあるとおり，すべての地方で選挙区有権者数を選挙基数の上下5％以内とする基準を満たしている．庶民院図書館の調査リポート（Baker, Uberoi, and Johnston 2023）によると，区割り改定がなかった選挙区は65であり，残りの585選挙区は区割り改定が行われた．そし

---

23)　選挙基数はイングランド，スコットランドが69,935，ウェールズが55,640，北アイルランドが60,969であり，ウェールズ，北アイルランドがイングランド，スコットランドよりも過大代表になっていることがわかる．

24)　Boundary Commission for England (2023); Boundary Commission for Northern Ireland (2023); Boundary Commission for Scotland (2023); Boundary Commissions for Wales (2023).

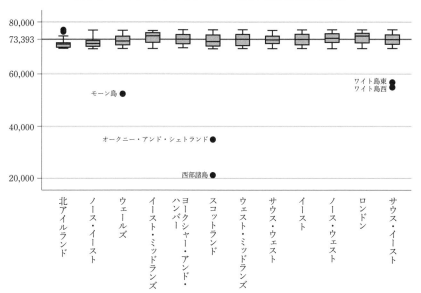

図 2-2 イギリス 2023 年リビューの選挙区有権者数の分布

て，全体の半数を上回る 332 の現選挙区は，住居の 90％以上が同じ新選挙区になる区割り改定が行われた．区域が拡大した新選挙区は 76 あり，区域が縮小した新選挙区は 73 あった．また，15 の現選挙区が 3 つ以上に分割されて新選挙区に組み入れられた．

図 2-2 には，各地方とイングランドの 9 地域が左から人口の少ない順に並べてあり，参照線として選挙基数が描かれている．それぞれの箱は選挙区の 50％が分布する範囲を示しており，箱の上下に 25％ずつが分布する．外れ値を示す●は，北アイルランドの比較的有権者の多い 2 選挙区および，60,000 人以下の 5 つの島嶼保護選挙区である．選挙区改定を行わない島嶼選挙区を除く 645 の改定された選挙区の分布は，イングランドの 9 地域およびウェールズ，スコットランド，北アイルランドのすべてにおいてほとんど同じ分布となっており，全英の選挙基数の上下 5％以内に収まっている．このリビューによって，イギリスは全英レベルで 1 人 1 票の原則にもとづく選挙区割りを実現したということができる．

3. カナダ

選挙権[25]

イギリスで 1867 年に英領北アメリカ法（British North America Act, Constitution Act）が成立したことにより，カナダ（オンタリオ，ケベック），ノヴァ・スコシア，ニュー・ブランズウィックが統合して自治領カナダが結成された．カナダ連邦議会は，任命制の上院（72 名）と公選制の下院（181 名）から構成された．下院は小選挙区制の選挙制度を採用した．割り当てられた上院議員数は上記 4 州にそれぞれ 24，24，12，12 であり，下院議員数はそれぞれ 82，65，19，15 であった（22 条，37 条）．議会議員の選挙権はイギリス国民で 21 歳以上の男性に限られ，州ごとでまちまちの，所有あるいは賃借する不動産の価値，借家賃料，年収などにもとづく制限があった．先住民やアジア系移民の選挙権は制限されていた．1885 年の選挙権法で州から連邦へ有権者資格の決定権が移ったが，統一した有権者資格はなく，都市とそれ以外で異なるより複雑で多様化したものとなった．1898 年には有権者資格の決定を各州に委ねる法改正が行われた．各州では先住民は有権者から排除され，アジア系市民も制限された．第 1 次世界大戦は選挙権の拡大をもたらすことになり，まず，1915 年には現役の軍人に選挙権が与えられ，1917 年には現役退役を問わず軍務についたことのあるイギリス国民の男女は，21 歳以下でも居住要件を満たさなくても選挙権が与えられた．そして，1918 年には 21 歳以上の女性に選挙権，1919 年には被選挙権が与えられた．1920 年には不動産所有要件が廃止され，成人男女普通選挙権が与えられたが，人種による選挙権排除は続いた．1948 年にはアジア系カナダ人に選挙権が与えられ，1950 年にはイヌイットに，1960 年にはその他の先住民に選挙権が与えられ，完全な成人男女普通選挙が実現した．1970 年には選挙権年齢が 18 歳に引き下げられた．

---

25) Chief Electoral Officer of Canada（2021）などによる．

各州への議席配分と選挙区割り

下院議員は 1871 年およびそれ以降 10 年ごとの国勢調査結果によって再調整される（51 条）．その方法は，①ケベック州を 65 議席に固定する，②各州議席は，ケベック州の議員 1 人あたり人口で各州人口を除した値の端数を 4 捨 5 入した数とする[26]，③例外として，カナダ人口に占める州人口が 10 年前の国勢調査結果から 5％以上減少しない限り，その州の議席を減らさない，であった．

カナダは徐々に州や準州が加入して，現在は 10 州と 3 準州から構成されている．人口の増加とともに各州の議席は増加したが，1892 年には相対的に人口の増加率の低い 3 州があわせて 4 議席を失い，1903 年にも議席が減少した．そのため，1915 年に配分方法が改正され，各州の下院議員数は上院議員数を下回らないとすることが規定された（上院議員条項，Senatorial Clause）．さらに，1946 年には総議席数を 255 に固定し，ユーコン準州を除く 254 議席をカナダ人口に占める各州人口比にもとづいて配分する方法に改正された．すなわち，カナダ人口を 254 で割って議員 1 人あたり人口（選挙商，electoral quotient）を求め，各州人口を選挙商で割った値の整数分を議席として決定し，それによる各州議席の合計が 254 より少ないときは各州の剰余の大きな順に残りの議席を 1 ずつ追加配分する方法である[27]．しかし，ケベックなど人口増加率の低い州が議席を失うことがわかり，改正が何度か重ねられ，1985 年におおよその方法が固まり，その後も微修正を経て議席配分が行われている．

もっとも最近の議席配分は 2021 年国勢調査にもとづいて 2022 年に公表されたが，その方法は，表 2-4 にまとめられている．① 2011 年の選挙商に 10 州の人口増加率の平均を乗じた値を新しい選挙商とし，各州人口を選挙商で割って端数を切り上げた数を第 1 段階配分とする[28]，②各州の下院議員数が上院議員数を下回らないよう調整した（上院議員条項）後の議席数が，2019 年総選挙で選出された第 43 議会期の議席数を下回らないよう調整する（祖父条項，Grand-

---

26）　この計算方法は，ケベック州の議員 1 人あたり人口を除数とするサント・ラグ方式である．

27）　1946 年改正の憲法 51 条に規定されているこの方法は，議員 1 人あたり人口を基数とするヘア式最大剰余法である．

28）　この計算方法は，本文で記したとおりに計算された選挙商を除数とするアダムズ方式である．

表 2-4　カナダ 2022 年下院議席再配分

州／準州	人口推計	÷選挙商	＝当初議席配分	＋上院議員条項	＋祖父条項	＋代表ルール	＝議席計	10州における人口比	10州における議席比
ブリティッシュ・コロンビア	5,214,805		43	—	—	—	43	13.68%	12.65%
アルバータ	4,442,879		37	—	—	—	37	11.66%	10.88%
サスカチュワン	1,179,844		10	—	4	—	14	3.10%	4.12%
マニトバ	1,383,765		12	—	2	—	14	3.63%	4.12%
オンタリオ	14,826,276		122	—	—	—	122	38.90%	35.88%
ケベック	8,604,495	121,891	71	—	7	—	78	22.57%	22.94%
ニュー・ブランズウィック	789,225		7	3	—	—	10	2.07%	2.94%
ノヴァ・スコシア	992,055		9	1	1	—	11	2.60%	3.24%
プリンス・エドワード島	164,318		2	2	—	—	4	0.43%	1.18%
ニューファンドランド・アンド・ラブラドール	520,553		5	1	1	—	7	1.37%	2.00%
ユーコン	42,986		n/a				1		
ノースウエスト	45,504		n/a				1		
ヌナブト	39,403		n/a				1		
計	38,246,108						343		

出典：House of Commons Seat Allocation by Province 2022–2032 – Elections Canada (https://www.elections.ca/content.aspx?section=res&dir=cir/red/allo&document=index&lang=e). Accessed September 30, 2023.

father Clause），③前回の議席配分において人口比よりも議席比が大きく過大代表であった州が今回の議席配分においては人口比より議席比が小さく過小代表となった場合には，人口比にもっとも近い議席比となるように調整する（代表ルール，Representation Rule），④3 準州に 1 議席ずつ配分する．これらのルールは，各州の人口に比例した議席配分を行ったうえで，特に人口の少ない州の選出議員数が減らないように調整するための工夫の産物である[29]．10 州について人口比と議席比を見ると，ブリティッシュ・コロンビア，アルバータ，オンタリオでは人口比よりも議席比が小さく，過小代表されており，ケベックおよび人口の少ない州では人口比よりも議席比が大きく，過大代表されている．小さな州およびケベックへの配慮が議席配分の結果に表れているといえよう．

　議席再配分した後の選挙区割りは，19 世紀には政府が行っていたが，1903 年から下院の超党派委員会が担当することになり，1964 年からは各州の独立の選挙区画定委員会（Electoral Boundary Commissions）が担当して現在に至っている[30]．各州委員会は，各州最高裁長官が判事の中から任命する委員長と，下院議長が任命する 2 名の各州に居住する委員によって構成される．区割りの報告書作成基準は，①選挙区人口は合理的に可能な限り各州の議員 1 人あたり人口（選挙基数）に近づける，②区割りに際して，(i) 各州内の利益共同体やアイデンティティの共同体や選挙区の歴史的パターン，(ii) 州の過疎，田舎，北部地域における選挙区の管理可能な地理的規模，を考慮し，必要あるいは望ましい場合には，選挙基数から乖離することができるが，例外的な状況を除き，選挙区人口は選挙基数の上下 25％の範囲に収まるようにするようあらゆる努力をするものとする．2021 年の国勢調査にもとづく選挙区割りは，2023 年 9 月 22 日にカナダ総督によって代表命令（representation order）として 2024 年 4 月以降に実施される総選挙から施行されることが宣言された．

　図 2-3 は，2023 年の各州への議席再配分と選挙区割りのデータを分析した図である．議員が 1 人の 3 準州および 10 州の 340 選挙区の人口および各州の選挙基数（各州人口／配分議席）の分布を，箱ひげ図として描いたものである．

---

29)　Elections Canada (https://www.elections.ca/content.aspx?section=res&dir=cir/red/allo&document=index&lang=e). Accessed August 2023.

30)　The Electoral Boundaries Readjustment Act (EBRA), 1964.

46　第2章　各国の選挙制度と選挙区改定

図2-3　カナダ2023年選挙区人口の分布

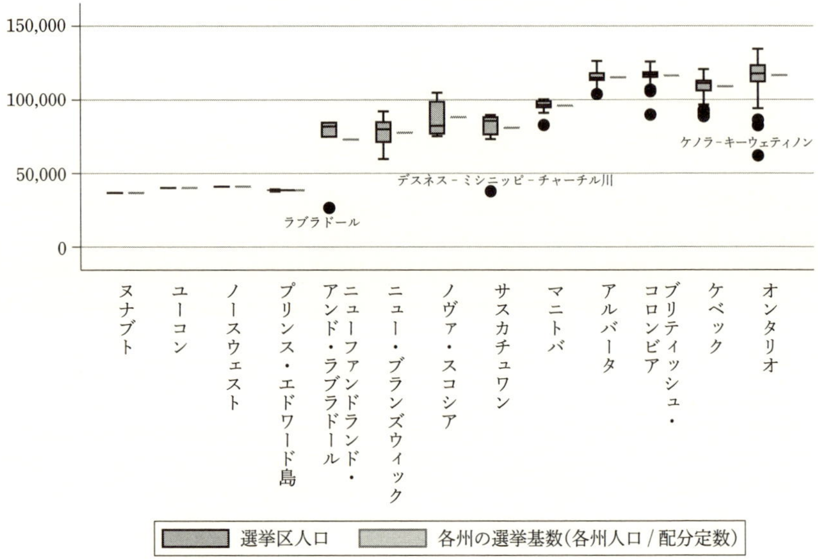

150,000

100,000

50,000

0

デスネス－ミシニッピ－チャーチル川

ラブラドール

ケノラ－キーウェティノン

ヌナブト
ユーコン
ノースウェスト
プリンス・エドワード島
ニューファンドランド・アンド・ラブラドール
ニュー・ブランズウィック
ノヴァ・スコシア
サスカチュワン
マニトバ
アルバータ
ブリティッシュ・コロンビア
ケベック
オンタリオ

■ 選挙区人口　　　□ 各州の選挙基数（各州人口／配分定数）

10州については，選挙区の半数が含まれる箱は比較的小さく，選挙区人口が
あまりばらついていないことを示している．区割り規定の各州の選挙基数の上
下25％以内に収まる選挙区は340選挙区中の98.5％にあたる335選挙区であ
り，収まらなかった選挙区は●で示された外れ値のうちの5選挙区であり，3
選挙区には名前を示してある[31]．これらの選挙区については，各州の選挙区画
定委員会が，地理的状況や地域共同体および選挙区の面積を考慮して逸脱が適
切であると判断している．したがって，2023年の選挙区割りは，全体として
基準に沿った区割りが行われたといえる．

4. 日　本

　日本については，後の章でよりくわしく分析を進めるが，ここでは，他の

───────────

31)　後の2つの選挙区は，オンタリオ州のサンダーベイ－スペリアーノースとサンダーベ
イ－レイニイリバーであり，図のケノラ－キーウェティノンの上に位置する外れ値である．
これらはオンタリオ州北部の人口の少ない広大な地域の選挙区である．

国々と比較するために簡単に記述し，その特徴を指摘する．

選挙権

1890 年の衆議院議員選挙における選挙人の資格は，25 歳以上の男子で 1 年以上当該府県内に本籍を有して居住し，直接国税を 15 円以上（地租は 1 年以上，所得税は 3 年以上）納めた者に，被選挙人の資格は，30 歳以上の男子で当該府県内で直接国税を 15 円以上（地租は 1 年以上，所得税は 3 年以上）納めた者に認められた．選挙区制は定数 1 の 214 選挙区と定数 2 の 43 選挙区であり，投票用紙には，候補者の氏名（定数 2 の選挙区では連記）および選挙人の氏名住所を自署し捺印した．有権者は，当時の全国人口約 3990 万人のうち 1.1％にあたる約 45 万人であり，地主層が大部分を占めた．

1900 年の衆議院議員選挙法改正では，商工業の発達にともない，選挙権の資格は，1 年以上選挙区内に住所を有し，直接国税を 10 円以上（地租は 1 年以上，地租と所得税，営業税をあわせて 2 年以上）納めた者に認められ，被選挙人の資格は 30 歳以上の男子に認められ，納税要件は不要となった．選挙区制は府県を単位とする郡部の大選挙区と市部の独立選挙区であり，投票は選挙区定数にかかわらず単記無記名になった．有権者は全国約 4470 万人のうち 2.2％にあたる約 98 万人に増加した．

1919 年の衆議院議員選挙法改正では，選挙権資格は大幅に緩和され，選挙人の住所期間は 6 ヶ月に短縮され，納税要件も直接国税の区分を廃止し 1 年以上 3 円に引き下げられた．選挙区制は定数 1 人の 295 選挙区，定数 2 人の 68 選挙区，定数 3 人の 11 選挙区であり，投票は選挙区定数にかかわらず単記無記名であった．有権者は全国約 5625 万人のうち 5.46％にあたる約 307 万人に増加した．

1925 年の衆議院議員選挙法改正では，選挙権の納税要件を撤廃し，男子普通選挙となった．ただし，選挙権・被選挙権の欠格事項として貧困により生活のため公私の救助を受けまたは扶助を受ける者および一定の住居を有しない者を加えた．また，一定の住所期間を選挙権の要件とせず，選挙人名簿登録の要件に改めてその期間を 1 年にしたことで，選挙権行使ができない期間が若干長くなった．選挙区制は定数 3〜5 人の中選挙区制となり，投票は従来と同じ単

48　第2章　各国の選挙制度と選挙区改定

記無記名であった．有権者は，1928年の最初の普通選挙時には，全国約6165万人の20.12％にあたる約1240万人となった．

　敗戦直後の1945年の衆議院議員選挙法改正では，男女普通選挙となり，選挙権年齢を20歳，被選挙権年齢を25歳に引き下げた．選挙区制は都道府県を単位とする大選挙区制になり（議員定数が15人以上の場合には2選挙区に分割），定数4～10人では2人，定数11人以上では3人に投票する制限連記投票であった[32]．

　1947年の衆議院議員選挙法改正では，大選挙区制を廃止して，定数3～5人の中選挙区制を採用し，各選挙区の構成は，おおむね旧中選挙区制下の選挙区構成を目途とし，各選挙区の定数は1946年4月に実施した人口調査にもとづいて算出された．投票は選挙区定数にかかわらず単記無記名となった．

　2016年に選挙権年齢が18歳以上に引き下げられた．

選挙制度と選挙区割りの変遷

　選挙権は徐々に拡大していったが，選挙制度の改正はつねに新しい選挙区制度への変更であった．これまで日本で用いられたさまざまな選挙制度はいずれもユニークである．これらは，選挙区あたりの議員定数によって小選挙区制，中選挙区制，大選挙区制とよばれた．1889年の衆議院議員選挙法では，議員は各府県の選挙区で選挙し，選挙区と選挙すべき定員は附録で規定されていた（1条）[33]．そして，選挙区において投票総数の最多数を得た者を当選者とした（58条）．附録には，各府県の議員総数と各選挙区の郡区構成と選挙すべき議員数が記されており，大多数が1人の選挙区であったことから小選挙区制とよばれた．

　日本は小選挙区制を2度，中選挙区制を2度，大選挙区制を2度採用してきた．すべての選挙制度に共通するのは，当選者が各選挙区における最多数の

32）　沖縄は定数2人が配分されたが，勅令で定めるまでは選挙を行わないこととされた．

33）　第4章でくわしく説明するが，議員定数を都道府県に配分する方法および各都道府県を区割りする方法は，1889年以来1994年まで法律に一切規定されなかった．衆議院議員選挙法や公職選挙法には，何らかの方法で都道府県に配分された議員定数が選挙区割りされた結果が，附録あるいは別表として記されてきただけである．

得票によって決定される相対多数制（plurality system）であることであり，違いは当選者が選挙区制ごとに異なる選挙区の定数までの順位に限られることである．たとえば，定数 5 の選挙区においては，1 位から 5 位までの得票を得た候補者が当選し，定数 1 すなわち小選挙区制においては，1 位得票の候補者だけが議席を獲得する．また，上述したように，選挙制度によって有権者が投ずる票の数も異なっていた．有権者が定数と同じ数を投票する完全連記制，定数より少ない票を投ずる制限連記制，定数にかかわらず 1 票しか投じない単記非移譲式投票制（SNTV）が用いられた[34]．

1889 年の小選挙区制は定数 1〜2 で有権者は定数と同じ数の票を投ずる相対多数制の選挙制度であり，イギリスの第 3 次選挙法改正の選挙制度に類似する．人口にもとづいて府県に定数配分した後，各府県内の郡区を単位として組み合わせた選挙区に分割した[35]．

1900 年に，小選挙区制は大選挙区制に変更された．新しい選挙区制は，47 道府県の郡部，42 の都市部を選挙区としてその人口にもとづいて定数配分し，別に 3 つの島嶼に定数を割り当てた．北海道と沖縄を除く郡部を定数 3〜12 の大選挙区として，42 の都市部と 3 つの島嶼を独立選挙区とした[36]．独立選挙区の定数はたいてい 1 であったが，東京では定数が 11，大阪では定数 6 であった．有権者はその選挙区の定数にかかわらず，単記非移譲式投票（SNTV）を投じた．

それから，1919 年に，原敬立憲政友会内閣によって小選挙区制が再び導入された．しかし，それは 1889 年の小選挙区制とは異なる点が 2 つあった．第 1 に，選挙区制は従来の市部独立選挙区と郡部大選挙区を単位として人口の変化に合わせて定数配分した上で，これらを定数 1 の選挙区を基本として区割りした結果，定数 1 の 295 選挙区，定数 2 の 68 選挙区，定数 3 の 11 選挙区となった．小選挙区の比率は以前のシステムが 71％ だったのと比較して 64％ に下

---

34) 加藤（2018）は，大選挙区制および中選挙区制を日本の「逸脱」的選挙制度であるとし，同一政党候補間の同士討ちをもたらす制限連記制および SNTV の問題点を指摘している．

35) 各選挙区制における都道府県への議員定数配分の分析は，第 4 章を参照．

36) 北海道には定数 1 人の選挙区が 6 つ設置されたが，札幌区，函館区，小樽区以外は 1904 年まで選挙が実施されず，沖縄（定数 4）では 1912 年まで選挙が実施されなかった．

50 第2章 各国の選挙制度と選挙区改定

がっている．第2に，定数が2以上の選挙区でも有権者は1票しか投ずること
ができない SNTV が採用された．

1925年に，男子普通選挙と中選挙区制が採用された．これは，憲政会，革
新倶楽部，政友会の護憲3派内閣によって導入された．3派のうちでもっとも
小さい革新倶楽部は大選挙区制を主張し，政友会は従来通り小選挙区制を主張
した．中選挙区制は，3派の妥協の結果であった．3～5の選挙区定数は，各
党が全選挙区で候補者を立てることを可能にしながら，同時に，無産政党が議
席を獲得するのを阻止しようとするものだった．選挙区制は，1920年の国勢
調査人口にもとづいて道府県を単位として定数配分した後，各道府県内を定数
3～5の選挙区に分割した．定数3の53選挙区，定数4の38選挙区，定数5
の31選挙区となり，有権者は選挙区定数にかかわらず1票しか投ずることが
できない SNTV が採用された．

敗戦後の1945年冬に，男女普通選挙と原則として都道府県を単位とする大
選挙区制が採用された．直前の人口調査にもとづいて都道府県に議員定数を配
分した結果，沖縄の定数2から東京の22までとなったが，沖縄は行政権の行
使が不可能なため除外して，定数15以上の都道府県（東京，大阪，兵庫，新
潟，愛知，福岡，北海道）を2選挙区に分割した53の大選挙区制が制定され
た．有権者はその選挙区の定数により2～3票を投ずる制限連記投票制であっ
た．

1947年に中選挙区制が導入された．1925年の時と同じように，人口にもと
づいて都道府県に定数配分した後，各都道府県内を郡区を組み合わせた選挙区
に分割した．総定数466議席は117選挙区に配分され，選挙区制は定数3の40
選挙区，定数4の39選挙区，定数5の38選挙区であり，有権者は選挙区定数
にかかわらず1票しか投ずることができない SNTV が採用された．それ以来，
戦後の農村から都市部への巨大な人口移動によって生じた定数不均衡を是正す
るために，1964年，1975年，1986年，1992年に改正が行われたが，法の下の
平等を保障するには程遠い内容だった[37]．選挙区の構成と定数を定めた公職選

---

37) 選挙区定数是正によらない変化として，1953年に奄美群島区（定数1）が設置され，
1970年に沖縄全県区（定数5）が加わった．

挙法（1950年）の別表第1は「この法律施行の日から5年ごとに，直近に行われた国勢調査の結果によって，更正するのを例とする」とされていたが，こうした都道府県への定数配分を含む見直しが行われたことはなく，代わりに人口較差が大きい一部の選挙区のみの定数の是正が繰り返された．

1964年の改正では，第2次選挙制度審議会が，選挙区の議員1人あたり人口の最大較差3.22倍を2倍程度に引き下げるために，各選挙区の議員1人あたり人口を，全国平均議員1人あたり人口20万40人を基準として上下おおむね7万人の幅に収めるよう定数を増減する答申を行ったが，1選挙区の定数を減ずる部分は採用せず，12選挙区の定数を19人増加させる改正を行った．そして，中選挙区制からはみだす6人区と8人区となる選挙区を分割して3人区と4人区にした．総定数は486，選挙区数は123となり，最大較差は2.19倍に縮小した[38]．

1975年の改正では，選挙区の議員1人あたり人口の最大較差が4.84倍に広がったことを受けて，前回と同様に議員1人あたり人口の多い選挙区の定数増によって較差を3倍以内に引き下げる案が各党間協議で進められ，交渉の結果，11選挙区の定数を20人増加させ，定数が6以上の6選挙区を2分割した結果，総定数は511，選挙区数は130となり，最大較差は2.92倍になった．

1986年の3度目の改正では，選挙区の議員1人あたり人口の最大較差が5.12倍に広がったことにより，最大較差を縮小するための定数是正が行われたが，このときには選挙区の定数減も行われ，15選挙区について8増7減された．この改正で中選挙区制からはみ出す2人区や6人区ができたが，そのままとなった．最大較差は2.99倍に縮小した．

1992年の中選挙区制で最後の4度目の改正では，選挙区の議員1人あたり人口の最大較差が3.38倍に広がっていたことから，議員1人あたり人口の多

---

38) 最大較差2.19倍は，兵庫5区と愛知1区の間で生じている．改正法の別表には愛知1区に守山区が含まれると規定されているが，これは1963年に旧守山市が編入されたものである．守山市は当時愛知2区に属しており，公職選挙法13条2項で，行政区域の変更があっても選挙区は従前の区域によるとする規定により，区割り改定後も愛知2区に属したままとして扱われたため，愛知1区の人口は守山区の人口分だけ少なくなり，較差も小さくなっている．もし，守山区を愛知1区に属しているとして計算すれば，最大較差は2.34倍だったことになる．

い選挙区から順に9選挙区の定数を1ずつ増加させ，議員1人あたり人口の少ない選挙区から順に10選挙区について定数を1ずつ減らした．これによって定数がゼロになる奄美群島区は鹿児島1区に属することとした．最大較差は2.77倍となった．

小選挙区比例代表並立制

政治改革をめぐって自民党が分裂し，7党1会派が連立する細川護煕政権が登場し，1994年の法改正によって中選挙区制が廃止され小選挙区比例代表並立制が採用された．この制度は，小選挙区選挙で300人を選出し，11ブロックの比例代表選挙で200人を選出する選挙制度である．有権者は居住する小選挙区で候補者に1票を投ずるとともに，その小選挙区が含まれる比例代表ブロックで候補者に順位をつけた名簿を提出した政党に1票を投ずる．それぞれの選挙は別々の議席決定方式によって独立して同時に行われるため，並立制とよばれる．ただし，候補者は小選挙区選挙とブロック比例代表選挙に重複して立候補することができ，小選挙区で当選すると，比例代表の候補者名簿からは除かれる．11ブロックの議員定数はブロックの人口に比例して配分される．

小選挙区は，衆議院議員選挙区画定審議会（区割り審）が，同設置法の規定にもとづいて選挙区割りを実施し，10年ごとの国勢調査結果公示後1年以内に選挙区の改定案を首相に勧告する．1994年当初の改定案の作成基準は，各選挙区の人口の均衡を図り，直近の国勢調査の選挙区人口の最大較差が2倍以上とならないようにすることを基本とし，行政区画，地勢，交通等の事情を総合的に考慮して合理的に行わなければならない（同設置法3条1項）とされた．また，各都道府県に配分される選挙区の数は，各都道府県にあらかじめ1ずつ配当し（1人別枠方式），その残りの数を人口に比例して各都道府県に配当した数を加えた数とする（3条2項）とされた．人口に比例して配当する方式は法律には明記されていないが，ヘア式最大剰余法が用いられた．区割り審は，この法規定にもとづいて，「区割り案の作成方針」を決定し，具体的な区割り作業を進めた．

表2-5は，これまで行われた区割り改定についてまとめたものである．1994年における都道府県の議員1人あたり人口の最大較差は1.822倍であったが，

4. 日 本　53

表 2-5　区割り改定における都道府県の議員 1 人あたり人口および選挙区人口の最大較差

区割り 改定年	国勢調 査年	都道府県への定数配分方式	都道府県の議員 1 人あ たり人口の最大較差	区割り後の選挙区 人口の最大較差	区割りによ る割増分
1994	1990	1 人別枠＋ヘア式最大剰余法	1.822	2.137	0.316
2002	2000	同上 (5 増 5 減)	1.779	2.064	0.286
2013	2010	緊急是正 (0 増 5 減)	1.788	1.998	0.210
2017	2015	アダムズ方式一部適用 (0 増 6 減)	1.844	1.956	0.112
2022	2020	アダムズ方式 (10 増 10 減)	1.697	1.999	0.302

区割り後に選挙区人口が最小選挙区人口の 2 倍を超えた選挙区は 28 あり，最大較差は 2.137 倍であった．2 倍以上とならないという基準を満たすことができなかったが，審議会は設置法が 2 倍をある程度超えることも許容していると考えられるとしている[39]．表 2-5 の区割りによる割増分は 0.316 倍であり，較差を 2 倍以内に抑えることよりも他の要因が考慮されたことがうかがえる．

1995 年の国勢調査は，10 年ごとの調査の中間年に行われる簡易国勢調査のため，勧告を行う必要はないが，「各選挙区の人口の著しい不均衡その他特別の事情があると認められるときは」(設置法 4 条 2 項)，勧告を行う余地があった．しかし，審議会は，選挙区間の人口の最大較差が 2.309 倍であり，拡大しているものの 2 倍を相当程度超えるとは判断せず，勧告を行わないことにした．

2000 年の国勢調査は 10 年ごとの大規模国勢調査であり，区割り審は結果の官報公示後 1 年以内に調査審議し，改定案を首相に勧告する必要があった．都道府県人口をもとに配分された定数の変化は「5 増 5 減」となり，区割り審は「区割りの改定案の作成方針」を決定して，区割り改定すべき選挙区を限定した上で作業を進めた結果，20 都道府県 68 選挙区を改定した．都道府県間の議員 1 人あたり人口の最大較差は 1.779 倍であり，区割り後に人口最小選挙区と

---

39)　『第 129 回国会衆議院政治改革に関する調査特別委員会議録第 4 号』1994 年 6 月 20 日の石川忠雄区割り審会長の発言．また，味村治会長代理は，3 条の作成基準の選挙区の「人口の均衡を図り，」そして「選挙区の人口のうち，その最も多いものを最も少ないもので除して得た数が 2 以上とならないようにすることを基本とし，」について，この範囲であれば，各選挙区の人口の均衡が図られているというふうに設置法は考えているものというふうに思うわけであると，答えている．すなわち，両者は同一という解釈を展開しているのであるが，一般には，この解釈はわかりにくい．この問題については，第 6 章でよりくわしく取り上げる．

54 第2章 各国の選挙制度と選挙区改定

の較差が2倍以上の選挙区は9であり，最大較差は2.064倍となった．区割り
による割増分は0.286倍と最初の区割りの時よりも若干小さくなっている．

2005年の簡易国勢調査の結果，選挙区間の最大較差は2.203倍となり，拡大
したが，勧告を行わなかった10年前の2.309倍を下回っていることから，各
選挙区の人口の著しい不均衡が生じているとまでは認められないとして，勧告
を見送った．

2010年の国勢調査は大規模国勢調査であり，区割り審は2011年2月25日
の結果の官報公示から1年以内に改定案を勧告することになった．しかし，約
1ヶ月後の3月23日に，最高裁大法廷が，2009年総選挙無効請求訴訟で1人
別枠方式およびそれにしたがって改定された区割りを投票価値の平等の要求に
反する違憲状態であるとする判決を行ったため，区割り審は作業を中断したま
ま，勧告期限の2012年2月25日が経過した．第181回国会の2012年11月14
日の党首討論において，民主党の野田佳彦首相は，違憲状態の1票の格差を最
優先で解決し，安倍晋三自民党総裁が定数削減を次の重要国会でやり遂げる約
束をすれば解散すると宣言した．その結果，解散当日の11月16日に，「0増
5減」の選挙区改定および1人別枠方式の廃止を内容とする緊急是正法が成立
した．この法律改正では，改定案の作成基準である区割り審設置法の3条1項
の適用を停止し，附則で定める「今次の改定案に関する特例」によることと規
定した．区割り審は，区割り改定作業を再開し，「緊急是正法に基づく区割り
の改定案の作成方針」を決定して，2013年3月28日に区割り改定案を勧告し
た．改定対象選挙区は，5減する県の選挙区と人口較差2倍を超える選挙区と
関連する選挙区の必要最小限の範囲に限定され，17都県42選挙区が37選挙
区に改定された．都道府県の議員1人あたり人口の最大較差は1.788倍であり，
緊急是正法で人口較差を2倍未満とすることと規定されたことから較差が2倍
以上の選挙区は0であり，最大較差は1.998倍となった．区割りによる割増分
は0.210倍であり，2倍未満を達成するために圧縮されたもののようである．

衆議院議長は，1人別枠方式を廃止した後の衆議院選挙制度のあり方や1票
の格差の是正方法について諮問するために第三者機関を設置した．諮問された
衆議院選挙制度に関する調査会は，2016年1月14日に，定数を小選挙区6減
（289），比例代表4減（176）し，選挙区間の1票の較差を2倍未満とするため

にアダムズ方式で都道府県に定数配分することなどを答申した. その後, 各党の区割り見直し案について議長が調整を試みたが, 合意が得られず, 自民党が提出した衆議院選挙制度改革関連法が 2016 年 5 月 20 日に成立した. その内容は, 調査会答申のアダムズ方式を実施するのは 10 年ごとの大規模調査である 2020 年の国勢調査からとし (区割り審設置法 3 条 1 項, 2 項), 選挙区の最大較差を従来の「2 以上とならないようにすることを基本と」する規定から明確に「2 以上とならないようにすることと」するに改正し (同 3 条 1 項), 別に附則を設けて, 2015 年の簡易国勢調査の結果にもとづいてただちに行う定数見直しは, 6 減のみとし, 選挙区の最大較差を 2015 年国勢調査結果の日本国民の人口および 2020 年の推計人口の両方について 2 倍未満とするよう, 必要最小限の選挙区の改定にとどめることにした. 区割り審は, これにもとづいて 2017 年 4 月 19 日に区割り改定案を勧告したが, それでも 19 都府県 97 選挙区が改定された. 都道府県の議員 1 人あたり人口の最大較差は 1.844 倍, 2020 年見込み人口では 1.937 倍であり, 選挙区人口の最大較差は 1.956 倍であり, 2020 年見込み人口で 2 倍未満であった. 区割りによる割増分は 0.112 倍であり, これまでの区割り改定のなかでもっとも小さくなっているが, これは 2020 年見込み人口においても 2 倍未満というきびしい制約が課されたために他の要因を考慮する余地が少なくなったためと考えられる.

　2020 年国勢調査にもとづく選挙区の区割り改定は, 区割り審設置法の本則にもとづいて初めてアダムズ方式を全面的に適用して行ったものである. 区割り審は国勢調査結果の公示後 1 年以内の 2022 年 6 月 16 日に改定案を勧告したが, 日本国民の人口を用いて, 「各選挙区の人口の均衡を図り, 各選挙区の人口のうち, その最も多いものを最も少ないもので除して得た数が 2 以上とならないようにすることとし, 行政区画, 地勢, 交通等の事情を総合的に考慮して合理的に行わなければならない」(区割り審設置法 3 条 1 項) という改定案作成基準にもとづいて「区割り改定案の作成方針」を決定し, 具体的な作業を行った. アダムズ方式による都道府県の定数の異動は 10 増 10 減であり, 変更された選挙区は 25 都道府県の 140 選挙区になった. 改定は, 定数異動の都県の選挙区, 較差 2 倍を超える選挙区, 複数の選挙区に分割されている市区の解消, 2021 年総選挙当日の有権者数の較差が 2 倍を超える選挙区などが対象となった. アダ

ムズ方式の採用により，都道府県の議員1人あたり人口の最大較差は1.697倍であり，これまででもっとも小さくなった．しかし，区割り後の選挙区人口の最大較差は1.999倍であり，前回，前々回よりも2倍に近い．これは，人口較差2倍未満という区割り審設置法3条1項が厳格適用された結果，ギリギリで2倍未満の選挙区が改定されなかったためであり，その分だけ区割りによる割増分が0.302倍と大きくなった．アダムズ方式の適用により，都道府県レベルでの人口較差はかなり改善されたのに，選挙区レベルの区割り改定では較差があまり改善されなかったということになる．

　図2-4は，2022年区割り後の選挙区人口と都道府県の議員1人あたり人口の分布を箱ひげ図で描いたものである．都道府県は左から人口最小の鳥取から最大の東京まで並べてある．各都道府県の議員1人あたり人口は各都道府県内で同一の値をとるのですべてが一点に集中するが，選挙区人口は各都道府県内で縦に大きくばらついている．濃い色の箱の上下が選挙区人口分布の25パーセンタイルから75パーセンタイルの範囲を示しているので，この範囲に各都道府県の選挙区の半数が含まれており，その上下のひげはそれぞれ25%ずつの選挙区があることを示している[40]．●は分布の外れ値である．各都道府県への配分定数は，図の左の鳥取から和歌山までは2人，香川から滋賀までは3人，沖縄から岡山までは4人，群馬から宮城までは5人，京都と広島は6人，茨城は7人，静岡は8人，福岡は11人，北海道と兵庫は12人，千葉は14人，埼玉と愛知は16人，大阪は19人，神奈川は20人，東京は30人である．各都道府県の議員1人あたり人口は，同じ定数の県内で左から右に徐々に上がり，定数が1人増えるとまた低い値から徐々に上がる傾向を繰り返していることがわかる．定数の変化によって，都道府県人口の増加に対する議員1人あたり人口の変化が読み取れる．図には，全国の議員1人あたり人口の428,179人を示す参照線を描いてある．図の左側の県の議員1人あたり人口はこの参照線の下に位置する傾向があり，右側の都道府県の議員1人あたり人口は参照線の近辺か上側に位置する傾向がある．議員1人あたり人口が小さいことは，都道府県人口

---

40) 鳥取から滋賀までにひげがないのは，定数が2〜3人であるため，すべてが25パーセンタイルから75パーセンタイルの範囲を示す箱の中にあるからである．

図 2-4 2022 年区割り後の選挙区人口分布

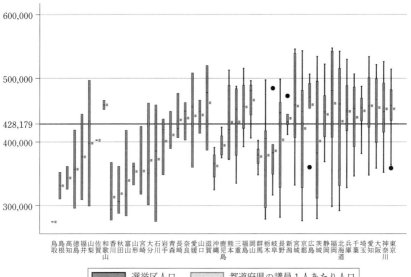

に対して議員定数配分が多いことを意味するから，アダムズ方式の定数配分が人口の少ない県に有利であることがこの図からもわかる．議員 1 人あたり人口は，アダムズ方式によって各都道府県に配分された定数で各都道府県人口を割った値である．これは，各都道府県の選挙区の平均人口（期待値）である．各都道府県における選挙区人口の目安と考えることができるが，図の選挙区人口の分布は，その期待を完全に裏切っている．各都道府県内では，近接する選挙区の人口が非常に大きな幅でばらついている．すなわち，多くの都道府県の中で選挙区人口の大きな較差が存在しているのである．このようになっている理由は，区割り改定基準が全国の選挙区人口の最大較差を 2 倍未満にすることしか求めていないからである．その結果，多くの都道府県において，選挙区人口は，全国の最大較差 2 倍未満の範囲であれば許容されることになり，人口最少の鳥取 2 区の 273,973 人からその 2 倍の 547,946 人までの間で広くばらつくことになるのである．

　このばらつきは，従来注目されてきた都市部の都道府県の過小代表，地方の

58   第2章 各国の選挙制度と選挙区改定

県の過大代表という都道府県間の問題ではなく，それぞれの都道府県内におい
て人口集中した中心市部の選挙区の過小代表と周辺地域の選挙区の過大代表が
生じているということである．たとえば，香川，石川では，鳥取2区の人口に
きわめて近い過大代表の選挙区が存在しており，京都，茨城，福岡，北海道で
は，その道府県内に，全国の最小人口と最大人口に近い選挙区が存在しており，
投票価値の不平等が同一の道府県内で顕著になっているということである．

5. 各国の比較

　以上，アメリカ，イギリス，カナダ，日本について，選挙制度と選挙区改定
の制度の変遷を概観した．ここで，各国の選挙区割りがどの程度まで1人1票
の原則を達成して，投票価値の平等を実現しているかを比較してみよう．その
方法として，まず，各国の選挙区人口（有権者数）と全国の議員1人あたり人
口（有権者数）の差を全国の議員1人あたり人口（有権者数）で割り100を乗
じた値を求める．この値は，ある国の選挙区人口（有権者数）が全国の議員1
人あたり人口（有権者数）から何％ずれているかという偏差であり，その全国
の平均はゼロである．次に，この偏差が，州（地方，都道府県）レベルにおい
てどれだけ生じており，州（地方，都道府県）内の個々の選挙区の間でどれだ
け生じているのかを，分散要素分析（variance components analysis）によって推
定する[41]．この分析によって，全国の偏差の分散（標準偏差の2乗）を州（地
方，都道府県）レベルの分散とそれ以外の選挙区レベルの分散に分割推定する
ことができる．州レベルの分散は，各州の議員定数配分の完全人口比例配分か
らの乖離の度合いを示し，各国の議員定数配分方式の歪みの指標となる．選挙
区レベルの分散は，各州内の選挙区人口の不均等の度合いを示す指標である．
すでに見たように，アメリカやカナダの選挙区分布の分析（図2-1，図2-3）で
は，人口の小さな州において州レベルの偏差の極端な値が生じていた．また，
イギリスにおいては，従来，有権者数の多いイングランドよりもスコットラン
ド，ウェールズ，北アイルランドにより有利な議員定数配分が行われてきたが，

41）　分散要素分析とその分析例については，Kawato (1987)，川人（2004, 2013）を参照．

2023 年のリビューでは，全英の選挙基数にもとづくサント・ラグ方式で議員定数配分が行われて，地方間の偏差はほとんどなくなった．そして，カナダの各州への議員定数配分方式は，人口の小さな州の議員定数が以前よりも減少しないためのさまざまな特例を含んでいた．日本では，1994 年に 1 人別枠方式が採用されて，人口の小さな県に有利な配分が行われたが，2022 年にはアダムズ方式が採用されて，人口比例による議員定数配分になった．そこで，分析において，州（地方，都道府県）レベルの分散の推定に対して小さな州（地方，都道府県）の極端な値が与える影響を弱めるために，各州（地方，都道府県）の議員定数を重み付けに用いることが考えられる．この分析においては，重み付けした分析と重み付けしない分析を行った上で，全選挙区の偏差の分散と分散要素分析の総分散とがより近似する分析を採用した．具体的にはアメリカ，イギリス（2011 年），カナダについては重み付けを採用し，イギリス（2023 年）と日本については採用しなかった[42]．

　次の表 2-6 は，各国について最近の 2 回の議員定数配分と選挙区割りにおける偏差を分散要素分析によって分割推定した結果をまとめたものである．表の下の全選挙区の偏差の分散を，州（地方，都道府県）レベルとその下の選挙区レベルの分散に分割推定した．改定は各国とも 10 年程度の間隔で実施されているが，日本については，2013 年と 2017 年の選挙区改定は都道府県の議員定数配分を最小限に変更したものであり，比較分析に適さないため，前回の定期改定である 2002 年のデータを用いた．まず，表の上段の各国の前回の議員定数再配分と選挙区割りについて見ると，州（地方，都道府県）レベルの偏差の分散はアメリカ（2012 年）が 22 程度でもっとも小さく，イギリス（2007 年）が 28 でそれに次ぎ，カナダ（2012 年）と日本（2002 年）は 144 とかなり大きくなっている．これは，アメリカが比例代表制のヒル方式を用いて各州に議員定数配分を行っているからである．イギリスは，議席配分に際して，イングラ

---

42)　分散推定において用いた各州（地方，都道府県）に配分された議員定数による重み付けは，frequency weight（度数のウェイト）であり，議員定数と同じだけ繰り返しカウントすることを意味する．これによって，各州の偏差が配分された議員定数分だけ推定に貢献することになり，極端な外れ値をとりやすい人口の小さな州が推定を歪めないようにすることができる．

60   第2章　各国の選挙制度と選挙区改定

表2-6　分散要素分析による各国の議員定数配分と選挙区割りの比較

	アメリカ		イギリス		カナダ		日本	
実施年	2012		2007		2012		2002	
州レベルの分散	21.52	99.9%	27.72	27.1%	144.29	58.5%	143.56	44.3%
選挙区レベルの分散	0.02	0.1%	74.69	72.9%	102.50	41.5%	180.20	55.7%
偏差の分散	21.62		115.28		270.61		320.10	

	アメリカ		イギリス		カナダ		日本	
実施年	2022		2023		2023		2022	
州レベルの分散	24.66	99.5%	0.46	1.9%	173.57	70.9%	56.84	22.3%
選挙区レベルの分散	0.12	0.5%	23.44	98.1%	71.19	29.1%	198.34	77.7%
偏差の分散	24.87		24.62		271.16		244.99	

ンドとスコットランドが同一の選挙基数を用いたのに対して，ウェールズと北アイルランドはそれぞれ若干小さい選挙基数を用いていた．それによって地方間の偏差がすこし大きくなっている．カナダでは人口の変化によって小さな州や準州の代表選出が減少しないよう調整が行われているため，小さな州に有利になるようにしているので，州間の偏差があらかじめ組み込まれている．日本では，1人別枠方式と人口比例配分の組み合わせで都道府県への議員定数配分が行われており，これも小さな県に有利になるように都道府県間の偏差が組み込まれていたといえよう．次に，州（地方，都道府県）間の偏差以外の選挙区レベルの偏差の分散を見ると，アメリカが最小でほとんどゼロであり，イギリス，カナダ，日本の順で大きくなっている．アメリカでは各州が行う区割りについて1人1票の原則が確立しているため，選挙区レベルではほとんど偏差が存在しない．イギリスは，各地方における選挙基数に実行可能な限り近づけることとされているが，一定の範囲内に収める規定は存在しない．ハンドリーが指摘するように，選挙区の大多数は選挙基数の上下25％以内に収まっている（Handley 2017）．選挙区レベルの分散が75という値はおおむねその分布に見合っていると考えられる．カナダの選挙区割りの基準は，各州の選挙基数の上下25％以内に収めることが規定されているが，地理的状況や共同体や面積などを考慮して逸脱することが認められている．広大な面積で住民の少ない地域や先住民に配慮した選挙区割りのために，選挙区の分散は100以上でイギリスより

大きくなっている．そして，日本は，選挙区レベルの分散が180でカナダより
さらに大きくなっている．2002年における選挙区割りの基準は，行政区画，地
勢，交通等の事情を総合的に考慮して合理的に行い，最大較差が2倍以上にな
らないようにすることを基本とするとされており，2倍を超えることも許容さ
れていた．前掲の図2-4で見たように，日本ではこれまでも現在も基本的に都
道府県内の選挙区の人口を均等化することをめざしていないため，選挙区レベ
ルの分散は分析した4カ国の中で最大となっている．

　表2-6の下段の各国のもっとも最近の議員定数配分と選挙区割りの分析につ
いて見ると，まずアメリカ（2022年）は10年前のデータの分析結果とほとん
ど変化がない．州間の偏差は25でヒル方式によって生じているが，比例代表
制の方式としてこのレベルは通常である．州（地方，都道府県）レベルの偏差
が著しく改善したのはイギリス（2023年）である．イギリスは5つの保護選挙
区を除く645選挙区について共通の選挙基数を算出し，それを用いてイングラ
ンド，スコットランド，ウェールズ，北アイルランドにサント・ラグ方式で議
席を配分した．さらに，イングランドでは9つの地域の有権者人口に対してサ
ント・ラグ方式で議席を配分した．したがって，イギリスにおける4地方およ
びイングランド内の9地域への議席配分は，もっとも偏差が少ないサント・ラ
グ方式によっているため，ほとんどゼロに近い結果になっている．日本（2022
年）も都道府県間の偏差は57で以前に比べてかなり減少している．アダムズ
方式も比例代表制であるが，その中ではもっとも人口の小さな県に有利な配分
になることが知られており，ヒル方式のアメリカやサント・ラグ方式のイギリ
スよりは偏差が大きくなっている．そして，カナダ（2023年）の州間偏差が
174で4カ国のなかでは引き続き最大であるのは，前述したように，人口の絶
対的減少や相対的減少によっても小さな州の議員定数が減少しないように調整
手続きが組み込まれているためである．次に，州（地方，都道府県）間の偏差
以外の選挙区レベルの偏差の分散を見ると，以前と同じようにアメリカが最小
でほとんどゼロであり，イギリス，カナダ，日本の順で大きくなっている．イ
ギリスは，選挙区有権者人口について新たに全英の選挙基数の95〜105％とす
る規定が設けられたことで，選挙区レベルの偏差の分散が23にまで減少した．
カナダの選挙区レベルの偏差の分散は72で以前より減少しているが，規定に

62   第2章　各国の選挙制度と選挙区改定

は変化はない．そして，日本だけが選挙区レベルの分散が 198 で以前よりも増加している．アダムズ方式により都道府県の定数増減が 10 増 10 減となり，これまでで最多の 140 選挙区の区割りが改定されたが，区割り改定案の作成基準は，行政区画，地勢，交通等の事情を総合的に考慮して合理的に行い，最大較差を 2 倍以上とならないようにすることとすると改正され，2 倍未満にすればよく，都道府県内の選挙区人口の均等化がなされていないために，分散がさらに増加したものと考えられる．

　以上をまとめると，第 1 に，アメリカ，イギリス，日本では，州（地方，都道府県）への議員定数配分に比例代表制の方式が採用されたことにより，州（地方，都道府県）レベルの偏差の分散が減少してきたが，カナダでは人口の小さな州の議員定数が減少しないための調整が行われているために，州レベルの分散は 4 カ国のなかでもっとも大きくなっている．第 2 に，選挙区レベルの偏差の分散は，アメリカがもっとも小さくほとんどゼロであり，イギリスは選挙区有権者人口を全英の選挙基数の上下 5％以内に収める規定により，選挙区の均等化をかなりの程度まで進めている．カナダは各州の選挙基数の上下 25％以内に収める規定をほぼ達成しており，選挙区レベルの偏差の分散が減少した．しかし，日本では選挙区レベルの偏差の分散は以前も現在も他国に較べてかなり高いことがめだっている．その原因は，行政区画，地勢，交通等の事情を総合的に考慮した結果というよりも，最大較差を 2 倍未満とするという規定が，むしろ，選挙区の均等化を妨げる結果になっているからではないかと考えられる．

6.　結　論

　本章では，各国の選挙制度と選挙区画定・改定の制度の変遷について概観し，最近の選挙区改定を選挙区データの分析によって検証した．各国とも，民主化の進展にともない，政治的に平等な市民・国民の政治参加の権利を保障するようになり，人種，性別，財産などによる差別を廃止して，完全な成人普通選挙が実現した．さらに選挙権年齢が 18 歳に引き下げられている[43]．

　選挙制度については，アメリカでは当初，小選挙区制を採用するか全州 1 区

の完全連記投票制を採用するかが各州に委ねられたが，1842 年からすべての州が小選挙区を採用することが規定された．イギリスでは，2 人区が中心で 1 人区や 4 人区が若干ある選挙区制で完全連記投票制だったが，19 世紀の 3 度の改革を経て徐々に小選挙区制へと変化していった．一時，ごく少数の 3 人区と 4 人区で制限連記制が用いられたことがあり，複数の選挙区において有権者資格を持つことができる複数投票制や大学選挙区があったが，1948 年に選挙区はすべて 1 人の議員を選出する地理的区域として小選挙区制となった．カナダは国家創設時から一貫して小選挙区制である．日本は，1889 年以来，さまざまな選挙区制度を採用してきた．小選挙区制，中選挙区制，大選挙区制と分類されるが，1889 年の小選挙区制と 1994 年の小選挙区比例代表並立制を除いて，制限連記制あるいは SNTV であり，候補者は選挙区によって競争条件が異なり，有権者は異なる定数の選挙区で選挙結果に対して平等な影響力を持つことができなかった（第 1 章参照）．

選挙区画定・改定の制度については，各国とも各州（地方，都道府県）へ議員定数配分を行ったあと，各州（地方，都道府県）内で選挙区割りを行っている．議員定数配分は，現在では各州（地方，都道府県）の人口（有権者数）に比例して行うようになっており，選挙区の定期的な見直しの制度がある．アメリカは国家創設時から憲法で各州への議員定数配分を定め，カナダは必要に応じて憲法修正を行っている．イギリスは，19 世紀の 3 度の選挙制度改革を経て，4 つの地方に議員定数を割り当てた後，選挙区画定委員会によって選挙区人口を均等化するようになり，1954 年以降は定期見直しが行われている．日本には定期的な見直しの制度がなく，1889 年から 1994 年までは比較的頻繁な選挙制度の変更が人口に比例する都道府県への定数配分と選挙区改定の機会となっていた．1994 年以降は 10 年ごとの国勢調査結果にもとづく見直しの規定があるが，2010 年の国勢調査結果にもとづく定期の見直しができず，緊急是正や中間年の定数是正が続き，2022 年にようやく定期見直しが行われた．

選挙区割りの基準は，アメリカでは 1964 年以降，1 人 1 票の原則にもとづいて各州内の選挙区人口が厳密に均等化されている．イギリスでは，選挙区有

---

43) 那須（2015）によれば，世界各国の中には選挙権年齢が 16 歳というケースもある．

権者数は島嶼選挙区を除いて各地方の選挙基数の上下25％の範囲に収まっており，2023年リビューによる選挙区改定では，全英の選挙基数の上下5％の範囲に収まっている．カナダは，各州の選挙基数の上下25％以内に収まる選挙区がほとんどである．日本では，区割り基準が全国で最大較差2倍未満とされており，本章で取り上げた国の中ではもっとも緩い基準である．

　各国を比較するために行った分散要素分析は，各州への議員定数配分による州間較差の要素と各州内の選挙区割りの不均等の度合いを示す要素とに分解する分析である．アメリカは，ヒル方式による各州への定数配分が公正に行われているので州間較差の要素は比較的小さい．イギリスは2007年にはウェールズと北アイルランドに有利な配分を行っていたが，2023年には全英でサント・ラグ方式を適用して公正な配分になったことが，両年の州間較差の変化でわかる．カナダは，各州や準州への配慮がなされているために，2012年，2023年ともに大きな州間較差の要素になっている．日本では，2002年には1人別枠方式のために人口の小さな県に有利となる較差が組み込まれていたが，2022年にはアダムズ方式により較差が縮小したことが，両年の都道府県間較差の変化でわかる．州内の選挙区レベルの要素は，選挙区人口（有権者数）がどれだけ均等になっているかの度合いを示す．アメリカではほぼゼロであり，1人1票の原則が徹底している．イギリスでは以前は各地方の選挙基数の上下25％の範囲だったが，2023年リビューでは全英の選挙基数の上下5％に変わったことが，両年の分析結果に明瞭に表れている．カナダは選挙区人口の範囲についてのルールは変わっていないが，この10年間で較差が減少している．日本の結果は，選挙区レベルの要素が2002年では各国の中で最大であり，2022年ではさらに増加している．全国で最大較差2倍未満という基準は，他の国とは大きく異なる選挙区間の不均等化をもたらしている可能性が高い．こうした問題について，以下の各章で掘り下げて分析を進めていきたい．

第3章　比例代表制の各方式と1票の較差

本章では，民主政治においてすべてのメンバーの平等な発言権を保障するための比例代表制の諸方式について説明し，それらがどのように公正・公平に州や都道府県への議員定数配分を行うかを分析する．「真の比例代表制」の諸方式の原理と特徴について検討し，比例代表制にもとづく議員定数配分がもたらす結果について考察する．

1. 民主政治における議員定数配分

選挙を用いて民主政治をめざす代表民主政治は，政治システムのすべてのメンバーが1人1票の原則にもとづいて発言権を持つことを前提としている．この原理は，どの人もより大きな発言権を持ってはならず，各州・各都道府県から選出される代表である議員の定数（小選挙区定数）は人口に比例して配分され，各議員が同数の国民を代表しなければならないことを意味する．また，比例代表選挙においては，各政党の獲得議席はその得票に比例して配分されなければならない．しかしながら，現実に完全な比例配分を行うことはきわめて困難である．問題は1未満の端数が発生することであり，それをどう処理すべきかをめぐってさまざまな方法が考案されてきた（Balinski and Young 2001）．

たとえば，衆議院の小選挙区の議員定数の289人を都道府県に人口に比例して配分するためには，各都道府県人口の総人口に対する比率を求め，それに定数を乗じた値を求めればよい．この値を完全比例配分数（quota, or fair share）とよぶ．

$$完全比例配分数 = 総定数 \times \frac{各都道府県人口}{総人口} = \frac{各都道府県人口}{\frac{総人口}{総定数}}$$

もし仮に各都道府県の計算値が整数であったとすれば，配分される定数は完全比例の結果となるだろう．2015 年国勢調査の日本国民人口は 125,342,377 人であるから，570,057 人の鳥取県の正確な定数配分は 1.31 であり，13,136,707 人の東京都のそれは 30.29 である．端数がなければ完全比例となる配分が，端数によって達成することができなくなる．この端数をどのように処理して自然数の定数として比例配分にできるだけ近づけるかが大問題であり，これまで考案されたさまざまな比例代表制の方式はこの問題への解決法である．2015 年当時の衆議院の定数配分では，鳥取は 2 人であるから完全比例配分数の 1.31 よりも過大代表であり，東京は 25 人であるから完全比例配分数の 30.29 よりもかなり過小代表となっており，どちらも完全比例配分から乖離している．

　1994 年の衆議院選挙制度改革においては，1 人別枠方式とヘア式最大剰余法の組み合わせで都道府県の小選挙区定数が配分され，10 年ごとの大規模国勢調査の結果にもとづいて見直しが行われることになった．そして，2002 年に直近の 2000 年国勢調査結果をもとに同じ方式で配分が見直された．しかし，2009 年総選挙に対する無効請求訴訟の最高裁判決により，1 人別枠方式が違憲とされたために，その後の定数見直しはそれまでの方式によって行うことができなくなり，2012 年の緊急是正法によって 2013 年に選挙区の人口較差を部分的に是正する 0 増 5 減が行われた．そして，2016 年の衆議院選挙制度に関する調査会の答申にもとづいて，法改正が行われ，新たな比例代表制の方式としてアダムズ方式が採用されることになったが，2017 年にはアダムズ方式による定数配分のうち一部だけを適用する 0 増 6 減が行われるにとどまった．アダムズ方式の完全適用は 2020 年国勢調査にもとづく 2022 年の選挙区改定から行われ，10 増 10 減の定数変更となった．

　本章では，端数の問題をどのように処理するかをめぐって考案されてきた比例代表制のいくつかの代表的な方式について，検討する．比例代表制は，選挙における政党得票にもとづく当選議席の配分方式としても広く用いられているが，ここでは，人口にもとづく衆議院議員定数の都道府県への配分方式として説明する．選挙の場合には，人口を政党得票に，衆議院議員定数を各党当選議席に読みかえればいい．比例代表制は大きく分けて，最大剰余法（largest remainders method），最高平均法（highest averages method）および単記移譲式

投票（single transferable vote）がある[1]．真の比例代表制の諸方式は，可能な状況では完全比例配分を達成する方式であり（端数が生じない場合には完全比例となる），端数が生じる場合でもできるだけ完全比例に近づける方式である（Gallagher 1992）．以下で説明するように，この条件を満たす方式のなかでアダムズ方式は，人口の少ない都道府県に完全比例配分より多くの議員定数が配分される．議員1人あたり人口に注目すれば，アダムズ方式は，人口の少ない県の議員1人あたり人口が人口の多い県のそれより小さく過大代表となる傾向があり，人口の多い県では逆に過小代表となる傾向がある．対照的にドント方式は，人口の多い都道府県に完全比例配分より多くの議員定数が配分される傾向がある．人口の多い県の議員1人あたり人口は人口の少ない県のそれより小さく過大代表となる傾向があり，人口の少ない県では逆に過小代表となる傾向がある．

　これらの範囲の外にある方式は，いかなる場合でも完全比例配分になることはないため，真の比例代表制の方式とはいえない．後述するインペリアリ方式はドント方式よりもさらに人口の多い都道府県に有利であり，かつて用いられた1人別枠方式とヘア式最大剰余法の組み合わせはアダムズ方式よりもさらに人口の少ない都道府県に有利である．

　以下では，まず，簡単な数値例を用いていくつかの比例代表制の方式について説明した後，衆議院選挙制度調査会において検討された比例代表制の方式を中心にして，それぞれの特質について説明する．そして，実際の数値を用いて各方式を比較するとともに，都道府県における議員1人あたり人口の較差，あるいは1票の較差について検討し，アダムズ方式が選ばれた理由について考察する．

2. 議員定数を都道府県に配分する方法

　ここでは，簡単な数値例を用いて，ドント方式，サント・ラグ方式，アダムズ方式による議員定数の配分について見ていこう．

---

1)　単記移譲式投票については，日本で採用が検討されたことはないので，扱わない．

68   第 3 章   比例代表制の各方式と 1 票の較差

表 3-1   ドント方式，サント・ラグ方式，アダムズ方式の数値例

人口	A 都 3,700		B 県 1,200		C 府 3,300		D 県 1,800		定数	除数
/1	3,700.0	1	1,200.0	7	3,300.0	2	1,800.0	4		
/2	1,850.0	3	600.0	15	1,650.0	5	900.0	10		
/3	1,233.3	6	400.0		1,100.0	8	600.0	15		
/4	925.0	9			825.0	11	450.0			
/5	740.0	12			660.0	13				
/6	616.7	14			550.0	17				
/7	528.6	18			471.4	19				
/8	462.5	20			412.5					
/9	411.1									
完全比例配分数	7.4		2.4		6.6		3.6			500
ドント方式（適当な除数で人口を除して端数切り捨て）	8 (8.0)		2 (2.6)		7 (7.1)		3 (3.9)		20	462.5
アダムズ方式（適当な除数で人口を除して切り上げ）	7 (6.7)		3 (2.2)		6 (6.0)		4 (3.3)		20	550
サント・ラグ方式（適当な除数で人口を除して 4 捨 5 入）	7 (7.4)		2 (2.4)		7 (6.6)		4 (3.6)		20	500

　今，表 3-1 にあるように 4 つの都府県から構成されるある国において，国
会議員 20 人を人口に比例して選出する場合を考える．全国民 10,000 人で 20
人の議員を選出するので，全国の議員 1 人あたり人口は 500 人である．完全比
例配分数は各都道府県の人口を 500 で除した値であり，A 都が 7.4，B 県が 2.4，
C 府が 6.6，D 県が 3.6 である．もし，これらの値が端数のない整数だったとす
れば，20 人の定数は完全人口比例で各都府県に配分されたはずである．しかし，
端数があるためにそうできていない．各都府県に整数値である議員定数を配分
するにはどうしたらよいかをめぐって，さまざまな比例代表制の方式が考案さ
れてきた．表 3-1 の上半分は，ドント方式を用いた定数配分の計算方法である．
ドント方式は，各都府県人口を 1, 2, 3, … という整数列で除した商の大きい順
に定数 1 人ずつを配分してすべての定数を配分する方法である．この表で番号
がふってある順に 20 番目までの商の各都府県に定数が配分されて終了する．
この方法は，次の議員定数を配分するときに議員 1 人あたり人口を計算して最
大の都府県に配分するということであり，配分される定数の議員が代表する人

口を最大化する最高平均法の1つである．ここで，最後の議員定数が配分される議員1人あたり人口（A都の462.5）で各都府県の人口を除した商の整数部分は，各都府県の配分定数である（A都：3,700/462.5＝8.0，B県：1,200/462.5＝2.6，C府：3,300/462.5＝7.1，D県：1,800/462.5＝3.9）．したがって，ドント方式は，各都府県の人口を除して得られる商の整数部分の合計が定数になるような除数を見つけて定数配分を行う方法によっても計算できる[2]．この方法は，第2章で述べたように，ジェファソンがドントよりも86年も前の1792年にアメリカ連邦下院議員定数の各州への配分について提案した方法である（Balinski and Young 2001）．

　ドント方式（ジェファソン方式）では，商の整数部分だけの議席が配分され，小数点以下の端数はどんなに1に近くても切り捨てられる．このことは，人口の少ない県により大きな影響があるため，ドント方式は人口の多い都府県に有利な配分をもたらす傾向がある．そこで，人口の少ない県が不利にならないようにするため，端数をすべて切り上げて定数1人を配分する方法が考案された．すなわち，各都府県の人口を除して得られる商を小数点以下1位で切り上げた値の合計が定数になるような除数を見つけて定数配分を行う方法である．この方法はアダムズが1832年にアメリカ連邦下院議員定数の各州への配分の方法として考案した（Balinski and Young 2001）．ドント方式（ジェファソン方式）がつねに切り捨てていた端数をアダムズ方式は切り上げるので，この配分はまず定数1人を各州に配分した残りの定数をドント方式で配分する方法と同じ結果になる．表3-1の各都府県への配分は，除数を550として，A都に7人，B県に3人，C府に6人，D県に4人となる（A都：3,700/550＝6.7，B県：1,200/550＝2.2，C府：3,300/550＝6.0，D県：1,800/550＝3.3）．

　さらに，人口の多い都府県にとっても人口の少ない県にとっても中立的な配分になるようにするため，端数を4捨5入して議席を配分する方法が考案された．すなわち，各都府県の人口を除して得られる商を小数点以下1位で4捨5入した値の合計が定数になるような除数を見つけて議員定数配分を行う方法で

2）　ドント方式，アダムズ方式，サント・ラグ方式すべてにおいて，こうした条件を満たす除数は一義的に決まるのではなく，一定の範囲の中で適宜選択される．

ある．表 3-1 の各都府県への配分をこの方法で行うと，除数を 500 として，A
都に定数 7 人，B 県に定数 2 人，C 府に定数 7 人，D 県に定数 4 人が配分され
る（A 都：3,700/500＝7.4，B 県：1,200/500＝2.4，C 府：3,300/500＝6.6，D 県：
1,800/500＝3.6）．この方法はウェブスターが 1832 年のアメリカ連邦下院議員
定数の各州への配分について提案した方法である（Balinski and Young 2001）．ウ
ェブスター方式は，追加の定数 1 人が配分されるためには除数の 0.5 倍の人口
があればよいということであるから，各都府県の人口を 0.5, 1.5, 2.5, …で除し
たときの商の大きい順に議員定数を配分する方法であるということができる．
この数列を 2 倍すれば，サント・ラグ方式になるので，ウェブスター方式とサ
ント・ラグ方式は同等である．

　ドント方式（ジェファソン方式），サント・ラグ方式（ウェブスター方式），
アダムズ方式は，いずれも適当な除数を用いて各都府県の人口を除した商にも
とづいて配分する除数方式であるという点で共通している．違いは得られた商
の端数の処理の仕方であり，切り捨て（ドント方式），4 捨 5 入（サント・ラグ
方式），あるいは，切り上げ（アダムズ方式）を行うということである．そし
て，定められた定数を配分する方式としては，ドント方式が人口の多い都府県
に有利な配分となり，サント・ラグ方式が人口の多い都府県にも人口の少ない
県にも中立的な配分となる傾向がある．アダムズ方式は人口の少ない県にもっ
とも有利な配分となる傾向がある．

　また，定数を定めないままで，議員 1 人あたり人口を除数として用いて人口
を除した商にもとづいて定数を配分する方法として考えると，アダムズ方式が
もっとも多くの定数を人口の少ない県に有利に配分し，サント・ラグ方式が中
立的な配分となり，ドント方式がもっとも少ない定数を人口の多い都府県に有
利に配分する結果となる傾向がある．

3. 最大剰余法

　最大剰余法では，まず，議員定数を配分するために必要な人口（基数，quota）
を計算する．そして，各都道府県は基数の人口ごとに定数が 1 人ずつ配分され
る．その結果，未配分の定数がある場合には，各都道府県の剰余（配分を受け

ていない人口）の大きい順に 1 人ずつ配分される．基数の計算にはいくつかの
方法があるが，ヘア基数は総人口を定数で除した値である．これは全国の議員
1 人あたり人口である．2015 年国勢調査の日本国民の人口を例に用いれば，ヘ
ア基数は，433,710.6 である．

$$\frac{125,342,377}{289} = 433,710.6$$

各都道府県人口をヘア基数で除した値は，鳥取では 1.31，東京では 30.29 であ
るので，まず，それぞれに定数 1 人と 30 人が配分される．他の道府県につい
ても人口をヘア基数で除した値の整数部分の定数が配分される．この段階で定
数 289 人のうち 267 人が配分され，22 人が未配分となっている．剰余は鳥取で
は未配分の 0.31，あるいは 136,346 人であり，東京では 0.29，あるいは 125,387
人である．この剰余の大きい順に 1 人ずつ未配分の定数が配分されるが，この
例では剰余が 0.49 以上までの県に 1 人ずつ配分され，鳥取，東京には追加配分
はない．ヘア基数の他に，総人口を定数＋1 で除したドループ基数や，定数＋
2 で除したインペリアリ基数を用いる方法もある．基数はヘア，ドループ，イ
ンペリアリの順に小さくなるので，第 1 段階での配分定数は順に大きくなり，
剰余にもとづく配分定数は少なくなる．ただ，例に用いている定数配分ではど
の方式でも同じ結果であった．

　ラウンズが提案したヘア式最大剰余法の変種は，ヘア基数を用いて都道府県
人口を除した商の整数部分の定数を第 1 段階で配分し，追加配分については剰
余をこれまでに配分された定数（商の整数部分）で除した値の大きい順に 1 人
ずつ配分する[3]．この方式では，第 1 段階で配分された定数が多いほど追加配
分の基準となる値が小さくなるので，人口の少ない県が圧倒的に有利になる．
そのため，追加議席はすでに多くの定数を獲得した人口の多い県にはほとんど
配分されず，人口の少ない県にのみ配分されるバイアスがある．こうした欠点
のため，ラウンズ方式が実際に用いられたことはない（Balinski and Young 2001）．

---

[3]　この方法のもう 1 つの説明は，第 1 段階で配分された議員定数で各都道府県人口を除し
　て，各都道府県の議員 1 人あたり人口を計算し，その大きい順に追加配分するというもの
　である．衆議院調査局第 2 特別調査室（2014），衆議院選挙制度に関する調査会（2016）
　がこの説明を用いている．

72   第3章　比例代表制の各方式と1票の較差

図3-1　ヘア式最大剰余法とラウンズ方式

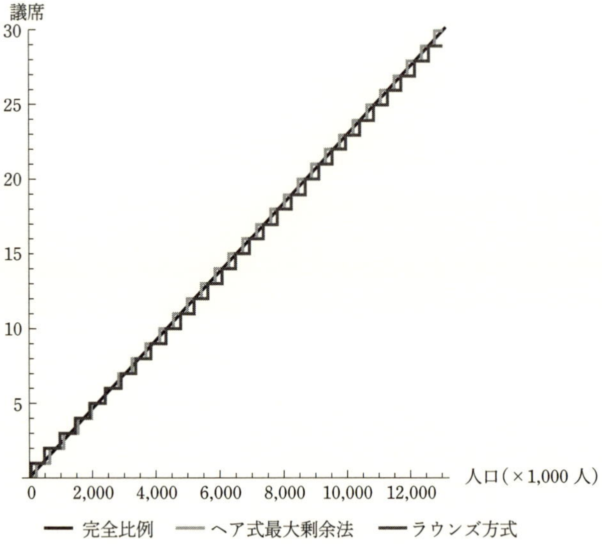

　図3-1は，横軸に都道府県人口をとり縦に配分定数をとって，1350万まで
の人口に対するヘア式最大剰余法とラウンズ方式による各都道府県への配分定
数を示したグラフ，および完全比例の値を示すグラフである[4]．人口をヘア基
数で除した値のグラフは完全比例の理想的な配分を示す直線であるが，定数は
整数でしか配分できないので端数を処理する必要がある．ヘア式最大剰余法は
この端数が大きな順に追加定数を配分していく方法である．この数値例では，
人口をヘア基数 433,710.6 で除した値の剰余が 0.49 以上の場合に追加定数が配
分されることになるため，ヘア基数の 0.49 倍，1.49 倍，2.49 倍，3.49 倍，…
で配分定数が 1, 2, 3, 4, …となる階段関数のグラフになる．これに対して，ラ
ウンズ方式は剰余をそれまでの配分議席で除した値の大きい順に追加定数を配
分するため，人口の少ない県が有利となる．この数値例では，剰余を商の整数
部分で除した値が 0.1054 以上の場合に追加定数が配分され，ヘア基数の約

　4）　市村（1997a, 1997b）は，参議院選挙区の定数配分について各方式の階段関数を描いて
　　　比較している．

1.105 倍，2.21 倍，3.315 倍，4.42 倍，5.525 倍，…で配分定数が 2, 3, 4, 5, 6, …となる階段関数のグラフであり，次の階段までの距離が少しずつ長くなるため，ヘア式最大剰余法のグラフより傾きが少し小さくなる．ただし，最初の配分議席が 10 以上の時は，切り上げ基準が 1 を超え，追加配分があり得ないので，ヘア基数の整数倍ごとに階段が上がるグラフとなる．したがって，ラウンズ方式のグラフは人口が 430 万人位まではヘア式最大剰余法よりも傾きが小さく，それ以上はヘア式最大剰余法と同じ傾きである．

　さて，ヘア基数は総人口を定数で除した議員 1 人あたり人口であるため，各都道府県人口をヘア基数で除した値は，理想的な公平な割り当てである．最大剰余法はその値の端数の大きさによって整数部分に 1 を加えるかどうかを決定する方法であるため，最終的な配分と公平な割り当てとの差はすべて 1 未満になっている．このため，ヘア式最大剰余法は，定数配分や議席配分の非比例性を計る指標としてしばしば用いられる Loosemore-Hanby index やギャラガーの非比例性指標（disproportionality index）などの値が，比例代表制の諸方式のなかで最小となる性質を持つ（Gallagher 1991; Balinski and Young 2001; 和田 2012）．

　ヘア式最大剰余法は，アメリカで 1850 年から 1890 年まで 10 年ごとの国勢調査人口にもとづく連邦議会下院議員定数の配分に用いられた．しかし，この方法はアラバマのパラドックスと人口パラドックス（population paradox）を引き起こすことが明らかとなった．前者は，1880 年の国勢調査人口にもとづいて 299 議席を各州に配分するとアラバマには 8 議席配分されるのに対して，1 議席多い 300 議席を配分する場合には 7 議席しか配分されないという不合理な結果（総議席の増加が特定の州の議席減をもたらす）になることである．このパラドックスを回避するために，議員定数が 325 人に引き上げられた．また，後者は，人口の相対的増加が大きい州で配分議席が減少し，相対的増加が小さい州で配分議席が増加する不合理な結果（人口の変化とくいちがう議席配分の変化）になることである．こうした欠陥が明らかになったため，ヘア式最大剰余法は 1900 年以降アメリカ連邦議会下院議員定数の配分において用いられなくなり，代わりにサント・ラグ方式（ウェブスター方式）が用いられるようになった（Balinski and Young 2001）．

74   第3章 比例代表制の各方式と1票の較差

4. 最高平均法

最高平均法の計算方法

最高平均法は，1つ1つの議席をめぐって行われる一連の競りにたとえることができる．競りの入札価格は，各都道府県人口とそれまでに得た議席（a）によって決められ，議席を得るたびに次の入札価格は割り引かれていく（Gallagher 1992）．日本でもっともよく知られているのは，ドント方式であり，s 個の都道府県の人口 $p = (p_1, \cdots, p_s)$ を自然数列で除した値の大きい順に議席を定数まで配分する．すなわち，表 3-1 とは行と列が入れ替わっているが，

$$\frac{p_1}{1}, \frac{p_1}{2}, \frac{p_1}{3}, \cdots$$
$$\cdots$$
$$\frac{p_i}{1}, \frac{p_i}{2}, \frac{p_i}{3}, \cdots$$
$$\cdots$$
$$\frac{p_s}{1}, \frac{p_s}{2}, \frac{p_s}{3}, \cdots$$

という表を作り，値の大きい順に 1 ～ s の都道府県に議員を1人ずつ定数まで配分する．

表 3-2 は，各種の最高平均法において人口に応じて定数を配分する際に，それまで得た定数によって人口を順に割り引くための数列をまとめたものである．方式によって各都道府県人口を除する数列は異なっている．それは，完全比例配分からのずれを最小化する際の考え方が方式によって違うからである（Gallagher 1991）[5]．右端の除数基準 $d(a)$ は，数列をそれまで得た定数の関数として表したものである．各都道府県の人口はまず，配分定数が 0 の状態で最初の数字

---

5) Huntington（1928）は，2州の配分定数と人口にもとづく不平等の指標を小さくするように2州間で1議席を移動する方法と捉え，不平等の指標の違いからドント，サント・ラグ，ヒル，ディーン，アダムズの各方式が導き出されることを示している．和田（2010, 2012, 2017），Wada（2010, 2012, 2016）は，Kolm-Atkinson 社会厚生関数を用いて，パラメータを変えることで異なる方式が導き出されることを示している．同様の試みとして，一森（2018）も参照．

4. 最高平均法　75

表3-2　比例代表制の諸方式の除数

	除数に用いる数列	除数基準 $d(a)$
ドント	$1, 2, 3, 4, 5, \cdots$	$a+1$
インペリアリ	$2, 3, 4, 5, 6, \cdots$ $(1, 1.5, 2, 2.5, 3, \cdots)$	$a+2$ or $(a/2+1)$
サント・ラグ	$1, 3, 5, 7, 9, \cdots$ $(.5, 1.5, 2.5, 3.5, 4.5, \cdots)$	$2a+1$ or $(a+1/2)$
ヒル	$0, 1.414, 2.449, 3.464, \cdots$	$\sqrt{a(a+1)}$
ディーン	$0, 1.333, 2.400, 3.429, \cdots$	$2a(a+1)/(2a+1)$
アダムズ	$0, 1, 2, 3, \cdots$	a
デンマーク	$1, 4, 7, 10, 13, \cdots$ $(1/3, 4/3, 7/3, 10/3, 13/3, \cdots)$	$3a+1$ or $(a+1/3)$

注：a は，それまでに得た議員定数

$(d(0))$ で除した値（入札価格）が計算され，最高値をつけたところに定数1人が配分される．次いで，定数配分されたところは次の入札価格が2番目の数字（$d(1)$）で除した値となって，ふたたび競りが行われ，最高値をつけたところに定数1人が配分され，この手順を繰り返してすべての定数が配分されれば終了する．

　表にあるとおり，さまざまな数列が用いられている．インペリアリ方式は，ドント方式に比べて初項が2から始まるだけの違いであるので，ドント方式のために作った表のうち，1で割った値を無視して，残りの値の大きい順に議員を定数まで1人ずつ配分すればよい．また，インペリアリ，サント・ラグ[6]，デンマークについては，もともとの数列とあわせて括弧内に標準化した数列を示してあり，右端の除数基準 $d(a)$ も，標準化した数列をそれまでの獲得議席 a の関数として表す一般項を括弧内に示してある．除数基準（上記の3方式についてはその一般項）は，インペリアリ方式を除いてすべて

$$a \geq 0, \, a \leq d(a) \leq a+1$$

となっている．すなわち，0から1の間に $d(0)$ があり，1から2の間に $d(1)$，2から3の間に $d(3)$ があるという具合である．この性質をもつ方式は，人口に比例して定数を配分する真の比例代表制の方式である．しかし，インペリア

---

6) サント・ラグ方式の初項を1（0.5）から1.4（0.7）に修正した修正サント・ラグ方式もある．

76   第3章   比例代表制の各方式と1票の較差

リ方式では，他の方式と異なり，一般項の除数が，定数1人が配分された後に
1/2しか増加しないので，人口の多い都道府県が人口の少ない県よりもきわめ
て有利な配分となり，真の比例代表制の方式ではない．

　ヒル，ディーン，アダムズの場合，最初の除数が0であり（$d(0) = 0$），人口
を0で除すと無限大となるので，まず，すべての都道府県に定数1が配分され
る．そのあと，$d(1)$ 以下の数列で人口を除した値の大きい順に定数が配分され
ることになるので，上記の方式のなかでは小さな県にとって比較的有利な配分
方式である．

　最高平均法では，s 個の都道府県の人口 $p = (p_1, \cdots, p_s)$ に対して，議員定数
h を $a = (a_1, \cdots, a_s), a_i \geq 0, \sum_1^s a_i = h$ として配分すると，

$$\max_i \frac{p_i}{d(a_i)} \leq \min_j \frac{p_j}{d(a_j - 1)}$$

が成り立つ（Balinski and Young 1979）．右辺は $a_j - 1$ 議席が配分された j 県につい
て次の議席を配分するかどうかを決めるために計算される商であり，その大き
い順に議席が配分されて a_j 議席となっているもののなかで最小の値である．
左辺は a_i 議席が配分された i 県が次の議席（$a_i + 1$ 番目）を配分されるかどう
かを決めるときに計算される商の最大の値である．そして，i 県に次の議席が
配分されるのではなく j 県にすでに a_j 議席が与えられているのは，右辺の値が
左辺の値よりも大きかったからである．この関係は最高平均法の方法から明ら
かである．

除数方式

　最高平均法の各方式は，以下に説明する除数方式を用いて同一の結果を得る
ことができる．この方法では，ヘア基数のような議員1人あたり人口の目標値
を除数 x として選んで，各都道府県の人口 p_i を除した商 z を計算する．そして，
その商の整数部分（a）の関数である除数基準（$d(a)$）にしたがって端数を切
り上げた整数（$a + 1$）か，切り下げた整数（a）を配分定数として，その合計
が総定数になるように除数 x を決めればいい．

　今，ある実数 z が

$$d(a_i - 1) \leq z \leq d(a_i)$$

の時，z を端数処理して整数に丸めた値として

$$[z]_d = a_i$$

であるとする．すなわち，z が $(a_i - 1)$ 議席を得ているときの除数基準以上ならば，次の議席を与えて a_i 議席とする．

s 個の都道府県の人口 $p = (p_1, \cdots, p_s)$ に対して，議員定数 h の配分を $a = (a_1, \cdots, a_s)$，$a_i \geq 0, \sum_1^s a_i = h$ とし，ある除数を x とし，$d(a)$ によって切り上げ・切り下げた整数を $[]_d$ とすると，

$$a_i = \left[\frac{p_i}{x}\right]_d$$

である．これが成り立つのは，すべての $a_i > 0$ について，

$$d(a_i) \geq \frac{p_i}{x} \geq d(a_i - 1)$$

となり，すべての $a_i = 0$ について，

$$d(a_i) \geq \frac{p_i}{x}$$

となる x が存在する時である．これらを変形して，すべての $a_i > 0$ について，

$$\frac{p_i}{d(a_i)} \leq x \leq \frac{p_i}{d(a_i - 1)}$$

すべての $a_i = 0$ について，

$$\frac{p_i}{d(a_i)} \leq x$$

である．したがって，

$$\max_{a_i \geq 0} \frac{p_i}{d(a_i)} \leq \min_{a_j > 0} \frac{p_j}{d(a_j - 1)}$$

が導かれるので，最高平均法と同じ定数配分となることが示された（Balinski and Young 2001）．

例として，ドント方式の場合，除数基準は $d(a) = a + 1$ であるから，p_i/x が $d(0) = 1$ 以上の時 $a_i = 1$ となって定数 1（$p_i/x \geq d(0) = 1$），2 以上の時に定数 2 であり，これは，各県人口を除数 x で割った商の端数を切り捨てた整数を配分定数とするということである．サント・ラグの場合，除数基準は $d(a) = a + 1/2$

78　第3章　比例代表制の各方式と1票の較差

であるから，商が $d(0) = 0.5$ 以上の時に定数 1，$d(1) = 1.5$ 以上の時に定数 2 であり，商を 4 捨 5 入した整数を配分定数とする方法である．アダムズの場合，除数基準は $d(a) = a$ であるので，商が $d(0) = 0$ を超える時に定数 1，$d(1) = 1$ を超える時に定数 2 であり，商をすべて切り上げた整数を配分定数とする方法である．また，ヒルの除数基準は幾何平均 $d(a) = \sqrt{a(a+1)}$ であり，ディーンのそれは調和平均 $d(a) = 2a(a+1)/(2a+1)$ である．デンマーク方式の除数基準は $d(a) = a + 1/3$ である．これらについても，適切な除数 x を用いて人口・得票を除した商を除数基準で端数処理した整数を定数配分する．インペリアリ方式の場合，除数基準は $d(a) = a + 2$ であるから，p_i/x が $d(0) = 2$ 以上の時 $a_i = 1$ となって定数 $1(p_i/x \geq d(0) = 2)$，3 以上の時に定数 2 であり，これは各県人口を除数 x で割った商の端数を切り捨てた整数から 1 を差し引いた値を，配分定数とするということである．この方式は，人口の少ない県がもっとも容易に得られる定数 1 を一律に差し引くことになるから，逆に人口の多い都道府県にもっとも有利な定数配分となる．

5．比例代表制の各方式の比較

人口と配分定数のグラフ

比例代表制の各方式を比較するために，2015 年国勢調査の日本国民の人口を用いて都道府県に衆議院議員定数 289 を比例配分してみよう．まず，表 3-3 は，各方式にもとづいて定数配分する際の除数と端数の処理方式をまとめたものである．ドント，ヘア，サント・ラグ，ディーン，ヒル，アダムズの各方式では，各都道府県の人口を表で示した除数を用いて除した商に，除数基準にもとづく端数の処理を行って得た整数を配分する．ヘア式最大剰余法における端数の処理方法には，用いた都道府県人口データで計算した結果の剰余の大きい順に残り議席が配分される端数の最小値を記してあり，事前には決まっていない．これらの方式は，もし端数がなければ完全比例の配分となる真の比例代表制の方式であるといえる．真の比例代表制とはいえないインペリアリ方式は，表に記した除数で除した商の端数を切り捨てた後に 1 を引いた値とするため，ドント方式 –1 であると考えることができる．そして，「1 人別枠方式」+ ヘア

5. 比例代表制の各方式の比較　79

表 3-3　比例代表制の諸方式の除数と端数の処理（2015 年日本国民の人口）

方式	除数（ヘアは基数）	端数の処理
ドント	399,180	切り捨て
完全比例	433,711	そのまま
ヘア式最大剰余法	433,711	.49
サント・ラグ	432,215	.50（4 捨 5 入）
ディーン	436,733	$2a(a+1)/(2a+1)$（調和平均）
ヒル	433,711	$\sqrt{a(a+1)}$（幾何平均）
アダムズ	472,099	切り上げ
インペリアリ	348,270	商の端数を切り捨てた後，－1
1 人別枠方式＋ヘア式最大剰余法	517,944	.51

式最大剰余法は，各都道府県に 1 ずつ定数配分した残りの定数を表に示した除数および端数処理基準（データにより決まる）を用いてヘア式最大剰余法で配分する．この方式による結果も，完全比例になる可能性がないので真の比例代表制とはいえない．

　図 3-2 は，これらのパラメータを用いて作図の制約から 1140 万人までの人口に対する各方式の配分定数，および完全比例のグラフを図示したものである．この中で完全比例のグラフにもっとも近いのはヘア式最大剰余法とサント・ラグ方式である．両者は同じ定数配分をもたらすことが多く，異なるときもその差は小さい．ディーン方式とヒル方式も完全比例のグラフに近く，これらはこの図の中でほとんど重なっている．真の比例代表制のなかで人口の多い都道府県にもっとも有利な配分をもたらすのはドント方式である．そして，それよりさらに人口の多い都道府県に有利なのはインペリアリ方式である．真の比例代表制のなかで人口の少ない都道府県にもっとも有利な配分をもたらすのはアダムズ方式であり，それよりさらに人口の少ない都道府県にもっとも有利な配分をもたらすのは，1994 年に導入され 2009 年総選挙において最高裁によって違憲とされた 1 人別枠方式＋ヘア式最大剰余法である．この方式は，インペリアリ方式と同様に真の比例代表制の方式とはいえず，投票価値の平等が要求される憲法の立場からすれば，違憲とされたのは当然である．

80 第3章 比例代表制の各方式と1票の較差

図3-2 比例代表制の諸方式

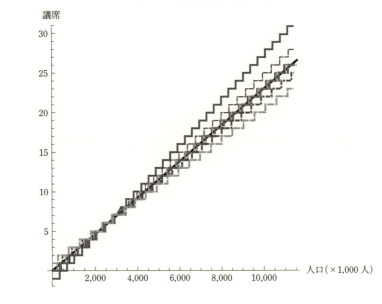

都道府県の議員1人あたり人口の較差

　すでに述べたように，真の比例代表制の諸方式は，可能な状況では完全比例配分を達成する方式である．すなわち，各都道府県人口を除数で除した値のすべてに端数が生じない場合には，完全比例配分となり較差は生じないが，端数が生じる場合でも，できるだけ完全比例配分に近づける方式である．表3-3のなかで，インペリアリ方式と1人別枠方式＋ヘア式最大剰余法を除くすべての除数方式およびヘア式最大剰余法は，こうした比例代表制の方式である．

　そこで，これらの方式によって各都道府県に定数が配分されたとき，議員1人あたり人口の最大較差はどのくらいになるだろうか．そして，衆議院選挙制度調査会が2016年答申でアダムズ方式を選択したことは，合理的な理由があるだろうか．ここでは，2015年国勢調査の日本国民人口を用いた表3-3の計算にもとづいて，ドント方式，サント・ラグ方式，アダムズ方式および1994

年から用いられた1人別枠方式＋ヘア式最大剰余法の各方式を取り上げて考察する．まず，完全比例の議員1人あたり人口は，日本国民人口pを定数$h=289$で除した値であり，ヘア基数と同じ433,711人である．ドント方式，サント・ラグ方式，アダムズ方式，1人別枠方式＋ヘア式最大剰余法の各方式について，横軸に各都道府県の人口（p_i）をとり，縦軸に各都道府県の議員1人あたり人口（p_i/a_i）をとって各都道府県をプロットしたのが図3-3〜3-6である．前述したように，xを各方式の除数とすると，

$$a_i = \left[\frac{p_i}{x}\right]_d$$

であるから，配分定数は，p_i/xが増加しても，各方式の切り上げ基準までは同じである．したがって，都道府県人口（p_i）に対する議員1人あたり人口（p_i/a_i）のグラフは，定数ごとに分かれる直線であり，その傾きは（p_i/a_i）$/p_i = 1/a_i$である．定数が1の時は1，定数が2の時は1/2，定数が3の時は1/3と徐々に傾きが小さくなる直線のグラフが並ぶことになる．

　図3-3はドント方式で289議席を各都道府県に配分したときの議員1人あたり人口のプロットおよび，都道府県人口に対する都道府県の議員1人あたり人口のグラフを描いたものである．図には，参照線として，人口にかかわらず議員1人あたり人口が等しくなる完全比例配分を示す直線と，ドント方式の除数（399,180人）を示す直線も描いてある．グラフは，左から順に配分定数が1,2, 3, …に対応し，都道府県人口が除数の1倍以上2倍未満で1人，2倍以上3倍未満で2人，というふうに配分される．図からわかるように，ドント方式は人口の少ない県の議員1人あたり人口が大きくなって過小代表になる傾向があり，定数配分において不利になっている．端数を切り捨てるドント方式では，議員1人あたり人口はつねに除数以上の大きさになるが，都道府県の人口規模が大きくなるにしたがって，議員1人あたり人口は減少して完全比例の議員1人あたり人口よりも小さくなり，過大代表となるので，人口の多い都道府県に有利な定数配分となる．ドント方式における議員1人あたり人口の較差の最大値は，議員1人あたり人口が除数に近い都道府県と，人口規模が小さいために端数が切り捨てられて議員1人あたり人口が大きくなる県（特に定数1人が配分される除数の2倍近くの人口の県）との間で生じ，ほぼ2倍であることがグ

82　第 3 章　比例代表制の各方式と 1 票の較差

図 3-3　ドント方式の議員定数配分（2015 年日本国民の人口）

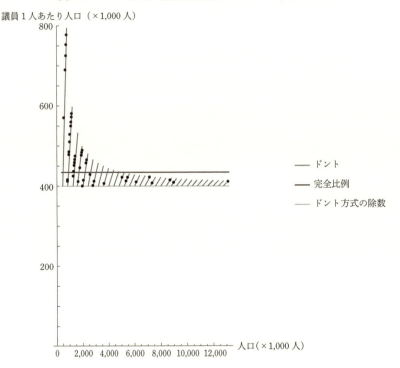

ラフからわかる．2015 年日本国民人口にもとづく議員 1 人あたり人口の最大較差は，定数 5 のグラフの一番下にある岐阜県のプロットと定数 1 のグラフの一番上にある福井県のプロットとの間で生じ，1.947 倍である．このように，ドント方式では，人口規模の大きい県よりも小さい県が議員 1 人あたり人口が大きくなって過小代表される．

　図 3-4 は，サント・ラグ方式で各都道府県に定数配分したときの議員 1 人あたり人口のプロットおよび，都道府県人口に対する議員 1 人あたり人口のグラフを描いたものである．参照線として完全比例の議員 1 人あたり人口とサント・ラグ方式の除数も描いてあるが，後者がわずかに小さいだけで，ほとんど重なっている．この方式では，都道府県人口を除数で除した値を 4 捨 5 入して得た整数が配分定数となり，各都道府県人口が除数の 0.5 倍以上 1.5 倍未満の

図 3-4 サント・ラグ方式の議員定数配分（2015 年日本国民の人口）

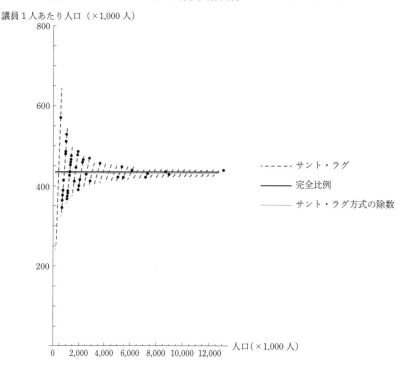

範囲で定数 1 人が配分され，以下，1.5 倍以上 2.5 倍未満で定数 2 人，というふうに配分される．したがって，都道府県人口に対する議員 1 人あたり人口のグラフは定数ごとに分かれる直線であり，サント・ラグ方式の除数を中心に上下対称に振れる形になる．サント・ラグ方式で議員 1 人あたり人口の最大較差が生じるのは，除数の 0.5 倍の規模の県と 1.5 倍直前の県の間で同じ定数 1 人が配分される場合の約 3 倍（＝1.5/0.5）である．このため，修正サント・ラグ方式では，定数 1 人の配分基準を除数の 0.5 倍以上から 0.7 倍以上に置き換えることによって，議員 1 人あたり人口の最大較差を 2.14 倍（＝1.5/0.7）に縮小している．また，人口規模が除数より小さい県がない場合には，議員 1 人あたり人口の較差は除数の 1.5 倍直前で定数 1 人の県と 1.5 倍で定数 2 人の県の間で最大となり，2 倍未満に収まる．2015 年日本国民人口にもとづく議員 1 人あ

84　第3章　比例代表制の各方式と1票の較差

図 3-5　アダムズ方式の議員定数配分（2015 年日本国民の人口）

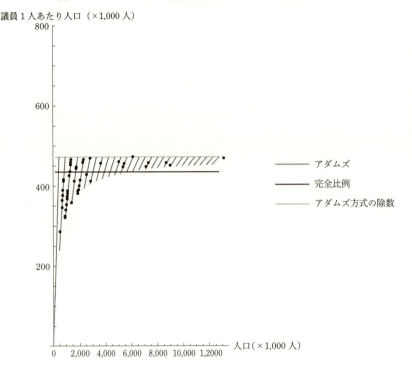

たり人口の最大較差は，定数 2 のグラフの一番下にある島根県と定数 1 のグラフの一番上にある鳥取県との間で生じ，1.655 倍である．図からわかるように，議員 1 人あたり人口の最大較差は人口規模の小さい県同士の間で生じる傾向があり，人口規模が大きくなるにしたがって，議員 1 人あたり人口は除数に収束し，完全比例の議員 1 人あたり人口に近くなる．

　図 3-5 はアダムズ方式で各都道府県に定数配分したときの議員 1 人あたり人口のプロットおよび，都道府県人口に対する議員 1 人あたり人口のグラフを描いたものである．参照線としてアダムズ方式の除数と完全比例の議員 1 人あたり人口も描いてある．アダムズ方式の除数（472,099）が完全比例の議員 1 人あたり人口よりも大きいのは，人口を除数で除した値の端数を切り上げた整数を配分定数とするからである．都道府県人口は最少であっても定数が 1 人配分

され，除数を超えれば定数が2人配分され，除数の2倍の人口を超えると3人配分される．議員1人あたり人口の最大値は，人口がちょうど除数で割り切れた場合であるため，都道府県人口に対する議員1人あたり人口のグラフは，アダムズ方式の除数を示す参照線以下の位置に定数ごとに分かれた直線になる．議員1人あたり人口の最大較差は，定数1人を配分された除数よりも小さい規模の県と，人口がちょうど除数で割り切れた県との間で生じ，理論的には2倍をはるかに超える高い値になりうる．しかし，除数より小さい規模の県がない場合には，除数よりわずかに多い県が2人配分されて議員1人あたり人口が除数の約1/2となり，除数でちょうど割り切れる人口の県の議員1人あたり人口が除数と等しくなり，両者の間で生じる最大値は2倍未満である．2015年日本国民人口にもとづく議員1人あたり人口の最大較差は，定数2のグラフの一番下にある鳥取県のプロットと定数13のグラフの一番上にある千葉県のプロットの間で生じ，1.655倍である．図からわかるように，アダムズ方式では，ドント方式とは対照的に，人口規模の小さな県の方が大きな都道府県よりも議員1人あたり人口が小さくなる傾向があり，定数配分で有利になり，過大代表されるということである．人口規模が大きい都道府県では，議員1人あたり人口がつねに完全比例の議員1人あたり人口を超えていることから，過小代表される．

　図3-6は1人別枠方式＋ヘア式最大剰余法によって289の定数を都道府県に配分するときの各都道府県の議員1人あたり人口のプロットおよび，都道府県人口に対する議員1人あたり人口のグラフを描いたものである．参照線としてヘア基数と完全比例の議員1人あたり人口も描いてある．この方式では，各都道府県に定数1人を配分した残りの242をヘア式最大剰余法で定数配分する．このときのヘア基数は517,944であり，諸方式のなかでもっとも大きくなっている．各都道府県の人口をヘア基数で除した整数部分の定数がまず配分されたあと，端数の剰余の大きい順に配分されていない定数が1人ずつ配分されるが，この例では剰余が0.51以上である264,151人あれば追加の1人が配分される．グラフは，左から順に配分定数が1, 2, 3, …に対応し，まず無条件で1人が配分されたあと，人口がヘア基数の0.51倍，1.51倍，2.51倍，…になると定数が1人ずつ増える．議員1人あたり人口は配分定数が少ない県では完全比例の議員

図 3-6 1人別枠方式＋ヘア式最大剰余法の議員定数配分（2015年日本国民の人口）

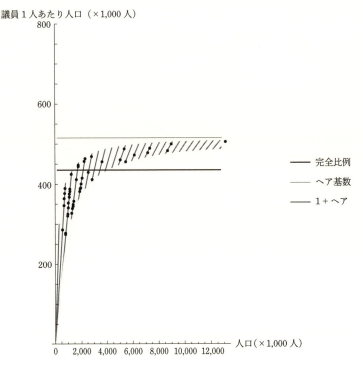

1人あたり人口を下回るが，配分定数が増えると完全比例の議員1人あたり人口を上回るので，人口規模の小さな県は過大代表され，大きな県は過小代表される傾向がある．議員1人あたり人口の最大較差は，定数配分が少ない県と定数配分がある程度多い都道府県との間で生じ，理論的には2倍をはるかに超える高い値になりうる．たとえば，除数の0.51倍の人口で2人が配分される県があった場合には，除数の25.36倍の人口で26人が配分される東京都との間の議員1人あたり人口の較差は，3.825倍になる．しかし，2015年日本国民人口にもとづく議員1人あたり人口の最大較差は，定数3のグラフの一番下にある山梨県と定数26のグラフの一番上にある東京都のプロットの間で生じ，1.840倍である．

図 3-7 比例代表制の諸方式と議員 1 人あたり人口の範囲

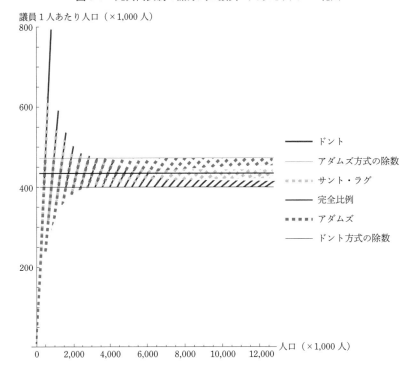

比例代表制がもたらす結果について

　図 3-7 は，比例代表制のうち，人口規模の大きな都道府県にもっとも有利なドント方式，中立的なサント・ラグ方式，そして，人口規模の小さな県にもっとも有利なアダムズ方式における都道府県人口に対する議員 1 人あたり人口のグラフをあわせて描いたものである．参照線として完全比例の議員 1 人あたり人口および各方式の除数も描いてある．議員 1 人あたり人口は，ドント方式ではドント方式の除数が下限となり（図 3-3 参照），アダムズ方式ではアダムズ方式の除数が上限となるため（図 3-5 参照），これらの 2 つの除数を示す参照線の範囲内に大部分の都道府県が収まることになる．この範囲は，可能な場合には完全比例をもたらす比例代表制の諸方式において，端数が生じたときに完全比例から乖離することが許容される範囲であるということができる．ドント方式

88   第3章　比例代表制の各方式と1票の較差

の除数は完全比例の除数の 92.04 ％にあたり，アダムズ方式の除数は完全比例
の除数の 108.85 ％にあたる．

　ドント方式，サント・ラグ方式，アダムズ方式によって定数配分された都道
府県の議員1人あたり人口が，すべて，ドント方式の除数とアダムズ方式の除
数の範囲内にある都道府県は 29 あり，その人口の合計は 104,188,161 人で
83.12 ％にあたる．いずれかの方式でこの範囲から外れるのは 18 県あり，その
人口の合計は 21,154,216 人で 16.88 ％にあたる．都道府県の人口を 200 万人以
上と 200 万人未満にわけると，200 万人以上の 16 都道府県はすべて範囲内に
あり，人口 200 万人未満の 31 県のうち，13 県は範囲内にあり，18 県は範囲外
である．範囲から外れる 18 県は，アダムズ方式の除数の上側にはみだしたド
ント方式あるいはサント・ラグ方式による過小代表の定数配分を受けた県（図
の左上側の部分）および，ドント方式の除数の下側にはみだしたアダムズ方式あ
るいはサント・ラグ方式による過大代表の定数配分を受けた県（図の左下側の部
分）である．

　上で見たように，2015 年日本国民人口にもとづく都道府県の議員1人あた
り人口の最大較差は，ドント方式で 1.947 倍，サント・ラグ方式とアダムズ方
式では 1.655 倍であった．この3つの方式のなかではドント方式は好ましくな
く，さらに，サント・ラグ方式では人口最少の鳥取県の配分定数が1人になる
ことを考慮すれば，アダムズ方式がもっとも好ましいと考えられる[7]．

　ただし，どの方式をとっても，日本国民人口の 83 ％以上を含む都道府県に
対して，議員1人あたり人口が完全比例の除数の 92 〜 109 ％の範囲に収まる
ように定数配分を行うことができるという点は重要である．これらの都道府県
において，議員1人あたり人口の最大較差は，108.85/92.04 ＝ 1.18 倍である．

---

　7)　衆議院選挙制度調査会は，議席配分方式が満たすべき条件として，①比例性のある配分
　　方式に基づいて都道府県に配分すること，②選挙区間の1票の較差を小さくするために，
　　都道府県間の1票の較差をできるだけ小さくすること，③都道府県の配分議席の増減変動
　　が小さいこと，④一定程度将来にわたっても有効に機能しうる方式であること，を確認し，
　　具体的に9方式について検討し，アダムズ方式を選択した．その結論は妥当である．一般
　　に，真の比例代表制の方式であれば，都道府県の議員1人あたり人口の最大較差は2倍未
　　満になり，その中でアダムズ方式が最小となっている．また，品田（2016）も参照．

全国の議員1人あたり人口の最大較差は，人口の少ない県の過大代表（アダムズ方式，サント・ラグ方式）あるいは過小代表（ドント方式，サント・ラグ方式）によって引き起こされているということができる.

アダムズ方式が2016年の法改正によって採用された以上，今後，一部の人口の少ない県を除く多くの都道府県において，比較的均等に定数配分が行われるということがわかった. 人口の少ない県において県内の選挙区人口をできるだけ等しくするように区割りを行い，残りの日本国民人口の83％を占める都道府県においても都道府県内の選挙区人口をできるだけ等しくするように選挙区割りを行うことができるならば，各都道府県内において1人1票の原則に近づけることができ，選挙区人口の最大較差は，アダムズ方式の1.655倍よりほんの少し増加するだけですむと考えられる. 現行の衆議院議員選挙区画定審議会設置法では，選挙区人口の最大較差を2倍未満とすることが定められているが，これはむしろ，各都道府県に比較的均等に定数配分された結果を2倍未満まで緩めて不均等な規模の選挙区割りを許容する結果にしかなっていないのではないだろうか.

6. 結　論

本章では，都道府県の人口に比例して議員定数を配分する方法として比例代表制の諸方式のうち，最大剰余法と最高平均法（除数方式）について説明した. そして，2014年に設置され2016年に答申を提出した衆議院選挙制度調査会で検討された比例代表制の方式を中心にして，それぞれの特質について，実際の数値を用いて各方式を比較するとともに，都道府県における議員1人あたり人口の較差について検討し，アダムズ方式が選ばれた理由について考察した. 一般に，真の比例代表制の方式であれば，都道府県の議員1人あたり人口の最大較差は2倍未満になり，その中でアダムズ方式が最小となっている.

他方で，1票の較差だけに注目するのではなく，全体の人口比例配分をみると，ドント方式からアダムズ方式までの真の比例代表制の方式は，日本国民人口の83％以上を含む都道府県に対して，議員1人あたり人口が完全比例の除数の92～109％の範囲に収まるように定数配分を行うことができる. 各方式の特

性により，外れ値が生じやすい人口の少ない県を除けば，1票の較差は1.18倍である．調査会の答申説明は，「都道府県への議席配分は，第1段階であり，1票の較差是正を検討するに当たっての通過点に過ぎない.」と述べて，具体的な選挙区画によって左右される選挙区間の較差の方が重要であると示唆しているが，むしろ，比例代表制の方式がきわめて多くの国民の平等・公正な参加にとって重要であることをあらためて確認しておきたい．

第4章　衆議院議員定数の都道府県への配分

　本章の目的は，日本の民主政治において都道府県への議員定数を公正・公平に配分する制度が構築されているかを確認する基礎的作業として，1890年から1993年までの期間に用いられた選挙制度について分析を行うことである．それにもとづいて，次章で各都道府県内の選挙区割りの分析を行い，あわせて，都道府県への定数配分と各都道府県内の区割りの数量分析による考察を進める．

1.　選挙法規に明記されなかった都道府県への定数配分の方法

　第1章および第3章で見たように，民主政治システムにおける選挙制度は，有権者が平等に参加し，最終結果に対して平等に影響を及ぼすことができるものでなければならない．そのためには，代表である議員はほぼ等しい数の国民を代表するように，人口に比例して都道府県に配分されなければならない．衆議院は，第2次世界大戦前の権威主義体制の時期から1947年の民主主義体制への転換を経て現在に至るまで，国民の代表機関として，国民による直接選挙によって議員が選出されてきた．衆議院議員の選挙制度において，どのように都道府県に議員定数が配分され，どのように各都道府県内で選挙区割りされて，国民が平等に選挙に参加し，最終結果に対して等しい影響力を持つことができるかが，日本の民主政治にとってきわめて重要である．

　1890年の衆議院開設から1994年の選挙制度改革にいたるまで，選挙制度は，衆議院議員選挙法（1889年）や公職選挙法（1950年）とそれらの改正法において規定されてきた．しかし，そこには，ただ，選挙区と議員数を定めた附録（1889年）や別表（1900年以降）で都道府県ないし選挙区への定数配分が示されているだけである．どの方法によって議員定数を都道府県に配分したかは，明記されてこなかった．1994年の衆議院議員選挙区画定審議会設置法では，都道府県の小選挙区の数はあらかじめ1を配当する1人別枠方式の部分と残りの

議員定数を人口比例で配当する部分との合計とすると規定されたが（3条2項），その比例配分の方法は明記されなかった．実際にはヘア式最大剰余法が用いられたが，いつどのような経緯があって，そうなったのか必ずしも明らかではない．日本の法律に定数配分の方法が初めて明記されたのは，2016年の区割り審設置法改正で，アダムズ方式で都道府県に定数配分すると規定されたときである．それまでは，政党間の暗黙の合意で，あるいは，選挙事務当局の裁量において選ばれた方法によって作成された都道府県の議員配分や選挙区割り案が，附録や別表として法律に規定されてきたということである．

先行研究では，選挙制度の制定過程に関する研究は数多いが，その多くは選挙制度の歴史的研究や文献研究であり，選挙制度を数量的研究によって検証したものはあまりない．松尾（1989）は，普通選挙制導入までの歴史を詳細にまとめており，杣（1986）は普通選挙制導入時以降の衆議院議員選挙法と公職選挙法についてまとめている．議員定数配分については，自治大学校（1960）は，参議院議員選挙法の制定および参議院議員定数の都道府県への配分方法についての自治省選挙局選挙課保存資料などの原資料を含んでいる．また，自治大学校（1961）は，1945年の衆議院議員定数の都道府県への配分方法について記述しており，あわせて，1919（大正8）年と1925（大正14）年の定数配分方法についても注記しているが，いずれも典拠となる原資料の所在について言及していない．1947年の中選挙区制における議員定数配分方法についての記述はない．関係資料集である福永・稲継・大谷（2012）にも，見当たらない．市村（1999）は，参議院の地方区への議員定数配分の方法について詳細に検討するための参考として，ほぼ自治大学校（1961）によって，衆議院の議員定数配分について，「衆議院では古くから一定の人口に議員1を割当てるという考え方で都道府県に定数配分を行ってきた．そして，少なくとも大正8年の小選挙区制導入時以前から昭和22年の中選挙区制復帰の改正までは，4捨5入法が採用されてきた」としているが，やはり典拠が乏しい．

本章では，アダムズ方式の採用まで選挙法に明記されることがなかった議員定数の都道府県への配分の諸方式を明らかにすることをめざす．そもそも，配分は都道府県の人口に比例して行われたのか．そして，もし，人口に比例して配分したとするならば，どの比例代表制の方式が用いられたのかを，検証する

必要がある．そのためには，帝国議会，枢密院，国会などの会議録に記された
それぞれの選挙制度の制定経過から定数配分の方法を特定し，法案作成時に用
いられた当時の人口統計を用いて議員定数配分と選挙区人口を計算し，それぞ
れの法律に規定された附録や別表の選挙区と議員数と同じ結果が得られるかを
確認する作業が必要である．本章および次章で，1889年から1947年までのす
べての選挙法制定経過をたどり，実際に行われたであろう定数配分の作業を検
証することによって，日本における議員定数の配分と選挙区の区割りにどのよ
うな比例代表制の方式が用いられたかを確認する．そうすることで，1994年に
なぜ法定されていないヘア式最大剰余法が，暗黙のうちに小選挙区定数の配分
方法として用いられたかということも明らかにすることができると思われる．

2. 1889年の小選挙区制

　1889年に制定された衆議院議員選挙法では，選挙人は直接国税15円以上を
納める満25歳以上の男子であり，被選挙人は同じ納税要件を満たす満30歳以
上の男子であった．選挙制度は，214の1人区と43の2人区からなる小選挙
区制中心の制度であり，有権者は1人区では1票，2人区では2票を投じた．
北海道，沖縄，および小笠原島には施行されず，選挙区もなかった．どのよう
な選挙区制を採用するかの検討および衆議院議員選挙法の制定経過については，
これまでさまざまな文献があり，また，研究が蓄積されている（たとえば，末松
1890；指原1893；林田1926；河村1943；稲田1962；佐藤1991；永山1997；清水2013,
2016；末木2014）．選挙区割りについては，人口12万人に1人を府県に配分し
た上で府県内の選挙区割りと定数配分が行われた．しかし，選挙区人口を記し
た資料が入手困難だったために，選挙区における定数配分の人口基準は最近ま
で検証されていなかった．永山（1997）は，当時の人口統計をもとに第1回総
選挙が実施された1890年における選挙区人口を推定計算する試みを行った．
末木（2014）は，衆議院議員選挙法案が1888年に枢密院に諮詢された際に，あ
わせて提出された選挙区人口と選挙区割りが記された同法案の「附録」が『三
条家文書』に収録されていることを新たに見出した．末木は「附録」の府県人
口，配分定数，選挙区割りを掲載し，選挙区割りの方法を明らかにした．

94　第4章　衆議院議員定数の都道府県への配分

　ここでは，末木が参照した衆議院議員選挙法案の「附録」の選挙区割り原案
（「衆議院議員選挙法枢密院諮詢案附録」（『三条家文書』第65冊，37-24））におけ
る定数配分方法および，修正成立した1889年選挙法の選挙区割りについて検
証する．「附録」に記されている府県への定数配分および選挙区への配分方法
は，下記の通りである．

　一　各府県より出す所の議員の通計は1府県の人口を通計し12万人に付1
　人の割合を超えざるものとす
　一　各府県の議員の通計を其の選挙区に分配するときには人口の端数を切り
　捨るが為各選挙区に於ては人口10万人に上れば議員1人を出し10万人を
　超ゆれば10万人毎に議員1人を増加す（『三条家文書』第65冊，37-24）

　したがって，議員定数の府県への配分は12万人を除数として端数を切り捨
てるドント方式を用いたということであり，府県内で配分された定数の選挙区
への配分には，すべての定数を配分するために除数を少し小さくして10万人
を除数とするドント方式を用いたということである．
　このようにして配分された定数は298であり，選挙区は定数1が216，定数
2が38，定数3が2の計256選挙区となっている．
　図4-1は，「附録」における府県人口を12万人を除数とするドント方式を用
いて計算する定数配分基準を示したものである．「附録」の府県人口および選
挙区人口は，『日本帝国民籍戸口表　明治19（1886）年12月31日調』の「第
2　各地方庁及各郡区役所管内戸口表」における現住人口の府県合計および各郡
区現住人口をもとに計算した選挙区人口と完全に一致する[1]．各府県への定数
配分方式は12万人を除数とするドント方式であり，府県人口を12万で除した

　1）　ここで，現住人口とは，本籍人口から出入寄留，逃亡失踪，軍への入営，在監者，外国
　　　行きなどの者を加除した人口である．奈良は，1887（明治20）年に大阪から分離してい
　　　るので，奈良については大阪府に属していた4つの郡の人口である．末木（2014）は，
　　　「附録」の府県人口が東京，大阪，奈良について，1886（明治19）年末の現住人口と一致
　　　しないとしているが，それは，末木が参照した資料（内閣統計局編『自明治十七年至明治
　　　四十年道府県現住人口』1909（明治42）年）の方に問題があり，本文で示した『日本帝
　　　国民籍戸口表』とは完全に一致する．

図 4-1　1889 年小選挙区制における府県への定数配分基準

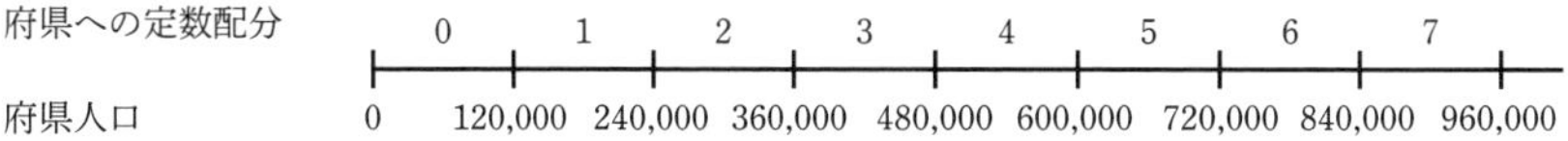

府県への定数配分	0	1	2	3	4	5	6	7
府県人口	0	120,000	240,000	360,000	480,000	600,000	720,000	840,000	960,000

商の整数部分が配分定数となり，端数は切り捨てられる．したがって，人口 12 万以上で定数 1 人，24 万以上で定数 2 人，…というふうに配分される．たとえば，鳥取県の人口は 386,083 人だったので，36 万以上で定数 3 人である．鳥取県の人口を 12 万で除した商は 3.22 であり，端数を切り捨てて定数 3 人となる．このようにして各府県人口を用いて検証した結果は，枢密院諮詢案附録の配分定数と完全に一致する（本書付表 1 参照）．また，府県内における選挙区割りは，郡・区を分割しない形で行われた．府県内における選挙区への定数配分は 10 万を除数とするドント方式を用いて行われているが，こちらも計算結果と完全に一致することを確認している．

　諮詢案の選挙区割りは，府県知事の意見を参考に修正が行われ，3 人区がなくなった．また，1888 年 12 月に香川県が愛媛県から分離して新設されたため，5 選挙区が愛媛県から香川県に移された．さらに，長崎県の対馬と島根県の隠岐は島嶼独立選挙区とされて定数が 2 増加して 300 となり，前述の通り 1 人区 214，2 人区 43 の選挙区制として，1889 年 2 月の衆議院議員選挙法附録によって制定された．府県への定数配分は島嶼を除いて基本的に諮詢案と同一である．比例代表制の方式のなかで人口規模の大きな府県にもっとも有利な定数配分となるドント式が用いられたが，第 5 章で説明するように，大部分の府県の議員 1 人あたり人口は全国の議員 1 人あたり人口からあまり乖離せず，比較的均等に定数配分が行われた．

3.　1900 年の大選挙区制への改正

　1900 年に成立する大選挙区制については，伊藤（1999, 2000）がその政治過程をくわしく分析しているが，議員定数配分において郡部より市部を優先したい政府側と，より公平な定数配分を求める衆議院の政党勢力との間に，対立が存在した．この節では，新しい知見として，この対立が，衆議院が政府側の主

96 第4章 衆議院議員定数の都道府県への配分

張に沿って人口の少ない市部の独立と定数配分を認め，政府側が衆議院の主張する議員定数配分の比例代表制の方式を取り入れて譲歩する形で決着していく立法過程を明らかにする．

第12議会（1898年）における第3次伊藤内閣の衆議院議員選挙法改正の試み

小選挙区制のもとで1890年から1898年まで6回の総選挙が行われた．1891年以降，狭小な選挙区から「地方の総代」が選出され賄賂が横行する弊害の是正を目的として，府県を単位として数人〜14人の議員を完全連記投票によって選出する大選挙区制に変更し，選挙権・被選挙権を拡大することをめざす選挙法改正案が自由党系議員によって何度か提出されたが，審議未了となった[2]．

政府が選挙制度の改正に乗り出したのは，第12議会の1898年5月に第3次伊藤博文内閣が府県の市部を独立選挙区とし郡部を1選挙区として議員定数を配分する大選挙区制とし，有権者が単記投票する選挙法改正案を提出した時からである．第2次山県有朋内閣がそれを引き継ぎ，1899年2月と同年12月に提出した．衆議院はその度に政府案を大幅修正し，2度不成立となったが，3度目に両院協議会を経て成案が合意され，大選挙区単記投票制で，有権者の範囲を拡大した選挙法改正が1900年に成立した．この改正で，これまで直接国税15円以上を納税する地主層主体で人口の1.1％に限られていた有権者が，地租と所得税・営業税に分けて納税要件を下げることによって，特に都市商工業者層にも拡がった．また，市部は独立選挙区となったことで郡部より有利な議員定数配分となった．

ここでは，第12議会における政府原案と衆議院修正案における議員定数の配分方法を帝国議会議事速記録によって確認し，当時の人口統計を用いて検証していく．第3次伊藤内閣が提出した選挙法改正案は，選挙人を地租5円以上または所得税・営業税3円以上を納める満25歳以上の男子とし，被選挙人を満30歳以上の男子とした．選挙は単記無記名投票とし，従来通り，北海道，沖縄および小笠原島には施行しないとされていた．選挙区への定数配分は，府

---

2) たとえば，1891年の第2回帝国議会衆議院に，新井章吾らが衆議院議員選挙法改正案を提出している．『衆議院第2回議事速記録第9号』1891年12月9日．

県の各市を独立選挙区として5万人について1人とし，端数を切り上げるアダムズ方式を用い，府県の郡部を1選挙区としてまとめる大選挙区制を採用し，10万人について1人とし，端数を切り捨てて計算するドント方式を用いた[3]．市部の除数が郡部のそれの半分であることから，市部の人口あたりの定数配分が郡部の2倍近くになることに加え，アダムズ方式を用いるため，どんなに人口が少ない市でも定数が配分されるのに対し，郡部はドント方式により10万未満の端数が切り捨てられて定数配分が少なくなる．また，以前から独立選挙区としていた対馬，隠岐に加えて，鹿児島県大島も独立選挙区として，それぞれ定数1人を配分している[4]．議員定数は472人になっている．

これに対して，衆議院では，市部の定数配分を8万人について1人とし，8万未満の市および島嶼を編入した郡部の定数配分を10万人について1人として，端数は市部・郡部とも4捨5入するサント・ラグ方式を用いる大選挙区制とし，投票方法も完全連記制とする修正案を決定した[5]．議員定数は政府案より少ない440人になっている．衆議院修正案は，市部と郡部の除数を政府案よりも近づけて，両方にサント・ラグ方式を用いてより公正な定数配分方法になってはいるが，8万未満の市部を独立選挙区と認めず郡部に含めたことにより，市部の過大代表を阻止し，あるいは，むしろ過小代表した結果になっているかもしれない．

これらの方法が実際に定数配分に用いられたことを，府県人口を用いて計算

---

3) 1898年5月30日の衆議院の衆議院議員選挙法改正法律案審査特別委員会で，岸小三郎が，「市は5万人に対して1人の代議士を出し，郡は10万人に1人と云ふことになって居りますが，その端数でございます，……富山市の如きは，5万8千人の数で，5万人に1人取ると，あと残った8千人に対して1人と云ふことになって居ります，郡の方で見ますると，全く之に反して，例へば長崎県の如き，郡部は75万2千である，其10万人に対して1人取ると，7人出すことになる，あと残った5万2千人に対して……その端数の切棄方がどうも不公平になって居りはせぬかと思ひますが，……」と市と郡の端数の扱いの不公平さについて問いただしたのに対して，選挙法案の説明にあたった政府委員の梅謙次郎は，「市に就ては5万に対して1人，郡の方は10万人に満つる毎に1人と云ふことになって居ります」と答弁している．『第12回帝国議会衆議院　衆議院議員選挙法改正法律案審査特別委員会速記録第1号』1898年5月30日．

4) これらの島嶼には市町村制が施行されておらず，島司が置かれていた．

5) 衆議院議員選挙法改正案第1読会の続における特別委員会委員長中村彌六の審査結果報告による．『第12回帝国議会衆議院議事速記録第12号』1898年6月3日．

図 4-2　第 12 議会大選挙区制案における府県への定数配分基準

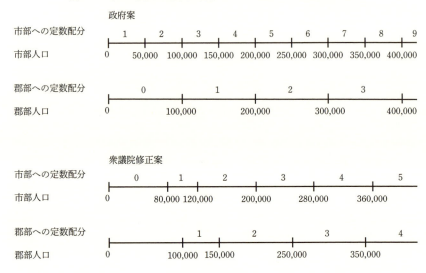

することにより確認していこう．定数配分の基礎となる人口は利用可能な最新の統計である 1896（明治 29）年 12 月 31 日における現住人口だと考えられる[6]．図 4-2 は，政府案と衆議院修正案について上述の方法を用いた府県の市部・郡部への定数配分基準を示したものである．政府案では，市部については人口を 5 万で除した商の端数を切り上げた値が定数であるので，5 万までが定数 1 人，10 万までが定数 2 人，…というふうになる．郡部については人口を 10 万で除した商の端数を切り捨てた値が定数であるので，10 万以上 20 万未満で定数 1 人，20 万以上 30 万未満で定数 2 人，…というふうになる．当時の市部は，東京，京都，大阪，横浜，神戸，名古屋，広島の 7 市が 10 万人以上であり，残りの 32 市のうち 21 市が 5 万未満だった．したがって，5 万を除数とするアダムズ方式は，これらの 5 万未満の市に定数 1 人を保証し，人口の多い市には定数 1 人を追加するためのものである．これに対して，郡部に 10 万を除数とするドント方式を用いたことは，郡部を過小代表するためのものである．この方式では人口が 10 万未満だと定数は配分されないが，郡部人口がもっとも少な

6）『官報』号外 1897 年 10 月 16 日．

3. 1900年の大選挙区制への改正　99

表4-1　第12議会大選挙区制案における定数配分

		人口	人口比率	定数配分	定数比率
政府案	市部	4,510,520	10.5%	113	23.9%
	郡部	38,424,406	89.5%	359	76.1%
衆議院修正案	市部	3,252,787	7.6%	39	8.9%
	郡部	39,729,915	92.4%	401	91.1%

い鳥取県でも約38万6千人であるので，問題は生じない．しかし，10万未満
の端数は切り捨てられて配分されない．そのため，たとえば，約2万8千人の
鳥取市には定数1人が配分される一方，40万人近い鳥取県郡部には定数3人
しか配分されない．

　府県の市部・郡部人口をそれぞれの定数配分基準によって計算した結果は，
政府案と完全に一致する．表4-1は，計算結果を市部・郡部別に集計したもの
である．市部の人口合計は4,510,520人，郡部の人口合計は38,424,406人で，
市部と郡部の人口比率はそれぞれ10.5%と89.5%であるが，定数配分は，市部
113，郡部359で，定数比率は23.9%，76.1%である．市部の定数比率は人口
比率の2.3倍近くにもなっており，有利な配分である．この政府案は，市部に
有利な定数配分となるように市部と郡部とで異なる除数と比例配分方式を用い
たということである．

　衆議院修正案における定数配分の計算においては，大阪府では1897（明治
30）年4月の第1次市域拡張で約25万人が大阪市に編入されており，衆議院
の選挙法案審査特別委員会でその点が指摘され，修正案では増加した大阪市人
口にもとづいて定数配分されたため，大阪市と大阪府郡部についてのみ市域拡
張後の1897（明治30）年12月31日の現住人口を用いて検証を行った．衆議
院修正案では，8万未満の市部と島嶼は郡部に含められ，8万以上の市部のみ
について人口を8万で除した商の端数を4捨5入した値が定数となるので，図
4-2にあるように，8万の1.5倍の12万未満まで定数1人，2.5倍の20万未満
まで定数2人，3.5倍の28万未満まで定数3人，…というふうになる．郡部に
ついては，人口を10万で除した商の端数を4捨5入した値が定数となるので，
10万の1.5倍の15万未満で定数1人，15万以上で2.5倍の25万未満で定数2
人，25万以上3.5倍の35万未満で定数3人，…というふうになる．府県の市

100　第4章　衆議院議員定数の都道府県への配分

部・郡部人口をそれぞれの定数配分基準によって計算した結果は，衆議院修正案と完全に一致する．衆議院修正案では，8万人未満の市が郡部に含められたため，表4-1にあるように，市部人口はわずか8市となって3,252,787人，8万未満の市を含む郡部は39,729,915人であり，人口比率は7.6％，92.4％である．市部の除数が郡部よりやや小さいが計算方法は同じサント・ラグ方式であるため，いくぶん市部に有利な定数配分になっており，市部39議席，郡部401議席で，定数比率は8.9％，91.1％である．衆議院修正案は，市部と郡部とで除数が少し異なるだけで比例配分方式は中立的なサント・ラグ方式であるので，人口比率に比較的近い定数配分が行われたといえる．しかし，8万未満の市も含めた市部人口比率は10.5％であることを考えると，郡部に有利な定数配分となっているのかもしれない．

　衆議院修正案は，貴族院に送付されて第1読会が開催された後，衆議院の解散により未了となった．

第13議会（1899年）における第2次山県内閣の衆議院議員選挙法改正の試み

　第2次山県内閣が提出した選挙法改正案は，第3次伊藤内閣の改正案を踏襲したが，若干，修正が加えられている．選挙人は地租5円以上または地租以外の直接国税3円以上を納める満20歳以上の男子とし，被選挙人は満30歳以上の男子とした．選挙は単記無記名投票とし，議員定数配分は，市部を独立選挙区として5万以下を1人とし，5万以上は8万を増すまでは1人を追加し，府県の郡部では12万人まで1人とし，それ以上は12万を増すまでは1人を追加する大選挙区制であった[7]．したがって，市部の定数配分は5万人までを1人とし，5万人以上の人口分については8万を除数として商の端数を切り上げるアダムズ方式を用いた配分定数を加算し，郡部の定数配分は12万を除数として商の端数を切り上げるアダムズ方式を用いて行う．また，新たに北海道には札幌区，函館区，および小樽支庁直轄町村を定数1人とし，島嶼独立選挙区は，対馬，隠岐を定数1人とし，15万人を超える大島を郡部の定数配分の基準を適用して定数2人としている．議員定数は445人になっている．

　これに対して，衆議院では市部・郡部ともに10万人について1人とし端数を4捨5入する修正を行った．ただし，10万以下の市には1人を配分するこ

とにした[8]. これは，基本的に市部・郡部ともに 10 万人を除数とするサント・ラグ方式を用いる定数配分であるが，市はどんなに人口が少なくても定数を配分する点は，政府案に同調した内容となっている．また，北海道には 18 支庁管内を 3 つの選挙区にまとめて定数 6 人，沖縄には定数 2 人を割り当て，島嶼選挙区としては政府案の対馬，隠岐，大島に加えて，佐渡，五島，壱岐を定数1 人としている．投票方法は大選挙区の定数の 3 分の 2 までの連記投票で記名投票としている．議員定数は 470 人になっている．

　これらの定数配分方法を，府県人口を用いて計算することにより確認していこう．定数配分のために利用可能な最新の人口統計は 1897（明治 30）年 12 月31 日の現住人口だと考えられる[9]．図 4-3 は，政府案および衆議院修正案について上述の方法を用いた府県の市部・郡部への定数配分基準を示したものである．政府案では郡に含まれていた若松，丸亀，門司は 1899 年 4 月 1 日に市制施行されることになっていたので，衆議院修正案では，すでに勅令により市となることが決まっているとして，市として独立させている．また，北海道については，政府案と衆議院案では選挙区割りが異なっている．政府案では，5 万以下の市について定数 1 人を配分し，5 万を超える市については，超過分の人

---

7)　1899 年 2 月 14 日の衆議院の改正法案特別委員会において，政府委員の一木喜徳郎は，市の定数配分について「5 万迄は 1 人，それから 5 万以上 8 万を増しまする迄 1 人を増す，だからして 13 万までが 2 人，其上 8 万迄を増す毎に，1 人を増していく」と説明している．『第 13 回帝国議会衆議院　衆議院議員選挙法中改正法律案審査特別委員会速記録第 1 号』1899 年 2 月 14 日．郡部については，一木が貴族院の委員会において「郡は人口 12 万に付て 1 人」とだけ発言している．『第 13 回帝国議会貴族院　衆議院議員選挙法改正法律案特別委員会速記録第 1 号』1899 年 3 月 1 日．また，1899 年 12 月 16 日の枢密院会議において，小松原英太郎内務次官は，「前回（第 13 回帝国議会）の案にては議員は市は人口 5 万人まで 1 人以上 8 万を増す毎に 1 人とし郡は人口 12 万まで 1 人以上 12 万を増す毎に 1 人とし」と述べているので，端数処理が市部・郡部ともに切り上げるアダムズ方式だったことが確認できる．『枢密院衆議院議員選挙法改正法律案会議筆記』1899 年 12 月 16 日．

8)　衆議院議員選挙法改正法律案第 1 読会の続における特別委員会委員長星亨の審査結果報告による．『第 13 回帝国議会衆議院議事速記録第 34 号』1899 年 2 月 22 日．

9)　府県の市部・郡部人口は，基本的に『官報』号外 1898 年 9 月 13 日に掲載された「明治30 年 12 月 31 日市町村現住人口調」にもとづいて集計した．ただし，北海道および沖縄はこのときの『官報』に含まれていないので，『明治 30 年 12 月 31 日調日本帝国民籍戸口表』によっている．

図 4-3 第 13 議会大選挙区制案における道府県への定数配分基準

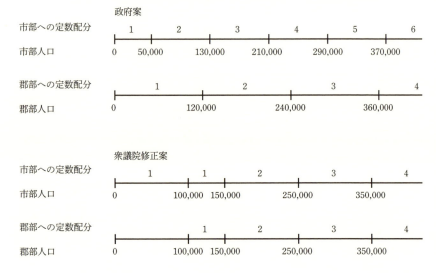

口について 8 万を除数とするアダムズ方式を用いて計算するので，13 万人まで定数 2 人，21 万人まで定数 3 人，…というふうになる．郡部については，12 万を除数とするアダムズ方式を用いて定数配分するので，12 万まで定数 1 人，24 万まで定数 2 人，36 万まで定数 3 人，…というふうになる．これらの方法で実際に計算を行った結果は，政府提出原案と完全に一致する．表 4-2 は計算結果を市部・郡部別に集計したものである．市部人口は 4,881,437 人，郡部人口は 38,438,358 人であり，人口比率は 11.3％，88.7％である．定数配分は市部 98，郡部 347 で，定数比率は 22.0％，78.0％である．市部の定数比率は人口比率の 1.9 倍であり，市部の優遇の度合いは前議会の政府案よりわずかに下がっている．

衆議院修正案では，前述したように，新たに市となる予定の若松，丸亀，門司および島嶼が独立選挙区に変更されている．衆議院修正案は，10 万以下の市について特例として定数 1 人を割り当て，それ以外は市部・郡部とも 10 万を除数とするサント・ラグ方式であるので，図 4-3 に示したとおり，10 万以下の市については定数 1 人であるが，10 万以上の市部・郡部については同一基準で 15 万未満で定数 1 人，15 万以上 25 万未満で定数 2 人，…というふうに

3. 1900 年の大選挙区制への改正　103

表 4-2　第 13 議会大選挙区制案における定数配分

		人口	人口比率	定数配分	定数比率
政府案	市部	4,881,437	11.3%	98	22.0%
	郡部	38,438,358	88.7%	347	78.0%
衆議院修正案	市部	4,951,785	11.1%	76	16.2%
	郡部	39,605,367	88.9%	394	83.8%

なる.

　市部・郡部の現住人口についてこの定数配分基準を用いて行った計算結果は衆議院修正案と完全に一致する. 表 4-2 にあるように, 市部人口は政府案より若干増加して 4,951,785 人, 郡部人口は北海道と沖縄が増えて 39,605,367 人で, 人口比率は 11.1%, 88.9％であり, 定数配分は市部 76 人, 郡部 394 人で, 定数比率は 16.2%, 83.8％である. 衆議院では人口の少ない市も認めたうえで, 市部・郡部とも同じ定数配分方法を用いたため, 政府案と比較すると, 市部の定数が減少し, 郡部の定数が増加して, 人口比率に近づいた定数配分になっている.

　貴族院では法案特別委員会は, 選挙人納税資格を高くし（地租 10 円以上, その他の直接国税 7 円以上）, 北海道・沖縄の選挙区を政府原案に戻し（北海道は 3 区のみ, 沖縄は定数配分なし）, 大選挙区単記無記名投票とし, 市部・郡部の定数配分基準を変更することによって市部選出議員の比率を減らした修正案をまとめた. これに対して, 伊藤博文が一議員として政府原案を擁護する演説を行ったため, 政府案に復活する意見が続出し, ほぼ政府原案に戻す形で修正案が可決された（伊藤 2000）. しかし, 貴族院からの回付案に衆議院は同意せず, 両院協議会が開催されたが成案がえられず, 法案は成立しなかった.

第 14 議会（1899-1900 年）における第 2 次山県内閣の衆議院議員選挙法改正

　第 2 次山県内閣は引き続き第 14 議会に衆議院議員選挙法改正案を提出した. 政府案はこれまでの改正案とほぼ同内容のように見えるが, 重要な違いがある. 選挙権の要件を満 20 歳以上で地租 5 円, その他の直接国税 3 円以上の納税, 被選挙権を満 30 歳以上とし, 単記無記名投票としたことは前回と同じである. しかし, 議員定数配分においては, 市部を独立選挙区として 5 万人以下を 1 人

104　第4章　衆議院議員定数の都道府県への配分

とし，5万以上8万を増す毎に1人とし，府県の郡部は12万人まで1人とし，それ以上は12万を増す毎に1人とする大選挙区制であるが，端数は市部・郡部ともに4捨5入する[10]．議員定数は426となっている．したがって，市部の定数配分は5万人までを1人とし，5万人以上の人口分については8万を除数とするサント・ラグ方式を用いた配分定数を加算し，郡部の定数配分は12万を除数とするサント・ラグ方式を用いて行う．また，北海道と沖縄の定数は，前回の衆議院修正案にしたがい6人と2人としたが，北海道の選挙区は，札幌区，函館区，小樽区および支庁管内を3つにまとめている．島嶼独立選挙区については，前回の政府案を踏襲し，対馬，隠岐を定数1人とし，大島を定数2人とした[11]．これまでの政府案は，市部の定数を増加させ，郡部の定数を抑えるために，市部についてはアダムズ方式を用い，郡部についてはドント方式を用いたり（第12議会），市部・郡部ともにアダムズ方式を用いても市部の除数を小さくしたりするなどしていた（第13議会）．これに対して，衆議院修正案は，つねにサント・ラグ方式を用いており，除数も市部と郡部でできるだけ差のないものを用いていた．したがって，第14議会で政府が議員定数配分の方法として初めてサント・ラグ方式を採用したことは，政府側が衆議院の方法に同意

---

10)　枢密院において政府案の説明に立った小松原内務次官は，「本案は人口8万人まで1人以上8万毎に1人とし端数は4捨5入することとしたる」と述べている．『枢密院衆議院議員選挙法改正法律案会議筆記』1899年12月16日．また，衆議院本会議の衆議院議員選挙法改正法案の第1読会で，政府委員の一木喜徳郎は，「市は人口8万人まで1人，以上4捨5入の法を用ひまして，4万を加へますると1人増すと云ふ勘定になって居ります，それでまた16万の上にさらに4万を加へます，すなわち20万人になりますると3人になります勘定になります，それから郡の方に於きましては12万人までは1人，以上はやはり4捨5入の法を用ひまして，12万人毎に1人増すと云ふ計算になって居ります」と述べている．『第14回帝国議会衆議院議事速記録第10号』1899年12月19日．ただし，小松原も一木も，市についての説明はまちがっており，衆議院修正案が貴族院に送付された後の法案特別委員会において，政府案の定数配分について衆議院における説明が果たして正しいかを問いただされたときに，一木が「市の方は初めは人口5万まで1人，其上が8万毎にと云ふことになって居ります」と答弁したのが正しい説明である．『第14回帝国議会貴族院「衆議院議員選挙法改正法律案」特別委員会議事速記録第1号』1900年2月8日．

11)　1899年12月21日の第14回帝国議会衆議院衆議院議員選挙法改正法律案外一件審査特別委員会において政府委員の一木喜徳郎は「島を独立に致しました目安は，昨年提出した案と同じでございまして，……」と述べている．

3. 1900 年の大選挙区制への改正　105

し譲歩することによって改正を実現したいということを示していると考えられる.

　これに対して，衆議院では大幅な修正が行われた．選挙権の要件を満 20 歳以上で地租 5 円としたのは政府案通りであるが，その他の直接国税を 5 円以上の納税と修正し，記名投票とした．議員定数配分は市部をすべて独立させて 10 万人以下でも 1 人とし，市部・郡部ともに 10 万人に 1 人の比率として端数を 4 捨 5 入する配分を行った上で，小選挙区に区割りし，連記投票する 2 人区も 59 設けた．また，北海道と沖縄は政府案と同じだったが，島嶼は政府案の対馬，隠岐，大島に五島，壱岐，佐渡を追加した[12]．また，第 2 読会の続において長崎と和歌山の郡部の区割りを変更して定数を 1 人ずつ増加させて，議員定数を 480 人とした[13]．この定数配分は市部・郡部ともに 10 万を除数とするサント・ラグ方式を用いて行い，10 万以下の市を定数 1 人とするということである．一見すると政府の大選挙区制案と衆議院の小選挙区制案とでは大きく対立しているが，議員定数の配分に関しては人口の少ない市でもすべて独立させて定数を配分することや，サント・ラグ方式を採用することなど，政府側と衆議院側で合意ができあがりつつあることに注意する必要がある.

　衆議院修正案が送付された貴族院では，さらに修正が行われた．選挙権の要件を満 25 歳以上で地租，直接国税 10 円以上，被選挙権の要件を満 30 歳以上で選挙権と同じ納税要件に修正し，議員定数配分を市は 5 万以上 10 万まで 1 人，それ以上は 10 万人毎に 1 人，5 万未満の市を含めた郡部は 14 万人について 1 人に修正し，端数は 4 捨 5 入して計算することにした．北海道と沖縄については変更しなかったが，島嶼は対馬，隠岐，大島のみを定数 1 人とした．さらに，選挙区を大選挙区制に戻し，単記無記名投票に戻した[14]．この議員定数配分は，市部は 10 万，郡部は 14 万をそれぞれ除数とするサント・ラグ方式を用いたということである．議員定数は市部・郡部とも政府案や衆議院修正案か

---

12)　衆議院議員選挙法改正法律案第 1 読会における特別委員会委員長星亨の審査結果報告による．『第 14 回帝国議会衆議院議事速記録第 16 号』1900 年 1 月 29 日.

13)　衆議院議員選挙法改正法律案第 2 読会の続における審査結果．『第 14 回帝国議会衆議院議事速記録第 16 号』1900 年 1 月 31 日.

14)　衆議院議員選挙法改正法律案第 1 読会の続における特別委員長黒田長成の報告による．『第 14 回帝国議会貴族院議事速記録第 28 号』1900 年 2 月 19 日.

106　第4章　衆議院議員定数の都道府県への配分

ら大きく減少して337人になっている.

　貴族院から回付された修正案を衆議院は否決して両院協議会の開催を求め,成案は,選挙権の要件を満25歳以上で直接国税10円以上とし,被選挙権を満30歳以上で納税要件なしとした.議員定数配分は,市は3万以上13万まで1人,それ以上は13万人毎に1人,郡は13万人について1人として端数は4捨5入して計算する.この議員定数配分は,市部・郡部ともに13万を除数とするサント・ラグ方式を用いて配分するということである.北海道,沖縄,島嶼については貴族院修正案の通りだった.成案の衆議院定数は369人になっている.選挙区は大選挙区制とし単記無記名投票であった.成案が貴衆両院で可決されて,1900年衆議院議員選挙法改正が成立した[15].

　これらの議員定数配分の方法を,府県人口を用いて計算することにより検証していこう.各府県の議員定数配分のために用いられた人口統計は,政府委員の一木喜徳郎の答弁によれば,1898（明治31）年12月31日調の現住人口である[16].図4-4は,政府案,衆議院修正案,貴族院修正案,および成案について,上述の正しい方法を用いた府県の市部・郡部への定数配分基準を示したものである.なお,注10で指摘した政府側の誤った説明の定数配分の方式についても定数配分の推定を行い,それが政府案と合致しないことを確認している.各案は市および島嶼の扱いが異なり,人口の少ない市と島嶼に特例として定数を割り当てたり,郡部に含めたりしているので,それにあわせて現住人口を集計して市部・郡部の人口を計算した上で,定数を計算する必要がある.また,すべての案は北海道と沖縄については人口によらず定数を割り当てている.定数の計算では,すべての案がサント・ラグ方式を用いているため,人口を除数

---

15)　『第14回帝国議会衆議院議事速記録第34号』1900年2月23日および『第14回帝国議会貴族院議事速記録第32号』1900年2月23日.

16)　1898（明治31）年12月31日調べの現住人口が『官報』号外に掲載されたのは,1900年2月1日であるので,一木の発言は,前年12月半ばに提出された選挙法案が『官報』掲載前の統計にもとづいていることになり,真偽のほどはわからない.しかし,法案審議の過程においては,修正案や成案が最新の統計にもとづいて作成されたものと考えられる.なお,議事速記録の発言で言及された現住人口は『官報』の現住人口ではなく,内閣統計局編纂の『明治31年日本帝国人口統計』（1901（明治34）年3月刊）所収の「人口静態表　第一表　市町村別本籍人口現住人口及現住戸数」と一致したことから,検証では後者を用いた.

図 4-4 第 14 議会大選挙区制案における道府県への定数配分基準

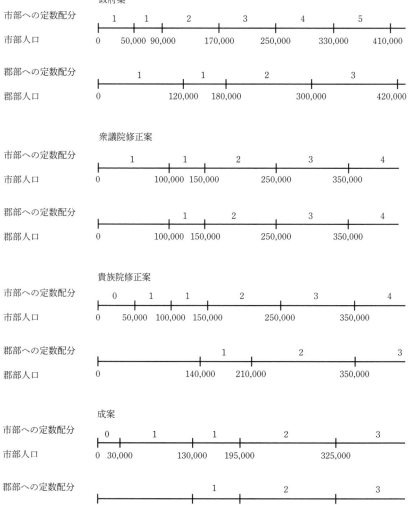

で除した商の端数を4捨5入した整数が定数配分となる．政府案は，5万以下の市部には定数1人とし，5万以上の人口分については8万を除数とした商を4捨5入するサント・ラグ方式で得られた整数を加算するので，図に示した通

108　第 4 章　衆議院議員定数の都道府県への配分

表 4-3　第 14 議会大選挙区制案における定数配分

		人口	人口比率	定数配分	定数比率
政府案	市部	5,238,230	11.5%	91	21.4%
	郡部	40,164,811	88.5%	335	78.6%
衆議院修正案	市部	5,238,230	11.5%	77	16.0%
	郡部	40,164,811	88.5%	403	84.0%
貴族院修正案	市部	4,192,351	9.2%	45	13.4%
	郡部	41,210,690	90.8%	292	86.6%
成案	市部	4,996,237	11.0%	61	16.5%
	郡部	40,406,804	89.0%	308	83.5%

り，5 万まで定数 1 人，それ以上は 4 捨 5 入基準に満たない 9 万未満で定数 1
人，9 万以上 17 万未満で定数 2 人，17 万以上 25 万未満で定数 3 人，…という
ふうになる．郡部については 12 万を除数とするサント・ラグ方式を用いて行
うが，政府側の説明では 12 万まで定数 1 人とされているので，図に書き加え
てあるが，上述したように郡部人口は最少の鳥取県で約 39 万人であるため，
問題はない．12 万人まで定数 1 人，それ以上は 4 捨 5 入基準に満たない 18 万
未満で定数 1 人，18 万以上 30 万未満で定数 2 人，30 万以上 42 万未満で定数
3 人，…というふうになる．これらの定数配分基準を用いて実際に行った推定
計算結果は，東京市（推定結果の 18 人は，政府案の 19 人より 1 人少ない）を
除いてすべて一致する．この東京市の定数配分について，衆議院の委員会では，
前回政府案では 18 人であったのが，なぜ今回では 19 人に増加したのかが問題
になった．政府委員の一木は「此差異の生じましたのは，主として 4 捨 5 入法
を用ひました結果であります，市に於ては 3 捨 4 入，郡に於ては 5 捨 6 入，是
を引くるめて云へば 4 捨 5 入です」と，奇妙な答弁を行って言い繕っている[17]．
前議会と今議会までの間に東京市への合併もなく人口の自然増があるだけであ
り，おそらく，政府案作成時における計算まちがい（4 捨 5 入すべきところを
切り上げた）ではないかと思われる．表 4-3 は，各案の計算結果を市部・郡部
で集計したものである．政府案では，市部人口は 5,238,230 人，郡部人口は

---

17)　一木喜徳郎の発言があったのは，『第 14 回帝国議会衆議院議員選挙法改正法律案外一
　　件審査特別委員会速記録第 1 号』1899 年 12 月 21 日である．

3. 1900 年の大選挙区制への改正　109

40,164,811 人であり，人口比率は 11.5％，88.5％である．定数配分は市部 91 人，郡部 335 人で，定数比率は 21.4％，78.6％である．前議会と今議会の政府案の違いはアダムズ方式からサント・ラグ方式への変更だけであるので，定数配分が市部・郡部ともに若干減少しただけであまり違いはない．

　次に，衆議院修正案は，すべての市を独立選挙区として定数 1 人を保証した上で，市部・郡部とも 10 万を除数とするサント・ラグ方式を用いて配分する．また，6 つの島嶼，北海道，沖縄には定数を割り当てている．図 4-4 にあるとおり，市部については 10 万まで定数 1 人，それ以上は 15 万未満で定数 1 人，15 万以上 25 万未満で定数 2 人，…というふうになる．郡部については，15 万未満で定数 1 人，15 万以上 25 万未満で定数 2 人，…というふうになる．これらの定数配分基準を用いて実際に行った計算結果は，長崎県郡部と和歌山県郡部が衆議院修正案より 1 人ずつ少なかったが，それは，上述したとおり，第 2 読会で 1 人ずつ追加配分したためである．表 4-3 にあるように，人口は市部・郡部とも政府案と扱いが同じであるため，変わらず，市部人口は 5,238,230 人，郡部人口は 40,164,811 人であり，人口比率は 11.5％，88.5％である．定数配分は市部 77 人，郡部 403 人で，定数比率は 16.0％，84.0％である．衆議院の定数配分案は，前議会と同じであるので，市部・郡部の定数増加は人口の純増によるものであり，定数比率にはほとんど変化がない．

　貴族院修正案は，市部は 5 万以上 10 万まで定数 1 人とし，10 万以上について 10 万を除数とするサント・ラグ方式を用い，5 万未満の市を含めた郡部については 14 万を除数とするサント・ラグ方式を用いて計算する．したがって，図 4-4 にあるとおり，市部については，5 万以上 10 万まで定数 1 人，それ以上は 15 万未満で定数 1 人，15 万以上 25 万未満で定数 2 人，…というふうになる．郡部については，14 万以上 21 万未満で定数 1 人，21 万以上 35 万未満で定数 2 人，…というふうになる．これらの定数配分基準を用いて実際に行った計算結果は，すべて一致する．市部独立選挙区を 5 万以上に限定したため，表 4-3 にあるように，市部人口は 4,192,351 人，郡部人口は 41,210,690 人であり，人口比率は 9.2％，90.8％である．定数配分は市部 45 人，郡部 292 人で，定数比率は 13.4％，86.6％である．貴族院修正案では，市部・郡部とも定数が大きく減少している．

110 第 4 章 衆議院議員定数の都道府県への配分

　成案の議員定数配分は，3 万以上の市部・郡部ともに 13 万を除数とするサント・ラグ方式を用いて計算する．図 4-4 にあるとおり，3 万以上 13 万以下の市には定数 1 人を割り当て，それ以上の市部・郡部には除数 13 万の 1.5 倍にあたる 19 万 5 千未満で定数 1 人，2.5 倍の 32 万 5 千未満で定数 2 人，…というふうになる．これらの定数配分基準を用いて実際に行った計算結果は定数配分と完全に一致する（本書付表 2 参照）．成案成立時における 3 万以上の 42 市のうち，複数の定数が配分されたのは東京，京都，大阪，神戸，名古屋の 5 市であり，残りの 37 市のうち，13 万を除数とするサント・ラグ方式で定数が 1人配分される 6 万 5 千以上の市は 6 市のみで，残りの 31 市が特例により独立選挙区として定数 1 人が配分されたことにより，全体としての市部が過大代表されたということである．表 4-3 にあるように，市部人口は 4,996,237 人，郡部人口は 40,406,804 人であり，人口比率は 11.0 %，89.0 %である．定数配分は市部 61 人，郡部 308 人で，定数比率は 16.5 %，83.5 %であり，小規模の市が独立選挙区となったために，貴族院案より市部の定数比率が若干上がっている．

　なお，1902 年 4 月に，人口が 3 万を超えた 11 市を独立選挙区とし，横浜市の定数を 1 人増する改正（12 人増）および佐渡を島嶼独立選挙区とする改正（増減なし）が行われて，議員定数は 381 人に増加した．ただし，北海道では 1904 年まで札幌区，小樽区，函館区以外では選挙が実施されず，沖縄では 1912 年まで選挙が実施されなかった．

4. 1919 年の小選挙区制への改正

　1902 年の定数増加の改正時に，別表の終わりに「本表は選挙区の人口に増減を生ずるも少なくとも十箇年間は之を更正せず」の 1 項が追加された．そのため，政府が大選挙区制の改正を提起したのは 1912 年であり，小選挙区制への改正が実現したのは 1919 年である．第 2 次西園寺公望内閣は，原敬内務大臣が主導して 1912 年 2 月に総定数 431 で定数が 1 ～ 3 人の選挙区からなる小選挙区中心の制度への改正案を提出した[18]．この改正案は選挙権の要件を変

---

18) 『第 28 回帝国議会衆議院議事速記録第 13 号』1912 年 2 月 27 日.

更せず，議員定数配分も 3 万以上の市を独立選挙区として市部・郡部ともに
13 万人について 1 人の議員を配分し，端数は 4 捨 5 入する従来の方法を用い
ていた．この定数配分の方法は，市部・郡部ともに 13 万を除数とするサン
ト・ラグ方式である．また，議員総数を 450 人以内とする規定が含まれていた．
人口増加に対応して定数を見直すとともに大選挙区制を小選挙区制に改めるだ
けのこの法案は衆議院で修正可決されたが，貴族院では大選挙区制に修正可決
して衆議院に回付され，衆議院は同意せず両院協議会にはかったが，成立しな
かった．

　その後，政府は人口増加にともなって議員定数を改正する必要から，1917 年
と 1918 年に選挙区と議員定数を定める別表の改正案を準備したが，提案前に
衆議院が解散されたり，政府が撤回したりして，審議されなかった．これらの
改正案では，定数増を抑えるために，3 万以上の市部と郡部ともに 13 万人に
1 人の議員を配分するが，端数については 4 捨 5 入ではなく切り捨てる方法を
用いていた．したがって，市部・郡部ともに 13 万を除数とするドント方式を
用いており，現行定数の 381 人と比較して 1917 年案では 55 人増，1918 年案
では 57 人増にとどまっている[19]．また，1918 年案では「本法は 10 年間之を
更正せず其の期間経過後更正する場合に於ても議員の数は 450 人を超ゆること
を得ず」と規定されていた．

　1918 年に成立した政友会の原敬内閣は，翌 1919 年 2 月に選挙法改正案を提
出した．改正案は，選挙権の要件を直接国税 3 円以上として有権者数を大幅に
増加させ，1 人区 293，2 人区 69，3 人区 11 で総定数 464 人の選挙区制を導入
するものだった．しかし，議員定数配分については 3 万以上の市を独立選挙区
として市部・郡部ともに 13 万人について 1 人の議員を配分し，端数は 4 捨 5
入する 1900 年法とまったく同じ方法を用いた．そして，対馬，隠岐，大島，
佐渡を島嶼選挙区として定数 1 人を配分した．したがって，定数配分は，市
部・郡部ともに 13 万を除数とするサント・ラグ方式を用いて行ったというこ
とである．道府県内の選挙区割りについて法案の説明に立った床次竹二郎内務
大臣は，人口，郡の行政区画，地勢，交通等を標準として，なるべく 1 人区に

---

19)　『枢密院会議筆記』1917 年 2 月 1 日．『枢密院会議筆記』1918 年 3 月 1 日．

112　第4章　衆議院議員定数の都道府県への配分

するようにし，やむを得ない場合には2人区，3人区として，議員1人あたりの人口をできるかぎり13万を中心として10万台〜18万台程度に止めるようにしたが，19万台が5区，9万台が12区生じたと述べている[20]．この法案は，衆議院で，憲政会と立憲国民党がそれぞれ提出していた選挙権の納税要件を直接国税2円以上とし，年齢要件を下げて選挙権・被選挙権を拡張し，人口増による定数増を行う大選挙区制の改正案と一括して審議された．法案審議では，野党案は支持を得ることができず，政府案が審議の中心となった．市部と郡部へ議員定数を配分するサント・ラグ方式は，1900年法で採用されたものであり，このときの審議ではまったく異論は出なかった．しかし，府県内で郡を分割せずに選挙区を構成して定数を割り当てる区割りについては，憲政会の斎藤隆夫が27県にわたって質問を行い，人口の不均衡と恣意性を批判した．政府は区割りの修正に応じず，政府案は山梨県の第2区（定数2）を定数1人の2選挙区に分割する修正を除いて原案通り可決され，貴族院で可決成立した．選挙区構成は，山梨の修正により1人区295，2人区68，3人区11となった．

　この議員定数配分の方法を，道府県人口を用いて検証していこう．各府県の議員定数配分のために用いられた人口統計は，1913（大正2）年12月31日調の現住人口であり，兵営，軍艦，監獄の人数は除かれている[21]．定数配分は，3万以上の市を独立選挙区とし，市部・郡部とも13万を除数とするサント・ラグ方式を用いている．図4-5は，政府案について，道府県の市部・郡部への定数配分基準を示したものである．図にあるとおり，3万以上13万以下の市に

---

20)　『第41回帝国議会衆議院議事速記録第17号』1919年2月25日．また，自治大学校　（1961）の注57には，自治省選挙局選挙課保存資料からの引用として1919（大正8）年の議員配当法が次のように記されている．

　　「4　尚大正8年の改正法に於ては島（対馬，佐渡，隠岐，大島）を除くの外市は人口3万以上は独立の選挙区とし13万を超ゆるときは13万に付き議員1人を配当し端数は4捨5入の方法に依り郡は人口13万に付き議員1人を配当し端数は4捨5入の方法に依れり」

　　これは，上記の床次内相の説明と同趣旨の内容である．

21)　『官報』号外1914年10月26日．なお，野党の憲政会の斎藤隆夫は，もう3,4ヶ月すれば昨年末日（1918年12月31日）の人口統計が利用可能になるのに，古い統計を用いてずさんな議員の配当を決定することを批判している．『帝国議会衆議院議事速記録第17号』1919年2月25日．

4. 1919年の小選挙区制への改正

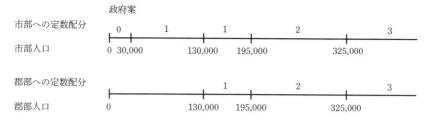

図 4-5　1919年小選挙区制における道府県への定数配分基準

表 4-4　1919年小選挙区制における定数配分

		人口	人口比率	定数配分	定数比率
1919年法	市部	9,258,271	16.9%	112	24.1%
	郡部	45,584,812	83.1%	352	75.9%

注：市部に，北海道の5区と沖縄の那覇区を含む．

は定数1人を割り当て，それ以上の市部・郡部には除数13万の1.5倍にあたる19万5千未満で定数1人，2.5倍の32万5千未満で定数2人，…というふうになる．これらの定数配分基準を用いて実際に推定計算を行うと，1913年の現住人口では3万を超えていない市があるが，政府案提出時にはすべて3万を超えており，独立選挙区として定数1人が配分されたことを確認している．また，京都については，1918年4月1日に京都市に周辺から大規模な編入があったため，それにあわせて市部・郡部人口を修正した上で推定計算した．推定結果はすべて政府案の定数配分と一致する（本書付表3参照）．

成案成立時における3万以上の市は1900年の42市から72市に増加したが，そのうち，複数の定数を配分されたのは，東京，京都，大阪，横浜，神戸，名古屋の6市であり，残りの66市のうち13万を除数とするサント・ラグ方式を適用すれば定数が1人配分される6万5千以上の市は16市あり，残りの50市は特例によって独立選挙区として定数1人が配分されることで，1900年と同じように全体として市部の過大代表となっているということである．

表4-4は，計算結果を市部・郡部別に集計したものである．市部人口は9,258,271人，郡部人口は45,584,812人であり，人口比率は16.9％，83.1％である．定数配分は市部112，郡部352で，定数比率は24.1％，75.9％である．

114　第4章　衆議院議員定数の都道府県への配分

定数配分の方式は 1900 年と同じなので，定数の増加は人口の増加によって生じたものである．総人口は 1900 年の約 4540 万人から約 5484 万人へと 1.21 倍増加したが，市部人口は約 500 万人から約 926 万人へと 1.85 倍増加し，郡部人口は約 4041 万人から約 4584 万人へと 1.13 倍増加した．総定数は 369 人から 464 人へと 1.26 倍増加し，市部定数は 61 人から 112 人へと 1.84 倍増加し，郡部定数は 308 人から 352 人へと 1.14 倍増加した．したがって，全体でも市部・郡部別でも定数の増加は人口の増加に比例している．

5. 1925 年の中選挙区制への改正

1924 年に成立した憲政会・政友会・革新倶楽部の護憲三派が連立した第 1 次加藤高明内閣は，男子普通選挙と中選挙区制を導入する衆議院議員選挙法改正を実施した．改正案について説明に立った若槻礼次郎内務大臣は，選挙権の納税要件を撤廃したことにより有権者が従来の 334 万人から 1415 万人へと増加すること，選挙区制を定数 3 〜 5 人の中選挙区として，従来の市部と島嶼の独立選挙区の制度を廃止すること，そして，現行の議員定数 464 から増減のないようにするため各府県について人口 12 万人につき議員 1 人を配当する割合を定めた結果，議員定数が 466 名となって現在よりただ 2 人の増加になることなどを述べた[22]．なお，自治大学校 (1961) の第 1 章第 1 節の注 57 には，この時の議員配当方法として，

1　人口 12 万人に付 1 人を配当し端数は 4 捨 5 入の方法に依る
2　人口 12 万人を配当の基準と為したるは当時の議員総数 464 人に成るべく異動なからしむる為総人口 55,679,139 人を議員総数 464 にて除して得たる数 119,998 人を切上げて得たる数を採れるものなり
3　1 に依る算出の結果議員総数が 466 人と為り当時の議員総数 464 人より 2 人を増加することとなれり

---

22)　『第 50 回帝国議会衆議院議事速記録第 17 号』1925 年 2 月 21 日．

図 4-6 1925 年中選挙区制における道府県への定数配分基準

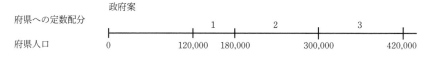

と記されている．したがって，この議員定数配分は，総定数をなるべく変えないために，総人口を総定数で除した商であるヘア基数を除数とするサント・ラグ方式を用いたということである[23]．総定数をまったく変えないための方法は2つある．第1の方法は，ヘア式最大剰余法を用いて人口をヘア基数で除した整数部分の定数を配分した後で，端数の大きい順に総定数に一致するまで残りを1人ずつ配分すればいい．第2の方法は，適当な除数を用いてサント・ラグ方式で配分した結果が総定数になるように除数を決定すればよい．しかし，この時は，そのいずれの方法もとらず，ヘア基数を除数とするサント・ラグ方式を用いたということであり，それによって総定数が2人増加した．

本章の射程外であるが，1925年法では，立候補制の採用，選挙運動に関する規定や選挙運動費用制限などの規定が初めて加えられた．法案は，衆議院で修正可決され，貴族院でも修正可決されて衆議院に回付され，両院協議会を経て成立したが，選挙区制に関しては原案の通りであった．

この議員定数配分の方法を，府県人口を用いて検証していこう．各府県の議員定数配分のために用いられた人口統計は，1920（大正9）年10月1日に実施された第1回の国勢調査人口であり，厳密には，そこから部隊艦船および監獄人員を除いた人口である[24]．図4-6は，1925年の政府案における道府県への定数配分基準を示したものである．図にあるとおり，除数である12万の1.5倍にあたる18万未満で定数1人，それ以上は除数の2.5倍の30万未満で定数2人，除数の3.5倍の42万未満で定数3人，…というふうになる．この定数配分基準を用いて『官報』に掲載された国勢調査人口をもとに，道府県への定数配分を推定計算した結果は，政府案の定数配分と完全に一致する（本書付表4参

---

23) ヘア基数は，また，全国の議員1人あたり人口でもある．
24) 『第50回帝国議会衆議院　衆議院議員選挙法改正法律案（政府提出）委員会議録第1回』1925年2月21日の笠原忠造委員の発言．

照)[25].

1925 年の道府県への定数配分は，12 万を除数とするサント・ラグ方式によって行われたことによって，人口に比例した結果になっている.

6. 1945 年の大選挙区制への改正

敗戦後の 1945 年 11 月末に，幣原喜重郎内閣は男女平等普通選挙制度と大選挙区制への改正を中心とする衆議院議員選挙法改正案を提出した．選挙権の年齢を 20 歳，被選挙権の年齢を 25 歳と，5 年ずつ引き下げ，男女ともに参政権を認める普通選挙制度とし，都道府県を単位とする大選挙区制として議員定数が 15 人以上になる都道府県は 2 つに分けることとした．有権者は，定数が 10 人以下の選挙区では 2 名連記，定数が 11 人以上の選挙区では 3 名連記の投票を行うことになった．都道府県への議員定数の配当について，法案の説明に立った堀切善次郎内務大臣は，「成べく現在の議員総数を変動せしめない方針の下に，議員総数 466 人を以ちまして選挙法施行地域の全人口 72,491,277 人を除しまして，仍て得たる 155,560 人に付き議員 1 人を配当することと致し，端数は 4 捨 5 入の方法に依ることと致したのでありますが，其の結果議員総数が 468 人となりまして，議員の総数が 2 人現在より増加する結果に相成ったのでありますが，是は全く 4 捨 5 入の結果であります，議員定数が 15 人以上の都道府県は 7 つありまして，之をそれぞれ 2 選挙区に分かったのでありますが，選挙区の分割は現行の選挙区を基礎と致しまして，人口，交通，地勢等を勘案して決定を致した次第であります」と述べた[26]．この議員定数配分方法は，1925 年と同じであり，ヘア基数を除数とするサント・ラグ方式を用いたということである．なお，自治大学校（1961）は，次のように記している.

1 現人口 72,491,277 人を現在の議員総数 466 人を以て除す其の商は 155,560

---

25) 『官報』号外 1921 年 8 月 27 日．上記の自治大学校（1961）の総人口 55,679,139 人は，『官報』記載の国勢調査の部隊艦船および監獄人員数を除く総人口より 2,365 人多いが，ここでは『官報』記載の人口を用いる.

26) 『第 89 回帝国議会衆議院本会議速記録』1945 年 12 月 1 日.

6. 1945 年の大選挙区制への改正　117

人なり

2　右の 155,560 人を以て各都道府県の人口を除し依って得たる整数を以て
各都道府県の配当議員数とす

　右に依り得たる議員数は現在の議員総数に満たざるを以て端数の大なる都
道府県に議員総数に達する迄議員各 1 人を配当す而して議員数の配当を受く
る最末端数の県は島根県にして其の数 0.53 なり然るに山形県は 0.52, 茨城県
は 0.5004 なり仍て其の間に均衡を保つの要あると共に大正 14 年の選挙法改
正の先例にも鑑み 4 捨 5 入の原則に依り端数の 0.5 以上の県には議員数を配
当するものとす其の結果議員総数は 468 人となり 2 人増加となる

3　議員数 15 人以上の都道府県は其の区域を分ちて 2 選挙区とす各選挙区の
配当議員数は 2 に準ず

4　3 の選挙区の分割は現行の選挙区を基礎とし人口数，交通，地勢等を勘
案して之を決定す

　堀切内相の発言は，上述したようにヘア基数を除数とするサント・ラグ方式
であることを示しているが，自治大学校 (1961) では，ヘア基数で都道府県人
口を除した整数部分を配分した後，端数の大きい順に残りの定数を配分するヘ
ア式最大剰余法をとる場合，端数が 0.53 の島根県が最後の定数を配分され，そ
れより端数がわずかに小さい山形県 (0.52) や茨城県 (0.5004) は配分されな
いことが問題となり，従来の方法である 4 捨 5 入法を用いることにした結果，
定数が 2 人増加したと説明されている．いずれにせよ，この時の議員定数配分
においては，ヘア式最大剰余法を用いておらず，以前と同様にヘア基数を除数
とするサント・ラグ方式を用いている．

　この議員定数配分の方法を府県人口を用いて検証していこう．各府県の議員
定数配分のために用いられた人口統計は，1945 年 11 月 1 日実施の人口調査で
ある[27]．この調査の都道府県人口合計は 71,996,477 人であるが，沖縄，鹿児
島県大島郡，東京都小笠原島，北海道の離島，千島，樺太については実施され
なかったので，これらの人口については，推計値が使われている[28]．推計人

---

27)　『官報』号外 1945 年 11 月 26 日.

図 4-7　1945 年大選挙区制における都道府県への定数配分基準

　口は総理府統計局（1977）に記載されているので，それを沖縄，鹿児島，北海道の調査人口に加えた結果，上述の自治大学校（1961）の現人口 72,491,277 人に一致する．図 4-7 は，都道府県への定数配分基準を示したものである．現人口を議員定数 466 で除したヘア基数 155,560 で各都道府県人口を除した商を小数点以下で 4 捨 5 入した整数が配分定数となるので，ヘア基数 155,560 の 1.5 倍以上，2.5 倍以上，3.5 倍以上というふうに，配分定数が 1 人ずつ増加する．もし，ヘア式最大剰余法であれば，ヘア基数で各都道府県人口を除した商の整数部分を配分した残りの定数を端数の大きい順に総定数まで配分していくが，上記の説明通り島根が最後の定数を配分され，それより端数の小さい山形と茨城には配分されない．しかし，サント・ラグ方式を用いるなら，端数を 4 捨 5 入するので山形，茨城にも配分され，総定数が 2 人増加する．そして，それが採用されている．実際に推定計算した結果は，政府案の定数配分と一致する（本書付表 5 参照）．

　1945 年の都道府県への定数配分は，155,560 を除数とするサント・ラグ方式によって行われたことによって，人口に比例した結果になっている．

　ただし，行政権の行使ができない沖縄県については，附則で勅令で定めるまでの間選挙を行わないとされたので，実際の議員総数は沖縄県の 2 人を除く 466 人である．

7．1947 年の中選挙区制への改正

　1946 年 4 月に戦後初の衆議院総選挙が大選挙区制の下で実施された．この

---

28)　『第 89 回帝国議会衆議院　衆議院議員選挙法中改正法律案外一件委員会第 4 回』1945 年 12 月 7 日における堀切善治郎内務大臣および入江誠政府委員の発言．

選挙制度に対する見直しの検討が進められ，政府は選挙区および議員定数を変更しない大選挙区完全連記制の改正案を提出することになったが，与党の自由党内ではすでに中選挙区制単記制を採用することで意見がほぼまとまってきており，政府案に対する修正案として後から提出された中選挙区制改正案が，可決成立した．この中選挙区制案は，内務省が，大選挙区制改正案と並行して，1946年4月26日実施の人口調査結果にもとづいて検討した議員定数配分と選挙区割りが基盤になったとされている（自治大学校1961）．

　中選挙区制の議員定数配分がどのように行われたかについて，衆議院本会議や法案委員会では提出者側からの明確な説明はない．1947年3月28日の衆議院議員選挙法の一部を改正する法律案に対する修正案外3件委員会で修正案の説明に立った小沢左重喜議員は，選挙区の区制について「選挙法上あるいは選挙学理論上の根拠に拠ったものではありません．ただ過去の経験と現状に照らしまして，最高5人，最低を3人に拠った，いわゆる便宜主義で決定した問題でありました，別に根拠はありません．それから人口の方は大体15万を基準としてやっております」と，議員1人あたりの人口は15万人であると述べた．そして，区割りについては，「最低3人，最高5人という線を立てまして，その線に基いて地理的状況と人口とを基本として，そうして区割りをきめた」と述べている．しかし，従来のように議員定数を都道府県に人口比例で配分した後，都道府県内の区割りを行うという手順をどのように行ったかについては触れていない．ただし，1947年3月31日の衆議院本会議で修正案の委員会報告後の討論に立った日本共産党の徳田球一議員は，提出者から出している資料によると，「人口の総数を議員の定数で割りまして，すなわち466人で割りまして，議員1人当たりの人口15万6千なんぼという基準数を出しまして，この基準数によって各県の人口を割り，各県の議員数を出しておるのである」と発言している．また，1946年12月9日の貴族院の参議院議員選挙法案特別委員会において，政府委員の郡祐一内務事務官は，参議院地方区の議員定数配分について，「議員1人当たりの人口を出しまして，之に依りまして総人口を除して定数を得て参りまする方が最も公平に相成ると考えられまする……衆議院の場合には4捨5入の形を取って参りまするし，……」と述べている．

　また，1951年7月21日の選挙制度調査会第2委員会では，金丸三郎幹事が，

120　第 4 章　衆議院議員定数の都道府県への配分

図 4-8　1947 年中選挙区制における都道府県への定数配分基準

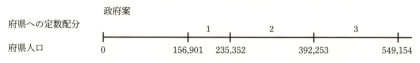

「現在は，国勢調査人口に基く全国の総人口と，それから各都道府県の人口を割るわけでございます．そして小数点が出て参ります．それを切上げ，切下げの少い率から整数に直しまして，すなわち 466 人を全人口と府県の人口との比で各府県にまず配当をいたしまして，それを各選挙区へ配当をするというやり方をとっております」と説明している．これらの説明を見ると，法案審議時における徳田と郡の説明は，従来通り，総人口を総定数で除したヘア基数を除数とするサント・ラグ方式を用いたことを指し示しているようであるが，それから 4 年後の金丸幹事の説明は，ヘア式最大剰余法と同じ結果になる方法である．

　これらの議員定数配分の方法を都道府県人口を用いて検証していこう．都道府県の議員定数配分のために用いられた人口統計は，1946 年 4 月 26 日に実施された人口調査であり，『官報』号外として 7 月 25 日から 8 月 19 日まで 9 回に分けて掲載された．市村（1999）によると，参議院地方区や衆議院の中選挙区制の議員定数配分においては，調査されなかった東京都と鹿児島の離島について過去の調査人口を加算しているとのことであり，「都道府県別参議院議員配当案（甲案）」（自治大学校 1960；福永・稲継・大谷 2012）に記載された人口はそうなっている．おそらく，衆議院議員の定数配分についても参議院の場合と同じように過去の人口を加算したものを用いたと考えられるが，資料として確認できなかった．図 4-8 は，官報記載の都道府県人口に東京と鹿児島の離島について過去の調査人口を加算した総人口 73,115,799 人を定数で除したヘア基数 156,901 を除数とするサント・ラグ方式の都道府県への定数配分基準を示したものである．ヘア基数で各都道府県人口を除した商を，小数点以下で 4 捨 5 入した整数が定数配分となるので，ヘア基数の 1.5 倍以上，2.5 倍以上，3.5 倍以上で，というふうに配分定数が 1 人ずつ増加する．ヘア基数によるサント・ラグ方式での配分計算結果は，修正提案された中選挙区制案と完全に一致する（本書付表 6 参照）．また，ヘア式最大剰余法であるとすれば，この商の整数部分

を都道府県に配分すると 442 人となるので，残りの 24 人を端数の大きい順に配分して定数の配分が終了する．その結果，端数が 0.53 である福岡県に最後の定数が配分され，端数が 0.46 である佐賀県以下には配分されない．したがって，1947 年の都道府県への定数配分においては，ヘア式最大剰余法とヘア基数を除数として端数を 4 捨 5 入するサント・ラグ方式とは同じ結果であるということである．

1947 年の都道府県への配分は，ヘア基数を除数とするサント・ラグ方式を用いて行われ，人口に比例する結果となった．

8. 結 論

本章の目的は，アダムズ方式の採用まで法律に明記されてこなかった衆議院議員定数の都道府県への比例配分の諸方式を明らかにすることであった．そして，1889 年の小選挙区制の導入から 1947 年の中選挙区制への改正までにおける議員定数の配分に用いられた比例代表制の方式を特定し，人口統計を用いて検証した．表 4-5 はさまざまな選挙法改正案における議員定数配分，比例代表制の方式および，用いられた人口統計を簡単にまとめたものである．表には，本章で扱った各法案について，成否，選挙区，定数配分の対象となった地域，および定数配分の方式，人口統計を示してある．

本章が明らかにしたことを簡単にまとめておくと，議員定数配分は，一般に，都道府県に人口に比例して配分した後，さらに都道府県内で選挙区割りと定数配分を行う手順となっているが，1898-1900 年の大選挙区制および 1919 年の小選挙区制では，市部・郡部に分けて人口に比例して配分し，後者ではさらに定数 1〜3 人の選挙区割りを行っている．

人口比例配分の方法は除数方式が基本であり，議員 1 人あたり人口の目安を除数として決定して都道府県人口を除した商の端数を切り捨てるドント方式（1889 年，1898 年第 12 議会政府案の郡部）や，切り上げるアダムズ方式（1898 年第 12 議会政府案の市部，1899 年第 13 議会政府案の市部・郡部）が用いられたが，それ以降は衆議院の政党勢力が採用を主張した商の端数を 4 捨 5 入するサント・ラグ方式（1899-1900 年第 14 議会政府案の市部・郡部および成案）

表 4-5　都道府県、市部・郡部・島嶼への議員定数配分方法

年	成否	選挙区	都道府県・市部・郡部・島嶼	定数 1 の配分	除数	端数の処理	比例代表制方式	注記	用いられた人口統計
1889 年衆議院議員選挙法案	成立	小選挙区 島嶼	府県 対馬、隠岐 (定数各 1)		120,000	切り捨て	ドント方式		日本帝国民籍戸口表 明治 19 (1886) 年 12 月 31 日調
1898 年第 12 議会伊藤内閣案	不成立	独立選挙区 大選挙区 島嶼	市部 郡部 対馬、隠岐、大島 (定数各 1)	5 万人以下	50,000 100,000	切り上げ 切り捨て	アダムズ方式 ドント方式		1896 (明治 29) 年 12 月 31 日市町村現住人口調
1898 年第 12 議会衆議院修正案	不成立	独立選挙区 大選挙区 島嶼	市部 郡部 (島嶼および 8 万人未満の市を含む)	5 万人以下	80,000 100,000	4 捨 5 入	サント・ラグ方式 サント・ラグ方式		
1899 年第 13 議会山県内閣案	不成立	独立選挙区 大選挙区 島嶼	市部 郡部 対馬、隠岐 (定数各 1), 大島 (定数 2)	5 万人以下	80,000 120,000	切り上げ 切り上げ	アダムズ方式 アダムズ方式		1897 (明治 30) 年 12 月 31 日市町村現住人口調
1899 年第 13 議会衆議院修正案	不成立	独立選挙区 大選挙区 島嶼	市部 郡部 対馬、隠岐、佐渡、五島、壱岐 (定数各 1), 大島 (定数 2)	10 万人以下	100,000 100,000	4 捨 5 入	サント・ラグ方式 サント・ラグ方式		
1899-1900 年第 14 議会山県内閣案	不成立	独立選挙区 大選挙区 島嶼	市部 郡部 対馬、隠岐 (定数各 1), 大島 (定数 2)	5 万人以下	80,000 120,000	4 捨 5 入	サント・ラグ方式 サント・ラグ方式		
1899-1900 年第 14 議会衆議院修正案	不成立	独立選挙区 大選挙区 島嶼	市部 郡部 対馬、隠岐、佐渡、五島、壱岐 (定数各 1), 大島 (定数 2)	10 万人以下	100,000 100,000	4 捨 5 入	サント・ラグ方式 サント・ラグ方式		1898 (明治 31) 年 12 月 31 日現在市町村別現住人口
1899-1900 年第 14 議会貴族院修正案	不成立	独立選挙区 大選挙区 島嶼	市部 (5 万人以上の市を含む) 郡部 (5 万人未満の市を含む) 対馬、隠岐、大島 (定数各 1)	5 万人以上	100,000 140,000	4 捨 5 入	サント・ラグ方式 サント・ラグ方式		
1899-1900 年第 14 議会成案	成立	独立選挙区 大選挙区 島嶼	市部 (3 万人以上の市を含む) 郡部 (3 万人未満の市を含む) 対馬、隠岐、大島 (定数各 1)	3 万人以上	130,000 130,000	4 捨 5 入	サント・ラグ方式 サント・ラグ方式		
1919 (大正8) 年原内閣案	成立	小選挙区 島嶼	郡部 (3 万人未満の市を含む) 対馬、隠岐、大島、佐渡 (定数各 1)	3 万人以下	130,000	4 捨 5 入	サント・ラグ方式		1913 (大正 2) 年 12 月 31 日現在市町村別現住人口
1925 年加藤内閣案	成立	中選挙区	道府県		120,000	4 捨 5 入	サント・ラグ方式 〜ア基数		1920 (大正 9) 年 10 月 1 日実施の第 1 回国勢調査人口
1945 年幣原内閣案	成立	大選挙区	都道府県		155,560	4 捨 5 入	サント・ラグ方式 〜ア基数		1945 年 11 月 1 日実施の人口調査
1947 年吉田内閣案	成立	中選挙区	都道府県		156,901	4 捨 5 入	サント・ラグ方式 〜ア基数		1946 年 4 月 26 日実施の人口調査

が定着した．また，島嶼については，独立選挙区として扱ったことがあった．
政府側は，大選挙区制への改正をめぐって郡部に対して市部を優遇するため，
除数として用いられた議員 1 人あたり人口の目安を郡部より少なくすることを
試みたが，衆議院側は市部と郡部とで議員 1 人あたり人口目安の較差を小さく
したりなくしたりする修正を行い，最終的な成案では市部・郡部で同じ議員 1
人あたり人口の目安が除数として用いられた．また，政府側は市部の人口が比
例代表の方式の基数に満たなくても定数 1 を配分する特例を適用した．衆議院
側は第 12 議会ではそれを認めなかったが，第 13 議会以降は政府側の方針に理
解を示し，表の定数 1 人の配分の欄にあるように衆議院修正案では市部を独立
選挙区として議員 1 人あたり人口の目安に届かない市にも 1 人が配分されるよ
うになった．したがって，1900 年およびそれを踏襲した 1919 年の道府県への
定数配分は，人口規模の小さい市部に定数を割り当てたため，全体として市部
に有利になっている．これら以外の定数配分においては，島嶼を独立選挙区と
して扱ったことがあることを除いて，比例代表制の方式がそのまま適用された
ので，公正・公平な配分となっている．

　先行研究では，サント・ラグ方式が採用されたのは 1919 年からとされてい
たが，それは 1919 年以前の定数配分についての研究がきちんと行われてこな
かったことに由来すると思われる．本章の分析が明らかにしたように，サン
ト・ラグ方式は 1900 年の大選挙区制導入時から採用された．この時に，日本
の都道府県への定数配分の方式が決まり，以後定着したということができる．

　サント・ラグ方式では議員 1 人あたり人口の目安を決定すれば都道府県への
定数配分が算出されるが，日本国民の人口の増加にしたがって衆議院の定数は
増加する．1900 年と 1919 年の選挙法では，議員 1 人あたり人口の目安は同じ
13 万人であるが，衆議院定数は 369 から 464 へと増加している．そこで，定
数をあまり増加させないために，除数を調整する必要が出てくる．その際，日
本国民の人口を当時の定数で除した商であるヘア基数が選択され，1925 年の
中選挙区制への改正では，ヘア基数を除数とするサント・ラグ方式が用いられ
た．ヘア式最大剰余法を用いれば，既定の定数を変えることなく定数配分する
ことができるが，ヘア基数を除数とするサント・ラグ方式では，定数は既定の
定数にきわめて近い結果になる．ヘア基数を除数とするサント・ラグ方式は，

124　第 4 章　衆議院議員定数の都道府県への配分

1945 年と 1947 年の選挙制度改正においても踏襲された．この方法では，既定の定数を 2 人程度上回る定数配分となることもあれば（1925 年，1945 年），既定の定数と一致することもある（1947 年）．特に 1947 年の場合，ヘア基数を除数とするサント・ラグ方式とヘア式最大剰余法とでは，同じ結果となった．そして，1994 年の小選挙区制導入時には，都道府県にあらかじめ 1 人ずつ配分する 1 人別枠方式の残りの議員定数を人口に比例して配分する方法として，ヘア基数を除数として端数を 4 捨 5 入するサント・ラグ方式ではなく，既定の定数になるまで端数の大きい順に配分するヘア式最大剰余法が採用されたということである．

　ヘア基数を除数とするサント・ラグ方式は，1925 年から 1947 年まで用いられた．しかし，上述したように，1951 年の選挙制度調査会では，1947 年に用いられた方法がヘア式最大剰余法であるという認識が示されており，ヘア基数を除数とするサント・ラグ方式はいつしか忘れられたようである[29]．第 8 次選挙制度審議会が 1990 年 4 月に出した答申に含まれる小選挙区比例代表並立制の衆議院議員定数案には，都道府県と比例代表ブロックについて最大剰余法により定数を割り振ったことが記されている（選挙制度審議会 1990a）．

　さらに，1993 年 12 月 27 日の参議院政治改革に関する特別委員会において，衆議院で修正可決された小選挙区比例代表並立制の小選挙区定数 274 人の配分について，日本社会党の岩本久人は，「各県 1 名均等配分をしてそのあとを人口比例ということなんですが，この配分の仕方についてはいろいろあると思うんです．例えばドント式，あるいはサン・ラグ式，あるいはヘア式最大剰余法といったようないろいろなことが考えられるわけでありますが，今回はどういう方法を適用されるのか，伺いたいと思います」と質問したのに対して，政治改革担当大臣の山花貞夫は，「今，御指摘の部分につきましては，今回の選挙区の画定審議会設置法案において人口比例による配分方法と，こういうように書いているところでございます．これは……1 名ずつ配分をするというところについては前提にしてと，こういうことになるわけですけれども，大正 14 年

---

29)　参議院地方区の定数配分についても，ヘア基数を除数とするサント・ラグ方式と同じ結果になる方法が用いられていたが，こちらもいつしかヘア式最大剰余法が用いられたと認識されるようになった．市村（1999）参照．

あるいは昭和22年の中選挙区制導入に際しての各都道府県への定数配分と同様に，いわゆる最大剰余法ということで計算をして配分を決めているということでございます．ヘア式最大剰余法をいわゆる最大剰余法と，こう言っておりますけれども，その方式によって配分を行ったところでございます」と述べている．この発言内容は，上述したように事実とは異なっているが，当時における政府および選挙制度担当者の認識を反映したものだと推測される．

　本章における主要な問いの1つは，都道府県への議員定数配分の実際の運用においてヘア式最大剰余法を用いることになったのは一体いつからだろうか，ということだった．1925年から1947年まで用いられたのはヘア式最大剰余法ではなく，ヘア基数を除数とするサント・ラグ方式であったのであり，1994年の小選挙区比例代表並立制の導入時に1人別枠方式と合わせて初めてヘア式最大剰余法が用いられたということではないだろうか．

第5章 衆議院議員選挙制度における区割りと1票の較差

　第4章では，衆議院議員定数の都道府県への配分の方式の変遷について見た．1900年と1919年に，（道）府県を市部と郡部に分けて，人口規模の小さい市を独立選挙区として定数配分することで市部を過大代表したことを除けば，都道府県への定数配分は，ドント方式（1889年）やサント・ラグ方式（1900年，1919年，1925年，1945年，1947年）を用いて公正・公平に行われた．

　この章では，1889年から1993年までの選挙制度における区割りと1票の較差について見ていく．1票の較差は，選挙区の人口あるいは選挙人（有権者）数の違いによって投票価値の不平等が生じることである．すなわち，ある選挙区で1人の議員を選出するための人口や有権者が他の選挙区より多ければ，その選挙区における投票価値は小さい．たとえば，2つの選挙区において，議員1人あたり人口の比が2対1であれば，前者の選挙区の投票価値は後者のそれの1/2である．

　日本では，選挙区を人口にもとづいて構成するが，性別および納税額などによって選挙人資格を制限する制限選挙の時期には，選挙区人口と有権者数との間には必ずしも一定の関係はない．選挙区の成人人口が有権者となる普通選挙では，両者がほぼ比例すると見なすことができる．本章では，1票の較差は，選挙区人口（議員1人あたり人口）間の較差についてのみ検討し，有権者数にもとづく較差は必要がある場合のみ言及する．なお，川人・川人（1990, 1997）は選挙区の有権者数を含んでいるので，1890年から1990年までの有権者数にもとづく1票の較差を計算することが可能である．

1. 選挙制度と区割り

　区割りは，都道府県に配分された定数を都道府県内で複数の選挙区に区割り

して割り当てる作業である．比例代表制の方式によって各都道府県の人口に比例して議員定数が配分される．それによって，各都道府県の人口を配分定数で除した各都道府県の議員1人あたり人口が定まるため，全国の選挙区間の1票の較差は，都道府県間の議員1人あたり人口の最大較差より小さくすることができない．そこで，各都道府県の議員1人あたり人口を基準として，その中の選挙区の議員1人あたり人口をそれに実行可能な限り均等に近づけるか，あるいは，一定の偏差内に抑える選挙区割りを行うことが，選挙区間の1票の較差をできるだけ小さくするための最善の方法である．しかし，第2章で見たように，アメリカで各州の選挙区人口をできるだけ均等にする1人1票の原則は，1960年代になるまで確立しなかったし，イギリス，カナダでは比較的大きな偏差を許容する区割りが最近まで行われていた．

　日本においては，選挙区割りは，1人1票の原則にも，一定の偏差を許容する方法にもよらずに行われた．日本の選挙制度は選挙区の定数によって小選挙区制（定数1人，例外的に2〜3人），中選挙区制（定数2〜6人，通常は3〜5人），大選挙区制（定数6人以上）に分類されているが，これは区割りのあり方と密接に関連している．大選挙区制では区割りはほとんど不要であり，1900年では定数配分した府県の市部・郡部がそのまま選挙区となり，1945年では都道府県の人口に比例して議員定数が配分された後，議員定数が多い東京，大阪，兵庫，新潟，愛知，福岡，北海道が2区に区割りされた．1925年と1947年の中選挙区制では，都道府県に人口に比例して議員定数が配分された後，都道府県内が人口基準によって3〜5人の議員定数の選挙区に区割りされた．1890年の小選挙区制では，府県に人口に比例して議員定数が配分された後，府県内の区割りは大まかな人口基準によって行われており，地域の一体性を優先して人口の多い選挙区割りも許容して2人区も設けられた．1919年の小選挙区制では，1900年の方法を踏襲して市部・郡部ごとに定数が配分された後，大まかな人口基準によって1人区〜3人区の区割りが行われた．総じて，いずれの選挙制度においても，選挙区割りや人口較差の調整は柔軟に便宜的に取り扱われてきている．

　以下で，順に1889年の小選挙区制から1947年の中選挙区制までの選挙区割りおよびその後の定数不均衡是正について見ていき，最後に日本における区割

128   第5章　衆議院議員選挙制度における区割りと1票の較差

りの特徴についてまとめる．ただし，1945年の大選挙区制については，定数を都道府県に配分した後，定数の多い7都道府県がそれぞれ2区に分割されただけであるので，扱わない．

2. 1889年の区割り：最大限の較差許容＝島嶼を除き全国で2倍未満の基準

　1889年の衆議院議員選挙法では，原則として定数1人の小選挙区制が採用されたが，例外的に定数2人の選挙区もあり，有権者は定数と同じ数の候補氏名を連記投票した．議員を選出する選挙区および選出すべき定員は附録で規定された（1条）．各選挙区は，各府県内の郡および区を組み合わせて構成された．ここで郡は，府県の下にある行政区画であり，区は，東京府，京都府，大阪府に置かれた区および各都市に置かれた区をさす．そして各選挙区において郡長あるいは市長が選挙を管理する選挙長となり（2条），複数の郡市にわたる選挙区においては府県知事が郡長あるいは市長の1人を選挙長に任命し（3条），1市が複数の選挙区に分かれているときは府県知事が区長を選挙長に任命した（4条）．

　既述したように，附録の諮詢案では，各府県への定数配分は12万人に議員1人の割合を超えないという基準で計算され，選挙区については10万人ごとに議員1人の基準で計算された．その結果，定数1人が216，定数2人が38，定数3人が2の計256選挙区で定員298人となっていた．諮詢案について各府県知事に照会して意見を聞いた結果，成案では3人区が解消され，隠岐，対馬を独立選挙区として定数2人を増やし，定数1人が214，定数2人が43の計257選挙区で定数300人となった．

　図5-1は，各府県への議員定数配分を示す図である．横軸に各府県人口をとり，縦軸には各府県の議員1人あたり人口をとって各府県をプロットしてある．各府県に人口12万人ごとに議員1人を配分し端数を切り捨てるドント方式により，議員定数が298人となるが，隠岐，対馬にそれぞれ議員1人を追加配分したため計300人となっている．図には，人口が36万人以上で議員3人の各県（鳥取，宮崎，山梨）から12万人増えるごとに議員が1人ずつ増えて156

2. 1889 年の区割り

図 5-1 1889 年小選挙区制における府県人口と府県の議員 1 人あたり人口

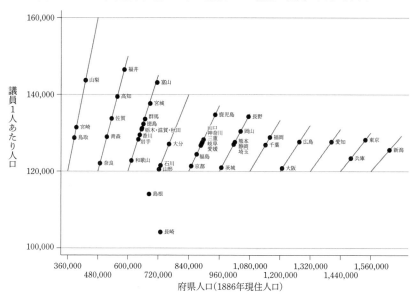

万人以上で議員 13 人の新潟までがプロットされている．愛媛（議員 7 人）と香川（議員 5 人）については，分離後の人口を用いて計算した．それぞれの直線は，12 万人を除数として端数を切り捨てるドント方式を用いた場合の府県人口と議員 1 人あたり人口の関係を示すものである．一番左の直線は，府県人口が 36 万人以上 48 万人未満の範囲で議員 3 人が配分されるときの議員 1 人あたり人口の変化を示し，上述の 3 県が直線上に並ぶが，12 万に満たないために切り捨てられる端数が多いほど上の方に位置する．左から 2 番目以降の直線上には順に 4 人，5 人，…と同じ議員定数が配分される府県が並び，同様に端数が多いほど上の方に位置する．全国の人口 38,444,137 人を議員数 300 人で除した全国の議員 1 人あたり人口は 128,147 人である．用いられたドント方式の除数はそれよりやや小さい 12 万であり，各府県で 12 万を超えない端数は切り捨てられるため，各府県の議員 1 人あたり人口は 12 万を超える値になっているが，例外として，島嶼に議員定数が 1 人ずつ追加された島根（議員 6 人）と長崎（議員 7 人）の議員 1 人あたり人口は 12 万人を下回っている．両県はそれ

ぞれ議員1人が追加されたために本来の配分定数の直線からはずれて，右隣の直線を下方に延長した位置にプロットされている．

府県の議員1人あたり人口の大きな較差は，府県人口が12万の倍数以上で端数が小さく直線の下方にプロットされる県と，端数が大きく直線の上方にプロットされる県との間で生じる．直線の形状からわかるように，人口の少ない県のほうが人口の多い府県よりも議員1人あたり人口が大きくなる傾向があり，ドント方式による議員定数配分は人口の少ない県に不利で人口の多い府県に有利になることが確認できる．府県間の議員1人あたり人口の最大較差は，島嶼選挙区を除いて計算すると山形（120,863.5人）と福井（146,719.5人）の間で1.214倍であるが，島嶼選挙区を含めると長崎（105,718.7人）と福井（146,719.5人）との間で1.388倍に拡大する．しかし，この府県間の議員1人あたり人口の較差のレベルは，それほど大きくなく，むしろ，かなり均等になっているといえる．

次に，府県内の選挙区割りについて見ていこう．当時，内務省県治局長だった末松謙澄は，次のように書いている．

　　先第一に選挙区の割方について云はん．本邦選挙区の割方に関する当局者の標準と云ふを聞くに，1区1人を原則とす．毎府県其人口の12万に付き1人の割合となしたるものなるか，其境界は恰も12万の箇所に杓子定規にて新線を画し得べきものにあらざるを以て，郡を以て根拠と為し（旧区制の場所は旧区）1郡の人口12万に足らざるも10万以上に上れば議員1人とし，その代りには12万に超ゆるものも矢張1人とし，1郡の人口10万に足らざるものは数郡を組合せて10万以上の人口を有すべき区域を画することになしたるものなり．しかるに数郡を組合するに付ては大に地理人情等の関係をも顧みざる可らざるを以て，恰も議員1人を配布するに適当すべき区域を画し得ざるものある為め，1区1人の原則を離れ1区2人となしたるものあり．又或は1郡の人口議員1人を配布するには餘り多きに過ぐる為め他郡と合して2人を配布することにしたるも或はあらん．而して其府県の総人口の上に付ては上に云ふ12万に付き1人の割合に超ゆることを得ざらしめたり．斯る事情なるが為め各選挙区の人口は互いに多少の差違あり，又府県別各区平

均の人口を彼此比較するときは是亦多少の差違あるを免れず（末松1890）.

　また，当時，法制局参事官試補として選挙区割りに携わった林田亀太郎は，
次のように書いている.

　　……我輩が執筆した選挙法である．此選挙法中我輩を最も悩ましたのは選
　挙区画である．素より今日の如く全国に亘る政党があるではないから地盤関
　係など考慮する必要はない．又比例代表の学説も未だ確立して居なかつた際
　だから只大選挙区連記制と小選挙区制と何れが能く民意代表に適するかを調
　査すればよかつたのである．当時維新を距たること遠からず300年諸侯割拠
　の遺風尚厳存し，民俗風習は地方に依りて大に異同あるのみならず其利害関
　係に於て互いに相容れざるものがあつたから，真に民意を代表するに何うし
　ても小選挙区に限る．で我輩は主義として小選挙区制を採つた.
　　小選挙区は行政区画に依るの外はないがサテ行政区画と云へば郡だ．郡の
　数716，夫れには大あり小あり，其大なるものは素より独立選挙区とするに
　足るが其小なるものに至りては到底数郡を併合するにあらざれば定規の人口
　に達しない．故に小選挙区として郡の分合は免れないがさて何人を標準とす
　べきかが第2の問題である.
　　選挙法に定員を規定するのは法律の体裁としては実に結構だが左様すれば
　選挙区の分割に無理を行はねばならぬ．随つて不公平が起らざるを得ない.
　で先づ議員を人口幾何に就き1人と云ふことに定め，而して之を目安として
　郡の分合を行うことが肝要である.
　　……列国の平均は人口7万6千人に付議員1人の割合である．今之を以て
　我邦の人口（21年12月現在3960万人）を除すれば520余人となるべく，
　議員520余人では多きに過ぎ初経験の我邦に取つては不便と云ふので，第1
　案として10万人に付1人第2案として12万人に付1人と云ふことにした.
　が種々研究の末第2案を採用する事になつた（林田1926）.

　末松は，府県への議員定数配分の方法として12万人に付き1人の割合を超
えないと述べているが，これは12万を除数とするドント方式を指している.

そして選挙区は郡区を単位として組み合わせて10万以上の区域にするが，数郡の組み合わせには地理人情等の関係を考慮して分割せずに20万を超える議員2人の選挙区を認めたという趣旨である．林田は，地方割拠の遺風が残り民俗風習の違いや利害関係が相容れないために大選挙区連記制ではなく小選挙区制が採用されたとの考えを示し，小選挙区は716ある郡を分合して区割りする必要があり，列国の議員数と議員1人あたり人口を参考にして人口12万人に議員1人の割合が導かれたという趣旨である．

また，清水（2016）は，諮詢案の選挙区割りが府県知事へ照会された際の山県有朋内務大臣からの内訓と末松謙澄県治局長からの書簡について言及し，共用されていた郡役所を単位として郡を切り分けた選挙区割りが行われたとしている．内務省からの内訓には「地理，人口の多少，道路の交通，舟車の便否および人情風俗によりやむを得ずの場合に限り，数郡区を合併し1選挙区より特に2人の議員を選挙せしむることを得る」とする記述があることを指摘し，諮詢案の3人区を廃止する内務省の方針にしたがって，府県知事たちが参考意見として広範な見直しを回答したとしている．

区割りは，各府県に配分された議員定数に応じて選挙区を画定する作業である．ドント方式を用いて府県人口に比例するように議員定数を配分した結果として，府県間の議員1人あたり人口の最大較差は1.388倍に抑えられている．直接国税15円以上という制限選挙の時代には投票価値の平等という考え方は存在しないので，選挙区人口を等しくして較差をできるだけ小さくすることをめざしていなかったと考えられる．選挙区人口を完全に同一にしない限り，選挙区人口の最大較差は，府県間の議員1人あたり人口の最大較差（1.388倍）より大きくなる．そこで，どのような方法を用いて区割りを行い，選挙区人口の較差をどの程度まで許容するかが大きな問題である．明治の最初の選挙制度の諮詢案における府県内の区割りの基準は，郡区を組み合わせた選挙区で10万人ごとに議員1人を割り当てて1〜3人の議員を選出することだった．それは，府県に割り当てられた議員定数によって定まる府県ごとの議員1人あたり人口を基準・目安として府県内の選挙区を一定範囲内に収めるのではなく，各府県内の選挙区に10万を除数とするドント方式を用いて配分した定数の合計が，各府県に12万を除数とするドント方式を用いて配分した定数と一致するよう

表 5-1　青森県の未成案と成案

	諮詢案			成案		
	郡	人口	議員定数	郡	人口	議員定数
1区	北津軽, 東津軽, 南津軽	208,908	2	東津軽, 上北, 下北, 三戸	242,367	2
2区	中津軽, 西津軽	134,750	1	北津軽, 南津軽	138,737	1
3区	上北, 下北, 三戸	172,196	1	中津軽, 西津軽	134,750	1
計		515,854			515,854	

注：郡人口をもとに計算した各区の人口合計が本文の青森県人口と合致しないのは他郡からの入寄留が出寄留より多いためである.

に区割りを行うということだった. これは, 選挙区人口には事実上何の制限もなく, 10万人以上40万人未満に区割りした選挙区に10万人ごとに1人を配分した議員定数の合計が, 府県への配分議員定数と一致すればよいということであった. たとえば, 諮詢案において全国で2つあった3人区のうち長崎1区は350,590人であり, 他方で長崎4区は109,916人であった.

　この方法では, 各府県内において郡区をどのように組み合わせるかについて, 恣意・裁量の余地が大きい. 表5-1の青森県の区割りを見ると, 青森県の現住人口は515,779人であり, 12万を除数とするドント方式では商が4.30であるから, 議員4人が配分される. 次に, 諮詢案における県内の区割りは, 第1区が北津軽郡, 東津軽郡, 南津軽郡で208,908人, 2区が中津軽郡, 西津軽郡で134,750人, 3区が上北郡, 下北郡, 三戸郡で172,196人であり, 10万を除数とするドント方式によって商の端数を切り捨てると, 議員定数はそれぞれ2人, 1人, 1人となる. 議員1人あたり人口の較差は3区と1区の間で1.649倍になる. 知事意見を参考に修正した成案では, 表5-1にあるとおり郡の組み合わせが変更されている. 議員1人あたり人口の較差は2区と1区の間で1.145倍であり, 青森県では大幅に選挙区人口の均衡が図られたようである.

　諮詢案に対する府県知事の意見を参考にしてできあがった成案においては, 3人区の解消を含めた区割りの見直しが大幅に行われ, 島嶼選挙区が設置された. しかし, ほとんどすべての府県において, 選挙区の人口はその選挙区が含まれる府県の議員1人あたり人口から大きくブレたものになったままである.

134　第5章　衆議院議員選挙制度における区割りと1票の較差

図 5-2　1889 年小選挙区制における府県人口と選挙区人口

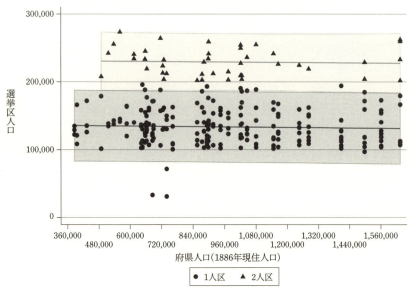

注：グレイの範囲はデータの 95％予測区間

　図 5-2 は，ドント方式によって府県人口に比例して議員定数が配分され，それをもとに選挙区割りが行われたプロセスを考察するために，1人区と2人区に分けて，縦軸の選挙区人口を横軸の府県人口によって回帰推定した結果である．定数別の回帰直線および選挙区人口データの 95％の予測区間を示してあり，あわせてすべての選挙区もプロットしてある．同じ府県の選挙区は，その府県の人口の位置に縦に並んだプロットとして描かれている．まず，選挙区人口は，20万人を境にして1人区と2人区が分かれていることが確認できる．1人区には，例外として 10 万人未満の選挙区が 4 つある．島嶼を独立選挙区とするために長崎と島根に議員定数がそれぞれ 1 人ずつ配分されたことで，隠岐が島根 6 区 33,206 人，対馬が長崎 6 区 31,068 人，五島列島が長崎 5 区 71,758 人となっている．また，神戸区からなる兵庫 1 区 97,140 人については，1889 年 4 月の市制施行時までには，人口が 10 万人を超えていたと推測される．
　この図で顕著なことは，1人区の選挙区人口が，10 万人未満の選挙区を除いても大分 5 区の 100,632 人から香川 1 区の 195,997 人まで幅広く分布している

ことである．その結果，1 人区における選挙区人口の最大較差は 10 万人未満の
例外を除いても 1.947 倍になっている．それに対して，2 人区の選挙区人口は
新潟 5 区の 201,886 人から高知 2 区の 273,694 人までの約 7 万人の範囲であり，
これは 1 人区のそれより小さい．議員 1 人あたり人口の差ではその 1/2 になり，
選挙区間の最大較差は 1.356 倍である．このような選挙区人口の分布は，10 万
人ごとに議員 1 人を配分する区割り方法自体によって，選挙区人口および議員
1 人あたり人口の較差が拡大することに気づいていないか，あるいは，問題だ
と認識していなかったことを示唆しており，その結果として，ドント方式にお
ける議員 1 人あたり人口の最大較差（2 倍未満）に近くなったということであ
る．また，島嶼選挙区を含めた全選挙区における議員 1 人あたり人口の最大較
差は，香川 1 区と長崎 6 区の間で生じる 6.309 倍である．

　さて，ドント方式は大きな府県に有利な議席配分となり，府県の議員 1 人あ
たり人口は府県人口が増えるにつれて減少するため，図の選挙区人口の回帰直
線もやや右下がりになるはずであるが，1 人区では前述したように島嶼への定
数追加もあって，分析結果はこころもち右下がりであり，むしろ，フラットに
近い．この図で重要なことは，1 人区の予測区間（やや濃いグレイ）が非常に
広く，すべての府県において選挙区人口がまちまちで広範に拡散していること
である．これと比べると 2 人区の予測区間（薄いグレイ）は 1 人区の 2/3 程度
である．これらのことから，各府県内において近接する選挙区の人口が大きく
異なっていても，それがほとんど問題視されなかったようであり，10 万人ごと
に議員 1 人の基準によって最大限の較差が生じる結果になったことが確認でき
る．

3. 1900 年の大選挙区制：区割り不要の選挙制度

　1900 年に成立した衆議院議員選挙法改正は，45 府県の郡部を一括した大選
挙区とするとともに，人口 3 万人以上の 42 市を独立選挙区とした．島嶼につ
いては対馬，隠岐，大島を定数 1 人とした．また，北海道には札幌区，函館区，
小樽区を定数 1 人，支庁管内を 3 つにまとめてそれぞれ定数 1 人，沖縄には全
体で定数 2 人としたが，札幌，函館，小樽の 3 区を除く北海道と沖縄は施行し

図 5-3　1900 年市部・郡部の人口と市部・郡部の議員 1 人あたり人口

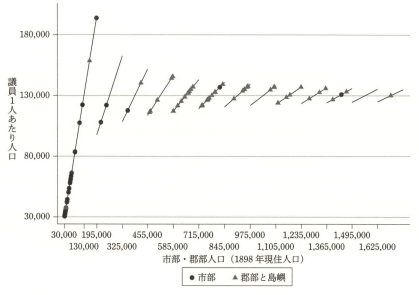

注：北海道，沖縄を除く

なかった．北海道，沖縄以外における議員定数の配分方法は，3 万人以上 13 万人までの市部に議員定数 1 人を配分し，人口 13 万人以上の市部・郡部はともに 13 万を除数とするサント・ラグ方式を用いて，得られた商の端数を 4 捨 5 入した整数の議員を配分した．この選挙制度は，あらかじめ，市部，郡部，島嶼の選挙区を設定した上で，比例代表制の方式を用いて議員定数を配分する大選挙区と小選挙区の混合した制度であり，有権者は選挙区の定数にかかわらず 1 票を投ずる単記非移譲式投票（SNTV）を初めて採用したものであった．

図 5-3 は，1900 年における市部，郡部，島嶼への議員定数配分を示す図である．横軸に市部，郡部，島嶼選挙区の人口をとり，縦軸に各選挙区の議員 1 人あたり人口をとって各選挙区をプロットしてある．それぞれの直線は選挙区の人口と議員 1 人あたり人口の関係を示すものであり，左から順に 1 人から 13 人までの議員定数が配分された選挙区に対応している．すべての選挙区について 13 万人を除数とするサント・ラグ方式を用いて議席配分するならば，一番

左の直線は，横軸の人口が除数の 0.5 倍の 6 万 5 千人から 1.5 倍の 19 万 5 千人未満の範囲の選挙区に議員 1 人が配分されるときの議員 1 人あたり人口（縦軸）を示す直線であり，定数配分が 1 人であるから，人口と議員 1 人あたり人口は同じ値をとる．それに加えて，特例として人口 3 万人以上の市と島嶼も議員 1 人が配分されているので，3 万から 6 万 5 千の範囲の選挙区についても人口と議員あたり人口が同じ値をとって変化する直線となって，下方に延長した形になっている．次の議員定数 2 人の直線は，除数である 13 万の 1.5 倍以上 2.5 倍未満の人口に対して議員 2 人が配分されるので，人口が増えるにつれてその 1/2 が議員 1 人あたり人口となる直線上に選挙区がプロットされる．以下，同様に2.5 倍以上 3.5 倍未満の人口に対して議員 3 人が配分されるので，人口が増えるにつれてその 1/3 が議員 1 人あたり人口となる直線上に選挙区がプロットされる．議員定数 1 人の特例の選挙区を除くと，これらの直線は人口 13 万人を中心に上下に等間隔の幅になっている．したがって，サント・ラグ方式では，議員 1 人あたり人口は選挙区人口の大小によって一定の関係があるわけではなく，むしろ中立的であることがわかる．そして，議員 1 人あたり人口の理論上の最大較差は，議員 1 人が配分される選挙区人口で 19 万 5 千人未満と 6 万 5 千人の間で生じる 3 倍未満であり，人口の小さい選挙区同士の間で生じる．配分される議員数が増えるにしたがって，議員 1 人あたり人口は 13 万人に収束していき，較差は縮小していく．

　1900 年の選挙法においては，議員定数配分の特例として人口 3 万人以上の市に議員 1 人を配分したため，市部の議員 1 人あたり人口の最大較差は 3 倍未満より拡大する．実際に，193,762 人の横浜市と 30,539 人の奈良市の間で 6.345 倍にもなっており，この値が，全体の議員 1 人あたり人口の最大較差である．島嶼では最大較差は 158,603 人の大島と 37,338 人の隠岐の間で 4.248 倍である．それに対して人口の多い郡部においては，13 万人を除数とするサント・ラグ方式による議員 1 人あたり人口の較差は小さくなっており，最大較差は青森県の 145,690 人（人口 582,760 人で議員定数 4 人）と鹿児島県の 116,127.5 人（人口 892,136 人で議員定数 7 人）の間で 1.255 倍である．

　人口 3 万人以上の市を独立選挙区とする特例は，議員 1 人あたり人口の較差を大きくし，市部への議員定数配分を著しく有利にしたということである．

図 5-4　1900 年府県人口と市部・郡部の議員 1 人あたり人口

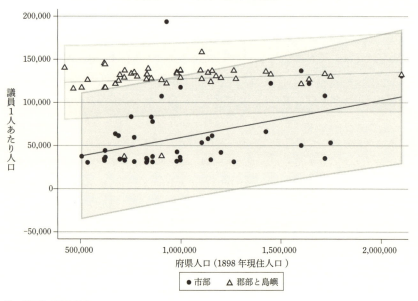

注：北海道，沖縄を除く

　図 5-4 は，市部と郡部・島嶼別に選挙区の議員 1 人あたり人口（縦軸）を府県人口（横軸）によって回帰推定した結果である．それぞれの回帰直線および選挙区の議員 1 人あたり人口データの 95％の予測区間を示してあり，あわせてすべての選挙区もプロットしてある．上述したように，サント・ラグ方式は，選挙区の規模にかかわらず中立的に議員定数を配分する傾向がある．府県人口の大半を占める郡部選挙区においては，府県人口の大小と議員 1 人あたり人口の間に相関関係はほとんどないため，回帰直線は比較的フラットになっている．それに対して市部の分析では，明瞭な相関関係が存在している．これは人口の大きな府県の市の議員 1 人あたり人口がサント・ラグ方式の除数に近くなっているのに対し，人口の大きくない県における 3 万人以上の市が特例によって独立選挙区となったために，それらの議員 1 人あたり人口が 13 万人を大きく下回ったからである．1900 年の選挙制度は，いまだあまり発達していない市部を独立選挙区とすることによって，市部を過大代表してそこに居住する有産階

級の発言権を増加させるとともに，地主階級が有権者の大半を占める郡部を大選挙区単記投票制とすることによって，そこでの政党間対立および政党内対立を促進する意図があったようである[1]．

4. 1919年：1900年の踏襲と不徹底な小選挙区制の区割り

　1919年の衆議院議員選挙法改正は，1人区295，2人区68，3人区11で総定数464人の選挙区制を導入するものだった．議員定数配分は1900年法と同じ方法を用いており，3万以上の市区を独立選挙区とするとともに，市部・郡部ともに13万人について1人の議員を配分し，端数は4捨5入するサント・ラグ方式によった．北海道，沖縄についても同一基準で議員配分した[2]．また，対馬，隠岐，大島，佐渡を島嶼選挙区として定数1人を配分した．1900年法が市部，郡部，島嶼に議員定数を配分しただけの大選挙区と小選挙区の混合した制度だったのに対し，1919年法は道府県の市部，郡部をさらに議員1〜3人を選出する選挙区に区割りした小選挙区と中選挙区SNTVの混合した制度だった．

　図5-5は，さまざまな人口規模の市部，郡部，島嶼に対して13万人を除数とするサント・ラグ方式を用いて議席配分するときの，議員1人あたり人口の変化を表す直線，およびその上に並ぶ市部，郡部，島嶼のプロットである．特例によって議員1人が配分された3万人以上の市部および島嶼は，もっとも左の直線の下方にプロットされる．ただし，人口が204,002人の大島（左の直線からやや離れた上に位置する）に対しては，あらかじめ議員1人が配分されたが，サント・ラグ方式の基準からすれば議員2人とすべきだった．図5-5のそれぞれの直線は，図5-3と同様に人口が13万の0.5倍以上1.5倍未満，1.5倍以上2.5倍未満，2.5倍以上3.5倍未満，…の範囲で議員が1人，2人，3人，…と配分されるときの人口（横軸）と議員1人あたり人口（縦軸）の関係を表している．6万5千人以上の市部，郡部についてだけ見れば，サント・ラグ方式に

---

1) この意図がそれほど成功したとはいえない点について，川人（1992）参照．
2) 北海道の札幌区，小樽区，函館区，旭川区，室蘭区および沖縄の那覇区が独立選挙区となっている．

図 5-5 1919 年市部・郡部の人口と市部・郡部の議員 1 人あたり人口

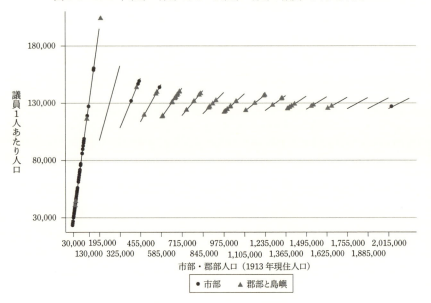

よる議員定数配分は，議員 1 人あたり人口が 13 万人を中心とする上下等間隔の直線上に位置しており，人口の大小に関わらず中立的である．3 万人以上の市を独立選挙区とする特例は，市部の議員 1 人あたり人口を小さくして市部を過大代表する効果があった．

1919 年法において市部，郡部への議席配分に用いられたサント・ラグ方式では，議員 1 人あたり人口の理論上の最大較差は，議員 1 人が配分される人口で 19 万 5 千人未満と 6 万 5 千人の間で生じる 3 倍未満である．しかし，3 万人以上の市を独立選挙区とする特例により，市部の議員 1 人あたり人口の最大較差は，もっとも人口の少ない岐阜県大垣市（23,554 人）と議員 1 人が配分される最大人口の長崎市（160,450 人）との間で 6.812 倍である．これに対して，郡部の人口はすべてが 40 万以上であるため，サント・ラグ方式による定数配分による議員 1 人あたり人口の較差は比較的小さく，最大で鳥取県（143,742 人）と福井県（118,322 人）の間で生じる 1.215 倍である．したがって，市部への特例が市部，郡部，島嶼への議員配分における議員 1 人あたり人口の較差

を拡大した要因である．小都市が優遇されて過大代表され，大都市や郡部には
人口に比例した議員定数配分が行われた．

　1900年の選挙法では，市部，郡部，島嶼をそのまま選挙区としてそれらに議
員定数を配分する大選挙区制を採用したが，1919年の選挙法では市部，郡部を
さらに議員1〜3人を選出する選挙区に区割りした．複数の議員定数が配分さ
れた19万5千人以上の市区は6つあった．そのうち，東京市は11区，京都市
は2区，大阪市は4区に区割りされたが，横浜市，神戸市，名古屋市はそれぞ
れ3人区とした．残りの72市区は1人区であった．東京，京都，大阪の区割
りの方法は，市区を分割していないこと以外は明らかではない．3市の17選挙
区の人口に対して13万を除数とするサント・ラグ方式を用いて配分定数を計
算すると，16選挙区では実際の定数と一致するが，1選挙区ではくいちがった．
しかし，各市に配分された定数をもとに，適当な除数を用いて各市内の選挙区
にサント・ラグ方式を用いて配分定数を計算すると，実際の各選挙区の定数と
一致した[3]．そして，定数1人の72市区のうち19市区は人口6万5千以上で
あり，サント・ラグ方式によって1人区となるが，53市区は人口が6万5千未
満であり，特例によって1人区となっている．サント・ラグ方式で定数1〜3
人を配分する場合には，選挙区の議員1人あたり人口は3倍未満の範囲に分
布することになり，加えて，6万5千未満の特例の市区があるために，人口較
差は一層拡大する．市部の選挙区における議員1人あたり人口の最大較差は，
特例の市区を除くと新潟1区（新潟市65,674人）と長崎1区（長崎市160,450
人）の間で2.443倍であるが，前述したように，特例の市区を含めると岐阜2
区（大垣市23,554人）と長崎1区（長崎市160,450人）の間で6.812倍である．

　他方，各道府県の郡部については，郡を分割せず，1つあるいは複数の郡を
あわせて定数1〜3人の選挙区に区割りした．区割りの方法については，床次
竹二郎内務大臣は，衆議院本会議の衆議院議員選挙法中改正法律案の第1読会
において，次のように説明した．

　3）　この方法は，まず，市部について13万を除数とするサント・ラグ方式を用いて定数配
　　　分した後，各市内を複数の選挙区に区割りして定数配分するために，各選挙区の定数の合
　　　計が市の配分定数に一致するように適当な除数を決めてサント・ラグ方式を用いるという
　　　ことである．この方法は，個人的意見交換において品田裕氏からご教示いただいた．

142　第5章　衆議院議員選挙制度における区割りと1票の較差

……此別表の改正に就きましては人口 13 万に付て議員 1 人の割合を以て，先づ府県に対する配当数を定めまして，更に人口，郡の行政区画，地勢，交通等を標準と致しまして，成べく 1 選挙区 1 人の方針を採ったのであります，其已むを得ざるものを，1 区 2 人若くは 3 人と致しました而して選挙（区）に対する議員の配当に就ては，出来得る限り人口 13 万を以て中心と致しまして，之を配当したのであります，2 人区 3 人区の処に在りましても，議員 1 人当りの人口は，又成るべく 13 万に近からしめんことを期したのであります，其結果大体 10 万台より 18 万台の程度に止めて，彼此権衡を得せしむるやうに致しました，斯の如く致しまして，唯人口 19 万台のもの 5 区を生じました，9 万台のもの 12 区を設けるに至りました，是等は何れも地形，行政区画，交通上，已むを得ざるに出でた訳であります[4]．

　この方法は，人口 13 万を中心として 10 万〜18 万台で 1 人区を作るが，数万の郡や 20 万に近い郡もあるため，場合により，議員 1 人あたり人口を 13 万に近くして公平にするために，数郡をあわせて 1 区 2 人あるいは 3 人にしたということである．床次内相は，また，原案者として「人口，郡の行政区画，地勢，交通，此等の血も何もない所の数字と条件とを基礎として割出し」，「感情を加へ」ず「手加減を致さ」ないよう努めたと述べた[5]．
　これに対して，憲政会の斎藤隆夫議員は，区割りが不均等であることを批判して次のように述べた上で，具体的に 27 県の選挙区における区割りの問題点について指摘した．

　　人口代表主義の事に就て御尋を致しますが，議員を割当るのは人口を標準

---

4)　『第 41 回帝国議会衆議院議事速記録第 17 号』1919 年 2 月 25 日の衆議院議員選挙法中改正法律案（政府提出）第 1 読会における趣旨説明．私が 1913 年現住人口を用いて政府案の選挙区人口を再現計算した結果によると，議員 1 人あたり人口が 19 万台が 4 区，9 万台が 12 区であって，20 万台の大島を前者に含めれば，床次内相の発言と辻褄が合う．なお，成案では山梨 2 区が修正されたため，9 万台が 13 区になっている．

5)　同上．『第 41 回帝国議会衆議院　衆議院議員選挙法中改正法律案委員会議録（速記）第 4 回』1919 年 2 月 28 日も参照．

とする，此人口も成べく平均せしむるやうにすると云ふことが，代表主義を
ば実現するに付て，最も適当な事であらうと思ふ，……小選挙区に致します
と云ふと甚だ不平均になるのであります，現に政府の編成せられる所の別表
に就きましても9万台に於て1人を選出する所もあり，或は，20万台にな
っても，1人しか選出する事が出来ぬと云ふ所があるのであります，……固
より各府県の人口をば基礎として，さうして代議士の数をば案出し，其代議
士をば各府県内に小割をされたのでございますから，其府県と云ふ上から云
へば，13万と云ふ平均の人口代表主義が略々徹底せられて居りますが，併
し各選挙区に就て見ますと云ふと，甚だ不平均を来して居るのであります[6].

　斎藤の27県の個々の選挙区への批判に対して，床次内相は，人口を13万を
中心にし，郡を分割せずに，地形，交通等を斟酌して別表を作成したものに対
して，人口のみ，あるいは地形のみを取って議論すればさまざまに議論できる
が，前に述べた通り色々の条件を斟酌して2人1区，3人1区を作ったのはや
むを得なかったとつっぱねた．さまざまな条件を総合判断した結果としての区
割り案であるということのようであるが，数多くの選挙区で人口の不均衡が大
きくなっていたことは否定できない.
　ここで，床次内相の発言の意味を考えてみよう．郡部については，郡を分割
せずに議員1人あたり人口を13万を中心にして1〜3人の選挙区に区割りし
たということであるが，これは，郡部の区割りに13万を除数とするサント・
ラグ方式を適用しようとしたことを示唆するのではないかと推測される．サン
ト・ラグ方式では，選挙区人口が6万5千〜19万5千で議員1人，19万5千〜
32万5千で議員2人，32万5千〜45万5千で議員3人となる．島嶼を除く郡
部の選挙区について，この方法で定数配分してみると，38道府県ではすべて
の選挙区の定数が実際の定数と一致するが，9府県では一致しない選挙区があ
った．そこで，それらの府県について，配分された定数をもとに，適当な除数
を用いて各道府県内の選挙区にサント・ラグ方式を用いて配分定数を計算する

---

6)　『第41回帝国議会衆議院　衆議院議員選挙法中改正法律案委員会議録（速記）第7回』
　　1919年3月5日.

144 第5章 衆議院議員選挙制度における区割りと1票の較差

と，7府県では選挙区の配分定数が実際の定数と一致し，2県では一致しなかった．したがって，単一の除数にせよ異なる除数にせよサント・ラグ方式によってすべての選挙区の議員定数を導き出すことはできないということである．このことから，選挙区人口を13万を中心に10万台から18万台に止めようとしたがその範囲外の選挙区がいくつか生じたという床次内相の発言は，サント・ラグ方式よりも大雑把な人口基準で区割りを行ったという表明であり，郡の行政区画および地勢・交通等を優先したということではないかと考えられる[7]．

　さて，区割りを行う場合，各道府県内において，人口が多い選挙区ほど定数が多くなければならないことは当然であるが，他道府県の選挙区との間においてもこの関係が成り立つかどうかは，わからない．というのは，1889年の選挙法における区割りのように10万を除数とするドント方式を全国一律に適用しているわけでなく，各道府県内で選挙区の議員1人あたり人口を13万を中心にして10万台〜18万台に収めようとする緩い基準によって区割りを行ったが，その緩い基準を満たさない選挙区があったからである．それは，9万台や19万台の1人区だけでない．議員1人あたり人口が9万台となる18万〜20万人未満の2人区や27万〜30万人未満の3人区も存在したのである．そして，全国を通してみると，18万〜20万未満の人口の範囲では1人区と2人区が混在し，27万〜30万未満の人口の範囲では2人区と3人区が混在することにより，人口の多い選挙区の方が議員定数が少なくなる逆転現象が生じた可能性がある．

　図5-6は，郡部の区割りにおいて，人口比例の原則に明らかに反する人口と定数の逆転現象の問題を調べるために，郡部人口を横軸にとり，区割り後の選挙区人口を縦軸にとって，各定数の選挙区をプロットしたものである．あわせて，市部人口に対する区割り後の選挙区人口もプロットしてある．郡部選挙区は白抜きのマークで示され，大体，図の中央部分にあり，下から上に1人区，

---

7) なお，郡部における選挙区の定数配分についても，品田裕氏から個人的意見交換においてご教示いただいた．私の計算結果とはわずかに異なるが，割り当てられた議員定数をもとに各府県内で適当な除数を用いてサント・ラグ方式を適用した計算結果は，おおむね実際の定数と一致している．郡部の区割りは衆議院における床次内相の説明とは異なるものの，一定の根拠があったと考えてよいように思われる．

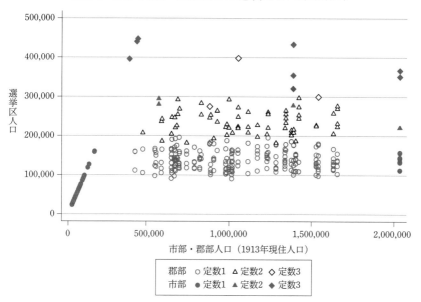

図 5-6　1919 年市部・郡部の人口と選挙区人口（島嶼を除く）

2人区，3人区が分布している．市部選挙区は塗りつぶしのマークで示され，人口18万以下の市および1～3人区に区割りされた6大市である．図の中央の郡部選挙区は19万台において1人区と2人区が混在し，27万台～30万の範囲で2人区と3人区が混在しており，人口と定数の逆転現象が生じている．具体的には，18万～20万の2人区は，人口の少ない方から順に神奈川5区（181,863人），茨城4区（181,982人），宮崎2区（186,418人），長野7区（186,637人），秋田7区（193,267人），岡山3区（197,500人）である．これらの選挙区より人口の多い1人区は，人口と定数が逆転している．すなわち，神奈川5区，茨城4区より人口の多い1人区は8あり，宮崎2区，長野7区より人口の多い1人区は5，秋田7区より人口の多い1人区は2ある．27万～30万の3人区は，山形5区（275,176人）と福岡10区（299,741人）である．このうち，山形5区より人口の多い2人区は5つある．ここでも人口と定数の逆転現象が生じている．この他に市部の選挙区もあわせて分析すれば，やはり逆転現象が見つかる．市部の選挙区では，定数2人の京都2区（295,069人），京

146　第5章　衆議院議員選挙制度における区割りと1票の較差

表 5-2　1919 年市部・郡部別定数別選挙区人口と議員1人あたり人口（島嶼を除く）

			選挙区数	選挙区人口		議員1人あたり人口	定数別の1票の較差	1票の較差	全体の1票の較差
郡部	1人区		211	最小 最大	91,122 196,024	91,122 **196,024**	2.151	2.156	8.322
	2人区		64	最小 最大	181,863 296,990	**90,932** 148,495	1.633		
	3人区		3	最小 最大	275,176 398,096	91,725 132,699	1.447		
市部	1人区		80	最小 最大	23,554 160,450	**23,554** **160,450**	6.812	6.812	
	2人区		4	最小 最大	221,590 295,069	110,795 147,535	1.332		
	3人区		8	最小 最大	320,814 447,951	106,938 149,317	1.396		

都1区（280,687人），大阪2区（278,196人）は，郡部の定数3人の山形5区より人口が多い．これらの間でも人口と定数の逆転現象が生じている．床次内相が，10万台〜18万台の範囲に収めようとしたがやむをえず逸脱した選挙区は，多くの選挙区との関係で人口と定数の逆転現象を引き起こしており，全体としての区割りの公平性を損ねる結果になっている．

　最後に，表 5-2 は，市部・郡部別，定数別の選挙区人口と議員1人あたり人口をまとめて，郡部・市部ごとの定数別，および郡部，市部，全体の1票の較差を計算したものである．郡部における1票の最大較差は，床次内相が議員1人あたり人口を10万台〜18万台の範囲に収めようとしたがやむをえず逸脱した選挙区同士である2人区の神奈川5区（90,932人）と1人区の京都6区（196,024人）の間で2.156倍である．市部における1票の最大較差は，1人区同士の岐阜2区（大垣市23,554人）と長崎1区（長崎市160,450人）の間で6.812倍である．島嶼を除く市部・郡部をあわせた選挙区間の1票の最大較差は，8.322倍となっている．この較差は，特例による市部独立選挙区の存在および郡部における選挙区割りによって生じたことを確認しておきたい．

5. 1925年：SNTV の選挙区割り

1925年の衆議院議員選挙法改正は，道府県に人口12万人に1人の基準で議員を配分し，端数は4捨5入するサント・ラグ方式を用い，各道府県内を議員定数3〜5人の選挙区に区割りして，3人区53，4人区38，5人区31の122選挙区で総定数466人とする中選挙区制を導入するものだった．

従来の市部，郡部，島嶼に分けて市部を過大代表する議員定数の配分方法をやめて，道府県単位で議員定数を配分する場合，これまでの除数の13万をそのまま用いると，3万以上の市で議員1人を選出する独立選挙区を廃止したことによる大幅な減員が生じるため，従来の総定数の464人に近くなるように除数をやや小さく12万として総定数を466人とした．法案の審議において，政府委員の潮恵之輔内務省地方局長は，「端的に申上げれば，人口12万に付て1人，斯う云ふことに標準を立てて，而して其の理由を申し上げると，現在464人の定員でありまする衆議院，此定員を余り多く増減のないやうにしたいと云ふ希望を以て，従来の13万で以て，市の独立を廃してやりますと，38名ばかり減員になりますが，併しながら464人前後に止めると云ふことが最も穏当であって，今標準を低めて増員をする必要はないと云ふことから，12万と云ふことにすると464人になります」と説明している[8]．

さらに，法案の別表の選挙区割りについて，潮地方局長は，「私共が此選挙区を分けます原則として，12万人に付て1人，後は6万以上に付ては是は4捨5入の方法に依ってやることになります」と述べた．したがって，12万人の2.5倍から3.5倍である30万人から42万人までを3人区，3.5倍から4.5倍である42万人から54万人までを4人区，4.5倍から5.5倍である54万人から66万人までを5人区として，各道府県の選挙区定数の合計が各道府県の配分定数となるように区割りを工夫する方法をとったと考えられる．また，「選挙区を分けますには，人口も重要なる要素でありますが，地理，交通，人情等の点も総合

---

8) 『第50回帝国議会衆議院　衆議院議員選挙法改正法律案（政府提出）委員会議録（速記）第6回』1925年2月27日．

148 第 5 章 衆議院議員選挙制度における区割りと 1 票の較差

図 5-7 1925 年道府県人口と道府県の議員 1 人あたり人口

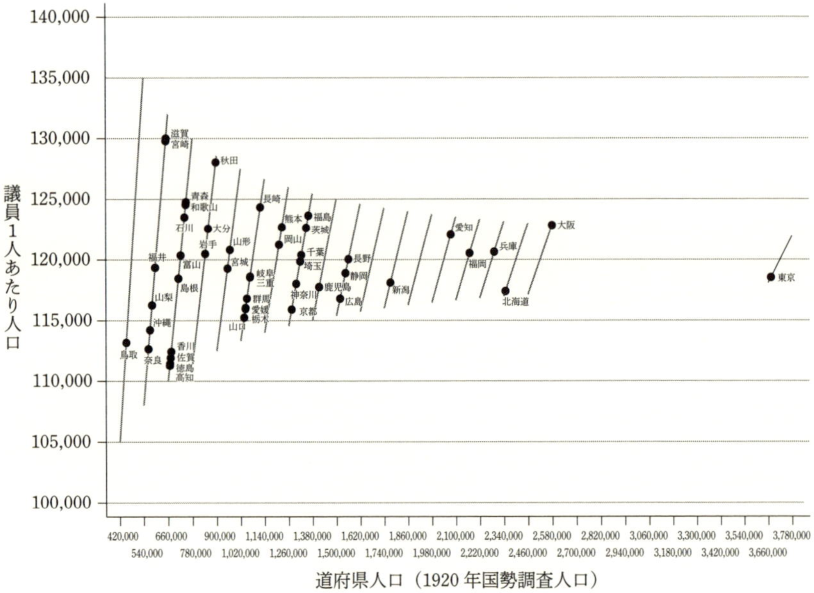

して考へて居ります」と述べている[9].

図 5-7 は，12 万を除数とするサント・ラグ方式による道府県への議員定数配分を見たものである．横軸に道府県人口をとり，縦軸に道府県の議員 1 人あたり人口をとってプロットしてある．直線は左から 4 人から 21 人までおよび 31 人の定数が配分される道府県の人口と議員 1 人あたり人口との関係を示しており，もっとも人口の少ない鳥取からもっとも多い東京までが各直線上に並ぶ．サント・ラグ方式は人口の大小にかかわらず中立的であり，直線は除数の 12 万を中心に上下に等間隔になっている．理論上の道府県間の議員 1 人あた

---

9) 同上．政友本党の松田源治議員は，大分 1 区に含まれる玖珠郡，日田郡が大分から遠く不便であり，より近い 2 区に入れなかったのはなぜかと質問したのに対し，潮政府委員は，2 区に入れた場合，1 区 2 区ともに 42 万人以上になって，12 万人について議員 1 人，後は 6 万以上について 4 捨 5 入の方法では 4 人区が 2 つとなってしまい，大分県への定数配分の 7 人を超えてしまう，今日の交通は多少不便だが，久大線がそのうち完成することもあり，こうした事情を総合して 52 万人で定数 4 人の 1 区と 33 万人で定数 3 人の 2 区としたと説明している．

5. 1925 年　149

表 5-3　1925 年定数別選挙区人口と議員 1 人あたり人口

		12 万を除数とするサント・ラグ方式による配分	定数別の 1 票の較差の理論値	1 票の較差の理論値	選挙区人口	議員 1 人あたり人口	定数別の 1 票の較差	1 票の較差
3 人区	最小	300,000	1.400		285,290	**95,097**	1.495	
	最大	420,000			426,445	**142,148**		
4 人区	最小	420,000	1.286	1.400	432,192	108,048	1.217	1.495
	最大	540,000			525,860	131,465		
5 人区	最小	540,000	1.222		546,610	109,322	1.189	
	最大	660,000			649,995	129,999		

り人口の最大較差は定数 4 人の直線の上端と下端の間で生じうる 1.286 倍であるが，1925 年法における実際の最大較差は定数 5 人の滋賀県（129,999 人）と定数 6 人の高知県（111,285 人）の間で生じる 1.168 倍である．

　各道府県に配分された議員定数は，3 〜 5 人の定数の選挙区に区割りされ，上述の潮政府委員の発言にあるように，原則として選挙区も 12 万を除数とするサント・ラグ方式を用いた配分定数になるように工夫している．区割りは，市，郡，島嶼を分割せずに，それらを組み合わせて各道府県内の選挙区としている．表 5-3 は，3 人区〜 5 人区の選挙区人口のサント・ラグ方式による配分による最小値と最大値，実際の選挙区人口の最小値と最大値，および議員 1 人あたり人口，そして，定数別および全体の 1 票の較差の理論値と実測値をまとめたものである．上述したように，区割り人口は，原則として，30 万人から 12 万人ごとの範囲で 3 人区，4 人区，5 人区としているが，それぞれの区間の中央値をとると，3 人区は 36 万 ± 6 万で，36 万人からの最大偏差は 17 ％であり，4 人区は 48 万 ± 6 万で，48 万人からの最大偏差は 12.5 ％，5 人区は 60 万 ± 6 万で，60 万人からの偏差は 10 ％である．すなわち，定数が大きいほど，最大偏差は小さくなる．また，選挙区の議員 1 人あたり人口は，選挙区人口を定数で除した人数であるから，3 人区は 10 万から 14 万，4 人区は 10 万 5 千から 13 万 5 千，5 人区は 10 万 8 千から 13 万 2 千である．この区割りによる議員 1 人あたり人口の理論的な最大較差は，3 人区の最大人口選挙区と最小人口選挙区の間で 1.4 倍である．このように，1 票の較差は，定数が 3 〜 5 人と大

150　第5章　衆議院議員選挙制度における区割りと1票の較差

図5-8　1925年道府県人口と定数別選挙区人口

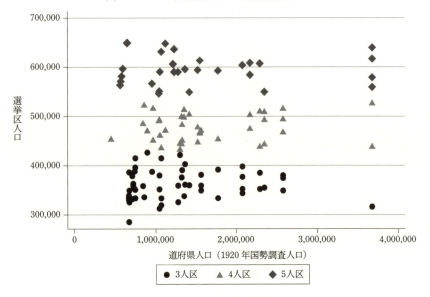

きい中選挙区制の方が，定数が1人の小選挙区制よりも小さくなる．しかし，実際の区割りでは，表からわかるように，3人区には上限を超える選挙区（秋田2区の426,445人，これ以外に神奈川1区の421,518人）があるが，これらは4人区の人口最少の選挙区より小さい．3人区には下限を下回る選挙区（佐賀1区の285,290人）もあるため，議員1人あたり人口の実際の最大較差は秋田2区と佐賀1区の間の1.495倍となっている（表5-3のゴチック体数字を参照）．また，定数別の選挙区人口の最小値と最大値でわかるように，選挙区人口の大小関係と定数の大小関係は整合的であり，1919年の区割りのような人口と定数の逆転関係は生じていない．

図5-8は，各道府県の選挙区構成を見るために，横軸に道府県人口をとり，縦軸に選挙区人口をとって各選挙区をプロットしたものである．各道府県内の選挙区は，その道府県の人口の位置に縦に並ぶ．定数が4～5人の県では1選挙区，6～10人の県では大体2選挙区で一部が3選挙区で構成され，それ以上の定数の府県では3選挙区から最大7選挙区までで構成される．区割りは，府県の配分定数にあわせて府県の地域を3人区，4人区，5人区として組み合

わせる作業であり，定数1人の選挙区に区割りする作業よりもはるかに容易である．図からも推測できるように，3種の選挙区のうちどれを優先的に用いるべきかについて制約はないようであり，可能性のあるいくつかの組み合わせから，府県の事情に合わせて適宜選択されているようである．そして，従来の区割りと同様に，どの定数の選挙区も設定された人口の範囲のなかで広く分布している．道府県人口を3種の選挙区の人口の範囲の中に落とし込んでいくことにより，議員1人あたり人口の較差は，府県レベルのそれに比べてあまり悪くなっていない．選挙区定数が3〜5人と大きいために，選挙区人口の区間の中央値からの最大偏差は小さくなり，議員1人あたり人口の較差は，定数1人の選挙区中心の制度に比べて小さくなる．そのため，人口の大きな選挙区に郡，市を比較的容易にうまく組み合わせることができるのである．これまでの小選挙区制（1889年，1919年）では，行政区画を分割しない限り，選挙区の議員1人あたり人口の較差が道府県間の議員1人あたり人口の較差よりも大幅に拡大してしまうことは避けられなかったのである．

6. 1947年：SNTVの選挙区割り

　1947年の衆議院議員選挙法改正は，1945年の衆議院議員選挙法で採用された大選挙区制限連記制を中選挙区単記投票制に変更するものだった．当初，日本国憲法の制定，地方制度の改正および参議院議員選挙法の制定等に伴う最小限度の規定を整備するために，政府が改正案を提出していたが，それに対する修正案として与党の自由党が議員提出として中選挙区制改正案を提出し，わずかの区割り修正を経て可決成立した（自治大学校 1961）．第4章で分析したように，1946年の人口調査結果にもとづいて，まず，都道府県にサント・ラグ方式あるいはヘア式最大剰余法を用いて466人の議員定数を配分した．それから，各都道府県内を3〜5人の議員を選出する選挙区に区割りした結果，3人区40，4人区39，5人区38の計117選挙区となった．1925年選挙法で採用された中選挙区制が復活した形であるが，以前と同じ区割りになったところもあれば，大きく再編されたところもあり，議員定数も以前と同じ場合もあれば変化したところもある．区割りについては地理的状況と人口とを基本として決めたとさ

図 5-9 1947 年都道府県人口と都道府県の議員 1 人あたり人口

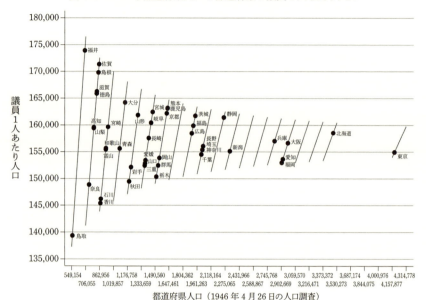

れているが，選挙区の人口の基準は，総人口を総定数で除したヘア基数 156,901 自体ではなく，法案の別表について質問に答えた小沢左重喜議員の説明によると，大体 15 万人とされている．

図 5-9 はヘア基数 156,901 を除数とするサント・ラグ方式による都道府県への議員定数配分を見たものである．横軸に都道府県人口をとり，縦軸に都道府県の議員 1 人あたり人口をとってプロットしてある．直線は左から 4 人から 22 人までおよび 27 人の定数が配分される都道府県の人口と議員 1 人あたり人口との関係を示しており，もっとも人口の少ない鳥取からもっとも多い東京までが各直線上に並ぶ．サント・ラグ方式は人口の大小にかかわらず中立的であり，直線は除数の 156,901 を中心に上下に等間隔になっている．理論上の都道府県間の議員 1 人あたり人口の最大較差は，定数 4 人の直線の上端と下端の間で生じる 1.286 倍で 1925 年法の場合とほとんど同じであるが，1947 年法における実際の最大較差は定数 4 人の福井県（173,926 人）と定数 4 人の鳥取県（139,357 人）の間で生じる 1.248 倍である．

6. 1947年　153

　中選挙区制の区割りは，各都道府県に配分された議員定数を各都道府県内で市や郡で構成される選挙区に分けて 3 ～ 5 人ずつ配分する作業である．議員提出の区割り案は，内務省事務当局が検討し作成した区割り別表案がもとになったと思われる．小沢議員の説明によると，「人口の方は大体 15 万を基準として」，「最低 3 人，最高 5 人という線を立て」て，「地理的状況と人口とを基本として，そうして区画をきめた」ということである．さらに，「大体別表はまず人口，地理あるいは行政区画，浅沼君の言った人情習慣ということも含みます．また経済も考慮します」と付け加えている[10]．また，社会党の中村高一議員から，東京の選挙区を 7 区に分けているが，人口と地形はどういうところを根拠にしたかと問われ，小沢議員は，「実はこの表は私の方で 1 区々々わけまして，区を組み合わせて，その区の合計だけを内務省からもらって，それを按分比例にしましたものですから，各区の数は私はわかっておりません．（「それではこれは内務省の提案か」と呼ぶ者あり）人口のいかんということは内務省で調べるより途がないので，内務省から資料をもらったのです」と答えている．この発言から推測されることは，内務省の以前の区割り案をもとにして自由党内で修正を加えたあとで，各都道府県に配分された定数を区割りした各選挙区の人口に按分比例で 3 ～ 5 人を割り当てたのではないかということである．1925 年の区割りの際には，全国を通じて，原則として選挙区も 12 万を除数とするサント・ラグ方式を用いた配分定数になるように工夫していたが，1947 年の区割りでは，各都道府県内での区割りをまず優先して行い，その後で，選挙区の人口に応じて選挙区定数を割り当てる手順をとったのではないかと考えられる．小沢議員が選挙区の人口の基準は大体 15 万と述べた理由は，全国一律に同じ除数を用いるサント・ラグ方式によらずに，都道府県ごとに大体 15 万とはいえるものの異なる除数を用いるサント・ラグ方式によったからだということである．中村議員が，千葉県の 2 つの区の人口が 15 万の差があるのに同じ 4 名とはどういう根拠かと質問したのに対して，小沢議員は，千葉県について，「第 1 区の 69 万 147 というのは，この割合を出しますと，4.4668 になります．第

---

10)　『第 92 回帝国議会衆議院　衆議院議員選挙法の一部を改正する法律案に対する修正案外 3 件委員会議録（速記）第 1 回』1947 年 3 月 28 日．

2区の54万7866というのは3.5469になっております，いずれも4捨5入をいたしておりますから，第1区の方では4668という率が切捨てになっておりますし，また第2区の方では5469というのが繰り上げになっている結果，この通りの数字になることと現在のところでは考えております」と答えている．この説明から，千葉県について用いられた除数は約154,500であったことがわかる．そこで，詳細な計算結果は省略するが，各都道府県内の区割りされた選挙区人口をもとに15万を除数とするサント・ラグ方式で定数を配分してみたが，それが実際に配分された選挙区定数とすべて合致するのは27県にとどまり，19都道府県では，15万より大きな値を用いなければ，実際に配分された選挙区定数にはならなかった．除数を都道府県ごとに変えることにより，端数が変わり，4捨5入によって選挙区定数が1人増えたり減ったりすることで，各都道府県に配分された定数を3〜5人の選挙区にちょうど分けることができたのである．しかし，この方法では，各都道府県内では選挙区人口と定数の大小関係に矛盾は生じないが，全国レベルでは矛盾が生じ，人口と定数の逆転現象が起こるという問題がある．

図5-10は，横軸に都道府県人口をとり，縦軸に選挙区人口をとって，成立した中選挙区制の117選挙区をプロットしたものである．各都道府県の選挙区構成は，横軸の人口レベルの位置で縦に3人区，4人区，5人区の順に並んでプロットされている．各選挙区人口はこの図の中で広範に広がっており，選挙区割りがかなり自由に行われているように見える．また，定数の大小関係と選挙区人口の大小関係は各都道府県内では符合しているが，都道府県間を見ると選挙区人口は3人区と4人区との間で逆転現象が生じている．具体的には，3人区の鹿児島2区（576,112人）の人口は，4人区の11選挙区よりも多く，大阪5区（558,054人）の人口は4人区の3選挙区より多く，広島1区（543,929人）の人口は4人区の東京5区（543,877人）より多い．また，4人区と5人区との間でも逆転があり，4人区の神奈川1区（706,557人），茨城1区（710,928人）の人口は5人区の東京7区（706,161人）より多い．逆転現象が生じる原因の一つは，市や郡を分割せずに組み合わせて選挙区を作り，それに定数を適宜割り当てる方法では，各都道府県内については矛盾なく区割りができるものの，全国レベルでは調整できなかった，あるいは調整しなかったからだと思わ

図 5-10　1947 年都道府県人口と定数別選挙区人口

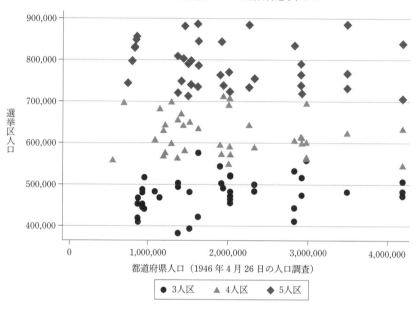

れる[11]．上述したように，区割りについては，大体 15 万人の人口と地理的状況を基準としたとされているが，1919 年や 1925 年の国会審議とは異なり，議員 1 人あたり人口を一定の範囲に収めるガイドラインについて言及されておらず，そうした区割り上の問題が見過ごされていたのかもしれない．

表 5-4 は，サント・ラグ方式および実際の定数別の選挙区人口の最小値，最大値と議員 1 人あたり人口，定数別および全体の 1 票の較差の理論値と実測値についてまとめたものである．人口の基準として大体 15 万という小沢議員の発言があるので，3 人区でその 2.5 倍の 375,000 人が最小で，3.5 倍の 525,000 人が最大である．同じように 4 人区では 3.5 倍の 525,000 人が最小で，4.5 倍の 675,000 人が最大である．5 人区では 4.5 倍の 675,000 人が最小で，5.5 倍の 825,000 人が最大である．同様にヘア基数の 156,901 人を基準としたときの人口基準は，3 人区では 2.5 倍の 392,253 人が最小で，3.5 倍の 549,154 人が最大

---

11)　一森（1993）は単に区割り案が悪かったとだけ指摘している．

156　第5章　衆議院議員選挙制度における区割りと1票の較差

表5-4　1947年定数別選挙区人口と議員1人あたり人口

		15万を除数とするサント・ラグ方式による配分	ヘア基数 (156,901) を除数とするサント・ラグ方式による配分	定数別の1票の較差の理論値	1票の較差の理論値	選挙区人口	議員1人あたり人口	定数別の1票の較差	1票の較差
3人区	最小	375,000	392,253	1.400		382,773	**127,591**	1.505	
	最大	525,000	549,154			576,112	**192,037**		
4人区	最小	525,000	549,154	1.286	1.400	543,877	135,969	1.307	1.505
	最大	675,000	706,055			710,928	177,732		
5人区	最小	675,000	706,055	1.222		706,161	141,232	1.256	
	最大	825,000	862,956			886,726	177,345		

であり，4人区では3.5倍の549,154人が最小で，4.5倍の706,055人が最大であり，5人区では4.5倍の706,055人が最小で，5.5倍の862,956人が最大である．上述したように，サント・ラグ方式によって選挙区を3～5人に区割りしたときの議員1人あたり人口の最大較差は，3人区の最小選挙区と最大選挙区の間で生じる1.4倍である．しかし，表5-4から，ヘア基数と15万のどちらの定数配分基準から見ても，実際の選挙区の中には，定数配分の人口基準の範囲から外れている選挙区があることがわかる．このため，1票の較差は理論値よりも拡大し，3人区の最小選挙区の愛媛1区（127,591人）と最大選挙区の鹿児島2区（192,037人）との間の1.505倍である（表5-4のゴチック体数字を参照）．定数配分の人口基準の範囲から外れている選挙区は，定数の異なる選挙区との間で，人口と定数の逆転現象が起こっている．上述したように，3人区の最大人口が4人区の最小人口より大きく，4人区の最大人口が5人区の最小人口より大きいことは逆転現象があることを示している．

　15万人の人口基準にせよヘア基数の156,901人にせよ，こうした基準にしたがった定数配分の人口の範囲から外れた選挙区があることは，選挙区の区割りが均等・公正に行われなかったことを意味する．範囲の上限を超えた選挙区は，本来は定数を追加されなければならないのであるが，都道府県に配分された定数はすでに決まっているため，その都道府県内で調整されることになり，個別に15万とは異なる人口基準を用いて計算された定数が配分されているのである．

7. 中選挙区制における定数不均衡の是正：既存選挙区の維持と定数変更による 1 票の較差縮小

1964 年の定数変更

　1950 年の公職選挙法は，衆議院議員，参議院議員，および地方公共団体の議会の議員および長などの選挙に関する規定を 1 つにまとめた法律である．衆議院の中選挙区制の区割りを定めた別表第 1 は，1947 年の別表と同じであるが，末尾に，新たに，「本表は，この法律施行の日から 5 年ごとに，直近に行われた国勢調査の結果によって，更正するのを例とする」と付け加えられた．しかし，別表が見直されることはなく，高度成長期に地方から都会へと人口移動が進むにつれて，議員定数の不均衡が顕在化し，1 票の較差が問題化してきた．図 5-11 は，1960 年国勢調査人口結果にもとづく各選挙区の人口を横軸にとり，選挙区の議員 1 人あたり人口を縦軸にとって選挙区をプロットしたものである．図が煩瑣になるのを避けるため，いくつかの選挙区名は省略した．議員 1 人あたり人口は，選挙区人口を定数で除したものであるから，3 人区は傾き 1/3，4 人区は傾き 1/4，5 人区は傾き 1/5 の直線上に並んでプロットされる．図には，議員 1 人あたり人口が 13 万人と 28 万人の位置に参照線を書き加えてある．また，表 5-5 は，1964 年定数不均衡是正の前と後における選挙区人口と議員 1 人あたり人口および 1 票の較差をまとめたものである[12]．まず，表 5-5 を 1947 年の表 5-4 と比較すると，13 年間で，最少人口は 3 人区，4 人区，5 人区であまり変わらないが，最大人口は 3 人区で 58 万人から 117 万人になり，4 人区で 71 万人から 162 万人になり，5 人区で 89 万人から 207 万人になったように，同じ定数の選挙区人口の較差が著しく大きくなった．1947 年における選挙区人口の最大較差は 3 人区では 1.51 倍，4 人区では 1.31 倍，5 人区では 1.26 倍だったが，1960 年国勢調査人口にもとづく選挙区人口の最大較差は，それぞれ 3.04 倍，3.01 倍，3.04 倍へと拡大している．これらの較差は図 5-11 において直線上に並ぶ 3 人区，4 人区，5 人区の上端と下端の選挙区人口の較差である．そ

---

12)　1953 年に奄美群島の復帰にともない，定数 1 人の奄美群島区が設置された．

図 5-11　1960 年選挙区人口と選挙区の議員 1 人あたり人口

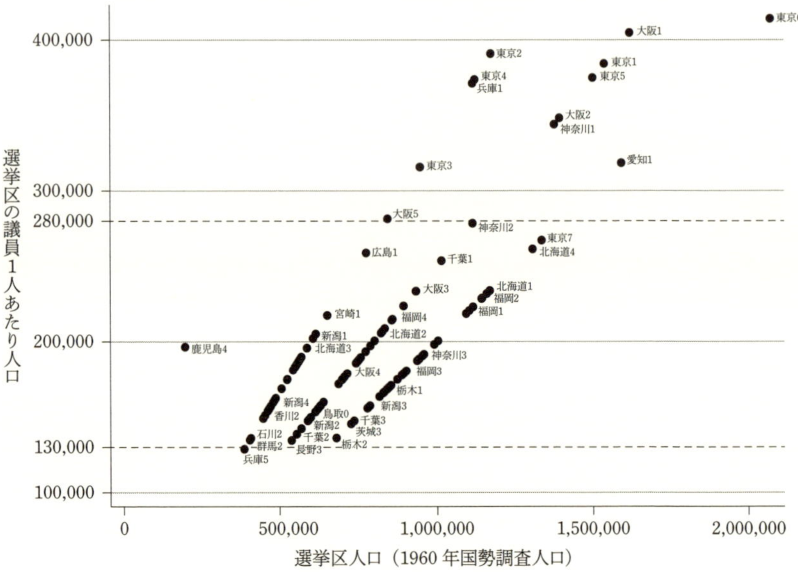

して全体の 1 票の較差は 1947 年の 1.51 倍から 3.22 倍へと拡大しているが，これは図 5-11 において 5 人区の東京 6 区と 3 人区の兵庫 5 区の較差にあたる．問題は 1 票の較差の拡大だけでなく，3 人区，4 人区，5 人区が並ぶ直線の間隔がつまってしまい，50 万台から 150 万台の人口の範囲に 3 人区から 5 人区が混在する状態になっていることである．これまで，中選挙区制においては選挙区人口の大小と定数配分の大小が矛盾する人口と定数の逆転現象は，例外的にしか生じていなかったが，図 5-11 はきわめて多くの選挙区の間で生じていることを示している．

しかし，中選挙区制における定数不均衡の是正は，1 票の較差を縮小することを目的として行われ，人口と定数の逆転現象を解消することは軽視されたか，あるいは無視されたようである．

1961 年に選挙制度審議会が設置され，池田勇人内閣は，選挙制度審議会設置法 2 条 1 項の 1. 公の選挙及び投票の制度に関する重要事項，2. 国会議員の選挙区及び各選挙区において選挙すべき議員の数を定める基準及び具体案の作成

7. 中選挙区制における定数不均衡の是正　159

表 5-5　1964 年定数不均衡是正前後の選挙区人口と議員 1 人あたり人口（1960 年国勢調査
人口）

		定数変更前				1964 年定数変更後			
		選挙区人口	議員 1 人あたり人口	定数別の1 票の較差	1 票の較差	選挙区人口	議員 1 人あたり人口	定数別の1 票の較差	1 票の較差
1 人区	奄美群島区	196,483	196,483			196,483	196,483		
3 人区	最小最大	386,279 1,172,759	**128,760** 390,920	3.036	3.216	386,279 905,492	**128,760** 301,831	2.344	2.344
4 人区	最小最大	538,227 1,618,982	134,557 404,746	3.008		538,227 1,114,045	134,557 278,511	2.070	
5 人区	最小最大	680,595 2,070,461	136,119 **414,092**	3.042		680,595 1,392,581	136,119 278,516	2.046	

に関する事項，3. 政党その他の政治資金の制度に関する重要事項，4. 選挙公
明化運動の推進に関する重要事項，に関し，選挙の公明化を図るための方策を
具体的に示されたいと諮問した．審議会は 1963 年 10 月 15 日に答申し，その
中で，議員定数の不均衡是正に関する基本原則として，現行中選挙区制を維持
するという前提に立つとすれば，(1) 都道府県ごとに人口に比例して議員数を
配当し，各選挙区ごとに定数の不均衡を是正すること，(2) 各選挙区の定数は，
3 人ないし 5 人とすること，(3) 選挙区の境界の変更にあたっては市区町村の
区域を尊重すること，の原則によることが望ましいが，不均衡是正の具体的措
置として，上記の (1) の方法によって是正を行うとすれば，その増減が多数
の都道府県及び選挙区に及ぶ著しい変動を見ることになり，現段階においては
実際的でないと考え，さしあたり，選挙区制についての根本的な解決の行われ
るまでの是正措置としては，(1) 不均衡のとくに著しい選挙区についてのみ是
正を行い，(2) 現行の議員定数を著しく増加しないこと，(3) 現在の選挙区別
議員 1 人当り人口の偏差 3.2 以上を 2 倍程度に引き下げること，という考え方
を基本とすべきとし，各選挙区における議員 1 人当り人口が，全国平均議員 1
人当り人口 20 万 40 人を基準として上下おおむね 7 万人の幅（13 万人台から
27 万人台の間）となるように定数を増減して配当することが，現状においても
っとも適当な案であるとした（選挙制度審議会 1963）．
　要するに，中選挙区制を維持しながら，定数不均衡を是正するために，都道

160 第5章 衆議院議員選挙制度における区割りと1票の較差

府県に議員定数を比例代表制の方式で配分しなおすことは変動が大きすぎるので見送り，選挙区割りを変更せず，現行の定数をあまり増加せずに議員1人あたり人口の較差を2倍程度に縮小する1/3偏差案を答申したということである[13]．具体的には，既存選挙区の区割りをそのまま維持し，図5-11で議員1人あたり人口が28万人を超える12選挙区の定数を1人ないし2人増やして計19人を増加し，13万人を下回る兵庫5区の定数を1人減らす差し引き18人の定員増加を提案した．

1票の較差は，総選挙においては，選挙区の議員1人あたりの人口ではなく，有権者・選挙人数の較差として判断される．答申の直後の1963年11月に実施された総選挙では，選挙区の議員1人あたりの選挙人数の最大較差は神奈川1区（議員1人あたり選挙人数 268,319 人）と兵庫県5区（議員1人あたり選挙人数 75,596 人）の間の3.549倍であり，前者の有権者は，後者の有権者に比べて投票価値が1/3.5しかないことになる．そこで，東京1区（議員1人あたり選挙人数 230,352 人）の有権者が，兵庫5区の有権者に比べて投票価値の不平等があることから，東京高裁に定数の不平等を理由とする選挙無効請求訴訟を提起した．

政府は，審議会の提案のうち，減員を不要として19人の定数増だけを行うことにし，附則によって，別表第1の規定にかかわらず，当分の間，変更する選挙区および定数の表に置き換える改正案を1964年3月に提出した．審議の過程で6人区，8人区となる選挙区は分割され，改正後の議員定数は486人，選挙区数は123となった．定数変更後の選挙区人口と議員1人あたり人口は，おおむね13万から30万の範囲に収まっており，最大較差は2.344倍となった

---

13) 第1次選挙制度審議会の第4委員会の定数是正小委員会において，事務当局の自治省選挙局は，定数不均衡是正案として，I都道府県別に配当する案として，(1) 単純比例方式，(2) 1人据置方式，(3) 2人据置方式，II各選挙区別に直接配当する案として，同様の (1)〜(3)，III各選挙区別の議員1人あたり平均人口を一定限度の偏差内にする案として，(1) 1/3偏差案，(2) 1/4偏差案，(3) 1/5偏差案，(4) 15万から30万とする案，(5) 15万以下および30万以上の選挙区について各1名を増減させる案，の計11案を提案している（選挙制度審議会 1961）．1/3偏差案は議員1人あたり人口の±33.3％以内とすることで，較差を2倍以内にするということである．ちなみに，1994年の各都道府県の小選挙区定数は，1名ずつ配当し（1人別枠方式），残りの議員定数を人口比例により配当した合計とする方法であるが，これはI (2) 1人据置方式そのものである．

7. 中選挙区制における定数不均衡の是正　　161

（表5-5のゴチック体数字を参照）[14]．この改正は，議員1人あたり人口の最大較差を小さくすることだけを目的としたため，都道府県への定数配分は人口に比例せず，個々の選挙区の間では人口と定数の逆転が広範に生じたままで放置された．議員1人あたり人口を13万〜28万の範囲に抑えることは，選挙区人口を3人区は39万〜84万人，4人区は52万〜112万人，5人区は65万〜140万人の範囲に抑えることを意味する．これによって52万〜84万人の範囲に3人区と4人区が混在し，65万〜112万人の範囲に4人区と5人区が混在する．さらに，65万〜84万人の範囲に3人区，4人区，5人区が混在する．人口と定数の逆転現象は当然のように生じる．すでに，定数変更前の図5-11ではこうした状況の存在が明らかであるが，それに，議員1人あたり人口28万人の参照線の上側にある12選挙区を定数増加して3〜5人区に分区した17選挙区が，参照線の下側に追加されるのであるから，状況はむしろ悪化する．たとえば，変更後では，定数3人の愛知1区より人口が少ない定数4人と5人の選挙区は52あり，定数4人の神奈川2区より人口の少ない定数5人の選挙区は29ある．

　なお，改正後の1964年10月に出された上述の改正前の1963年総選挙無効請求訴訟の東京高裁判決では，議員1人あたりの選挙人数の不均衡が全国平均の約2倍，最少選挙区の約3倍程度では違憲無効といえるほどの不平等が生じているとはいえないとされた[15]．

---

14)　従来，守山市は愛知2区に属していたが，1963年に名古屋市（全域が愛知1区）と合併して守山区となっても，公職選挙法13条2項により，愛知2区にとどまったままであった．しかし，1964年の改正で守山区は愛知1区に含まれることになったが，なぜか，守山区の人口は愛知1区ではなく愛知2区にとどまったままで計算されている．守山区が愛知1区に属するとして扱われたのは，次の総選挙が実施された1967年からである．公式の統計では，愛知1区の人口は守山区を加えない846,694人（議員1人あたり人口は282,231人）として扱われ，この選挙区が議員1人あたり人口が最大であるため，1票の最大較差は2.192倍であり，若干低くなる．表5-5では，愛知1区に守山区を加えた改正法通りで計算し，905,492人（議員1人あたり人口は301,831人）であり，1票の較差は2.344倍であり，すこし高くなる．

15)　東京高等昭和38年（ナ）第19号　昭和39（1964）年10月20日判決．

162   第5章　衆議院議員選挙制度における区割りと1票の較差

1975年の定数変更

　1965年国勢調査人口結果にもとづく選挙区の議員1人あたり人口の最大較差はすでに3.227倍に拡大しており，1964年の定数変更の効果はわずか1年で消滅した．1970年国勢調査人口結果では1票の較差はさらに拡大した．表5-6は，1975年定数不均衡是正の前と後における選挙区人口と議員1人あたり人口および1票の較差をまとめたものである．定数変更前の最大較差は，大阪3区と兵庫県5区の間で4.837倍にもなった（表5-6のゴチック体数字を参照）．1972年12月の総選挙時においては，議員1人あたり選挙人の最大較差は4.999倍になっており，投票価値の平等を要求する憲法14条1項に違反するとして選挙無効を求める訴訟が提起された．

　衆議院における定数不均衡是正の具体的措置は，自民党が前回と同様のやり方で17人の定数増を提案したが，野党はさらに増員を求めたため，20人で決着した．野党は人口の少ない選挙区の減員も主張したが，自民党は強く反対したため，減員区は出さないことになった[16]．

　各党間の合意に沿って，政府は，1975年4月に11の選挙区について定数を20人増加する改正案を提出し，6人以上となる選挙区を分区して，最終的に議員定数は511人，選挙区数は130となった[17]．定数是正は，議員1人あたり人口が32万を超える11選挙区に20人の定数増を行い，6人区以上を分区して，議員1人あたり人口を32万以下に抑えようとするものだった．表5-6の右側の定数変更後の選挙区の議員1人あたり人口を見ると，32万以下に抑えることはできていないが，1票の較差は2.921倍になった（ゴチック体数字を参照）．前述の東京高裁判決が3倍程度では違憲とはいえないとしたことから，この程度の較差に抑えればよいと考えられたのかもしれない．この定数変更も，単に1票の較差を3倍以内に抑えただけのものであり，都道府県の人口に比例した定数配分もなされないままであり，個々の選挙区の間の人口と定数の逆転は広範に存在した．議員1人あたり人口を13万〜32万に抑えることは，選挙区人口を3人区は39万〜96万人，4人区は52万〜128万人，5人区は65万〜160

---

16)　『朝日新聞』1975年11月7日付．

17)　この中には，1972年に復帰した沖縄選挙区（定数5人）も含まれる．

7. 中選挙区制における定数不均衡の是正　163

表5-6　1975年定数不均衡是正前後の選挙区人口と議員1人あたり人口（1970年国勢調査人口）

		定数変更前			1975年定数変更後		
		選挙区人口	議員1人あたり人口	1票の較差	選挙区人口	議員1人あたり人口	1票の較差
1人区	奄美群島区	164,114	164,114		164,114	164,114	
3人区	最小	338,105	**112,702**		338,105	**112,702**	
	最大	1,027,690	342,563		934,951	311,650	
4人区	最小	522,476	130,619	4.837	522,476	130,619	2.921
	最大	2,180,545	**545,136**		1,316,799	**329,200**	
5人区	最小	714,672	142,934		714,672	142,934	
	最大	2,533,862	506,772		1,585,786	317,157	

万人にすることを意味する．これによって，52万〜96万人の範囲に3人区と4人区が混在し，65万〜128万人の範囲に4人区と5人区が混在する．さらに，65万〜96万人の範囲に3人区，4人区，5人区が混在する．その結果，人口と定数の逆転現象が多数生じる．表5-6の定数変更後の定数別の選挙区人口の最小値と最大値を見れば，実際に定数の少ない選挙区の最大人口が定数の多い選挙区の最小人口を超えていることがわかる．たとえば，定数3人で最大人口の広島1区より人口が少ない定数4人と5人の選挙区は49あり，定数4人で最大人口の東京7区より人口の少ない定数5人の選挙区は36あった．さらに，定数5人で最小人口の栃木2区（714,672人）と定数3人で最大人口の広島1区（934,951人）の間には，48選挙区あり，内訳は3人区14，4人区14，5人区20である．これらの選挙区がなぜ定数3人から5人に分かれるのか説明ができない．

　なお，最高裁は，1976年4月14日の判決で，定数変更前の1972年総選挙当時における選挙区の議員1人あたり選挙人数の較差が約5対1になっていたことは，憲法の選挙権の平等の要求に反する程度になっていたとして違憲状態であることを認め，さらに，1964年の定数改正後8年以上改正がなされていないことは憲法上要求される合理的期間内における是正がなされず，全体として違憲であると宣言したが，選挙を無効とはしなかった[18]．

　1975年の定数変更後も，1975年の国勢調査結果にもとづく議員1人あたり

164 第5章 衆議院議員選挙制度における区割りと1票の較差

人口の最大較差は，ふたたび拡大し，3.719 倍となった．1976 年に参議院に提
出された「投票価値の不均衡是正に関する請願」によると，1票の価値が1対
3.6 と最低レベルに近い神奈川3区より人口が少ないのに，議員定数の方は多
い，いわゆる「逆転区」は 65 区もあり，全国 130 区の半数に達していると指
摘されている[19]．1976 年 12 月の総選挙では，選挙区の議員1人あたり選挙人
数の較差が 3.496 倍になっていたが，2件の選挙無効請求訴訟に対して，1978
年9月に東京高裁は定数配分規定を合憲とする判決と，違憲であるが選挙を無
効としないとする判決を出した（戸松 1980）．1票の較差の程度を違憲と見るか
見ないか，また，1975 年国勢調査結果公表から 1976 年総選挙までの間に改正
されなかったことが合理的期間内に改正されなかったとはいえないとするかど
うかによって判決が分かれた[20]．

1986 年の定数変更

　1980 年の総選挙時に，選挙区間における議員1人あたり選挙人数の較差は
最大 3.949 倍になっていたことから，この選挙についても無効請求訴訟が提起
された．1983 年 11 月7日の最高裁判決は，投票価値の較差は憲法の選挙権の
平等の要求に反する程度に至っていたとして違憲状態であることを認定したが，
憲法上要求される合理的期間内における是正がなされなかったものと断定する
ことは困難であるから，総選挙当時の議員定数配分規定を憲法に違反するもの
と断定することはできないとした．この判決では，多数意見は，1975 年の定
数是正によって選挙区間の議員1人あたり人口の較差が 2.92 倍に縮小したこと
を，投票価値の不平等状態が一応解消されたと評価できるとしたが，改正法施
行後7年を経過した判決の時点では，できる限り速やかに改正されることが強
く望まれるという警告を発している（中村 1990）．

　1983 年 12 月 18 日の総選挙時には，選挙区間における議員1人あたりの選

---

18) 昭和 49（行ツ）75 選挙無効請求昭和 51（1976）年4月 14 日最高裁大法廷判決.

19) 『第 78 回国会参議院公職選挙法改正に関する特別委員会会議録第2号』1976 年 10 月
25 日.

20) 昭和 51 年（行ケ）第 150 号昭和 53（1978）年9月 11 日東京高裁判決. 昭和 52 年（行
ケ）第4号昭和 53（1978）年9月 13 日東京高裁判決.

7. 中選挙区制における定数不均衡の是正　　165

挙人数の較差は最大 4.409 倍に拡大したことから，この選挙に対しても無効を求める訴訟が提起された．1985 年 7 月 17 日の最高裁判決は，1980 年総選挙時ですでに投票価値の不平等状態が違憲状態であり，1983 年総選挙までの間に較差の是正が行われなかったことは，憲法上要求される合理的期間内の是正が行われなかったとして，議員定数配分規定は全体として違憲としたが，選挙無効とはしなかった．

　衆議院では，1984 年から与野党が定数是正案作成作業を進めたが，まとめることができず，翌 1985 年 6 月に自民党が現行の総定数を変えず最高裁判決を踏まえ最大較差を 3 倍程度とする最小限の是正として 6 増 6 減案の改正案を提出し，野党が対案を提出し提案理由の説明が行われた後，会期末のため継続審議となった．直後に上述の最高裁の違憲判決が出され，定数是正できなければ首相の解散権が事実上制約される事態となり，1985 年 12 月に次期国会で定数是正の実現を期する旨の決議が全党一致で行われ，翌 1986 年に 1985 年国勢調査速報値にもとづき与野党の話し合いと議長による調停を経て，総定数を 1 人増やして 512 人とし，最大較差を 3 倍以内に収める 8 増 7 減案がまとまった（中村 1990）．

　表 5-7 は，1986 年の定数変更前後の選挙区人口と議員 1 人あたり人口および 1 票の較差をまとめたものである．改正は，議員 1 人あたり人口が 43 万以上の選挙区の定数を 1 人ずつ増やし，議員 1 人あたり人口が 14 万 2 千以下の10 選挙区のうち 3 選挙区については隣接区との境界変更を行い，残りの 7 選挙区の定数を 1 ずつ減らすということであった．この改正によって，定数変更前には 5.115 倍（表 5-7 左側のゴチック体数字を参照）に達していた 1 票の較差は定数変更後に 2.993 倍（表 5-7 右側のゴチック体数字を参照）となった．議員 1 人あたり人口を一定の範囲に抑えることによって 1 票の較差を縮小するだけでは，人口と定数の逆転現象を解消することはできない．議員 1 人あたり人口を 14万 2 千〜 43 万にすることは，選挙区人口を 3 人区は 42 万 6 千〜 129 万人，4人区は 56 万 8 千〜 172 万人，5 人区は 71 万〜 215 万人にすることを意味し，それによって，56 万 8 千〜 129 万人の範囲に 3 人区と 4 人区が混在し，71 万〜 172 万人の範囲に 4 人区と 5 人区が混在し，71 万〜 129 万人の範囲に 3 人区，4 人区，5 人区が混在する．表 5-7 の定数変更後における定数別選挙区人

166　第5章　衆議院議員選挙制度における区割りと1票の較差

表 5-7　1986 年定数不均衡是正前後の選挙区人口と議員 1 人あたり人口（1985 年国勢調査人口）

		定数変更前			1986 年定数変更後		
		選挙区人口	議員 1 人あたり人口	1 票の較差	選挙区人口	議員 1 人あたり人口	1 票の較差
1 人区	奄美群島区	153,062	153,062		153,062	153,062	
2 人区	最小				329,052	164,526	
	最大				406,748	203,374	
3 人区	最小	329,052	**109,684**		429,833	143,278	
	最大	1,683,125	**561,042**		1,203,166	401,055	
4 人区	最小	507,357	126,839	5.115	571,726	**142,932**	2.993
	最大	1,875,744	468,936		1,711,045	**427,761**	
5 人区	最小	739,967	147,993		739,967	147,993	
	最大	2,169,716	433,943		1,939,788	387,958	
6 人区	最小				2,169,716	361,619	

口の最小値と最大値を見れば，人口と定数の逆転現象の存在が確認できる．この改正後において，3 人区で人口最大の広島 1 区より人口の少ない 4 人区，5 人区は 58 あり，4 人区で人口最大の神奈川 4 区より人口の少ない 5 人区は 37 あった[21]．

　なお，この改正案の可決後に，衆議院で，1985 年国勢調査の確定人口の公表後に速やかに抜本改正の検討を行い，2 人区，6 人区の解消を始めとする見直しを行う決議が行われたが，与野党ともこれを顧みなかった．

　定数変更直後の 1986 年総選挙に対する無効請求の訴訟に対して 1988 年に出された最高裁判決は，1986 年国勢調査速報値人口にもとづく議員 1 人あたりの人口の最大較差が 2.99 倍であり，本件総選挙当時において議員 1 人あたりの選挙人数の最大較差が 2.92 倍であり，また，人口の多い選挙区の議員数が人口の少ない選挙区の議員数よりも少ないといういわゆる逆転現象が一部の選挙区間でみられたことが示す選挙区間の投票価値の不平等があったことを確認した．しかし，その不平等は，1975 年の定数配分規定の改正によって議員 1 人あた

---

21)　越山（1991）は，逆転現象が，選挙区別議員 1 人あたりの「人口較差」を 3 倍未満に抑えてなお，存在するものの一部であると指摘している．

り人口の最大較差が 2.92 倍になったことを 1983 年および 1985 年の大法廷判決が投票価値の不平等状態が一応解消されたものと評価できると判示した趣旨からすると，憲法に反するとはいえないとした[22]．しかしながら，上述したように，逆転現象は一部の選挙区間ではなく，広範に生じており，その点が軽視あるいは無視されている問題があるように思われる．

1992 年の定数変更

1990 年 2 月の総選挙時に，選挙区間の議員 1 人あたり選挙人数の最大較差は 3.180 倍に拡大しており，この選挙に対しても違憲無効の訴訟が提起された．第 8 次選挙制度審議会の答申を受けて，1991 年に海部俊樹内閣は小選挙区比例代表並立制への変更などの政治改革関連法案を提出したが，廃案となった．そこで，定数不均衡の拡大を是正するために，1992 年に中選挙区制の下での最後の定数変更が行われた．1 票の較差を違憲の基準とされている 3 倍未満に抑えるためには，4 増 4 減が最低限必要な措置であったが，まず，総定数を 1 人減らして 511 人に戻し，さらに較差をできるだけ 2 倍に近づける方向での調整が行われた結果，9 増 10 減案となった（川人 1999）．

表 5-8 は，1992 年の定数変更前後の選挙区人口と議員 1 人あたり人口および 1 票の較差をまとめたものである．改正は，議員 1 人あたり人口が 41 万以上の 9 選挙区の定数を 1 人ずつ増やし，議員 1 人あたり人口が 14 万 6 千以下の選挙区のうち定数 1 人の奄美群島区を鹿児島 1 区に編入し，残りの 9 選挙区の定数を 1 人ずつ減らしている．前回の 1986 年よりも議員 1 人あたり人口の基準をきびしくして 1 票の較差を 3 倍よりも低くしようとしており，この改正によって，定数変更前の 3.377 倍から変更後には 2.769 倍となった（表 5-8 のゴチック体数字を参照）．中選挙区制における定数変更は，すべて議員 1 人あたり人口を縮小するために一定の範囲から外れる選挙区の定数を増減することを基本としており，選挙区人口に比例するように議員定数を調整するわけではない．1992 年の定数変更では，議員 1 人あたり人口を 14 万 6 千～41 万の範囲にす

---

22) 昭和 63（行ツ）24 選挙無効請求事件昭和 63（1988）年 10 月 21 日最高裁第二小法廷判決．

168   第5章　衆議院議員選挙制度における区割りと1票の較差

表 5-8　1992 年定数不均衡是正前後の選挙区人口と議員 1 人あたり人口（1990 年国勢調査人口）

		定数変更前			1992 年定数変更後		
		選挙区人口	議員 1 人あたり人口	1 票の較差	選挙区人口	議員 1 人あたり人口	1 票の較差
1 人区	奄美群島区	142,834	142,834		—	—	
2 人区	最小	323,703	161,852		323,703	161,852	
	最大	394,016	197,008		432,597	216,299	
3 人区	最小	412,279	**137,426**		440,729	**146,910**	
	最大	1,300,121	433,374	3.377	1,188,784	396,261	2.769
4 人区	最小	563,579	140,895		612,330	153,083	
	最大	1,856,428	**464,107**		1,625,907	406,477	
5 人区	最小	717,724	143,545		749,005	149,801	
	最大	2,080,127	416,025		2,033,747	**406,749**	
6 人区	最小	2,311,621	385,270		2,080,127	385,270	

ることは，選挙区人口を 3 人区は 43 万 8 千〜123 万人，4 人区は 58 万 4 千〜164 万人，5 人区は 73 万〜205 万人にすることを意味する．これによって，58 万 4 千〜123 万人の範囲に 3 人区と 4 人区が混在し，73 万〜164 万人の範囲に 4 人区と 5 人区が混在し，73 万〜123 万人の範囲に 3 人区，4 人区，5 人区が混在する．表 5-8 の定数変更後の定数別の選挙区人口の最小値と最大値を見れば，人口と定数の逆転現象の存在が確認できる．変更後の 3 人区で人口最大の大阪 7 区より人口が少ない 4 人区，5 人区は 50 あり，4 人区で人口最大の東京 7 区より人口が少ない 5 人区は 34 ある．人口と定数の逆転現象は広範に存在したままである．

　定数改正後の 1993 年に，改正前の 1990 年総選挙無効請求訴訟の最高裁判決が出された．1986 年の改正で，1986 年総選挙時には選挙区間の議員 1 人あたりの選挙人数の較差は 2.92 倍に縮小していたのが，本件の 1990 年総選挙時には 3.18 倍に拡大していたことを選挙のある程度以前の時期に憲法の選挙権の平等の要求に反する程度に達していたと推認することができるが，その時から本件選挙までの間に国会で是正のための改正がなされなかったことが，憲法上要求される合理的期間内における是正がされなかったと断定することは困難であるとして，違憲状態ではあるが議員定数配分規定は違憲ではないと判示した[23]．

1993 年に中選挙区制における最後の総選挙が行われ，自民党が下野し，7 党 1 会派の細川護煕連立内閣が成立し，1994 年に政治改革関連法案が成立して，小選挙区比例代表並立制の選挙制度が導入された．この総選挙において，選挙区間の議員 1 人あたり選挙人数の最大較差は，2.821 倍であったが，この総選挙に対して提起された選挙無効請求訴訟の最高裁判決は，1995 年に出され，この選挙区間の投票価値の不平等の存在は，一般に合理性を有するものとは考えられない程度に達しているとまではいうことができず，本件議員定数配分規定は憲法の選挙権の平等の要求に反するものではないと合憲の判断を下した[24]．

8. 結 論

本章の目的は，1889 年から 1993 年までの選挙制度において，区割りがどのようにして行われ，1 票の較差がどの程度だったかを分析することだった．

表 5-9 は，1889 年から 1992 年までの各選挙制度導入時における議員定数配分と選挙区割りに関するいくつかの指標および，中選挙区制の下での定数不均衡是正と国勢調査時点での指標をまとめたものである．

1889 年の小選挙区制では，第 1 段階として 12 万人を除数とするドント方式で府県に議員定数を配分し，次に，各府県内では 10 万人を除数とするドント方式で選挙区に議員定数を 1 人あるいは 2 人配分した．府県への議員定数配分はかなりの程度まで人口に比例しており，府県間の 1 票の較差は 1.214 倍であるのに対し，選挙区の 1 票の較差はドント方式の上限に近い 1.947 倍になっている．選挙区割りにおいて，選挙区人口を均等化し府県の議員 1 人あたり人口に近づけるという考え方がまったくなく，選挙区の地理人情等を考慮し，10 万〜 20 万の範囲で最大限の偏差を許容し，20 万を超えたときには議員 2 人の選挙区にすればよいとされたのである．

1900 年の大選挙区制では，人口 3 万以上の市部を独立選挙区とし，市部・郡部とも 13 万人を除数とするサント・ラグ方式で議員定数を配分した．3 万

---

23) 平成 3 （行ツ） 111 選挙無効平成 5 （1993）年 1 月 20 日最高裁大法廷判決．
24) 平成 6 （行ツ） 162 選挙無効平成 7 （1995）年 6 月 8 日最高裁第一小法廷判決．

170 第5章 衆議院議員選挙制度における区割りと1票の較差

表5-9 選挙区割り・定数変更と1票の較差

選挙制度・人口	改正年・調査年	第1段階定数配分・定数変更	第1段階の定数配分方式	選挙区への定数配分方式	人口	議員定数	全国の議員1人あたり人口	都道府県の議員1人あたり人口の較差	選挙区の1票の較差（鳥取を除く〈〉）	区割りによる割増分	備考
小選挙区制	1889	府県	ドント方式	ドント方式	38,444,137	300	128,147	1.214	1.947	0.733	
大選挙区制	1900	市部	サント・ラグ方式		4,996,237	61	81,906	6.345	6.345	0.000	
		郡部	サント・ラグ方式		40,406,804	308	131,191	1.255	1.255	0.000	
小選挙区制	1919	市部	サント・ラグ方式	サント・ラグ方式（？）	9,258,271	112	82,663	6.812	6.812	0.000	
		郡部	サント・ラグ方式	サント・ラグ方式（？）	45,584,812	352	129,502	1.215	2.156	0.941	
中選挙区制	1925	道府県	サント・ラグ方式	サント・ラグ方式	55,676,774	466	119,478	1.168	1.495	0.327	
大選挙区制	1945	都道府県	サント・ラグ方式		72,491,277	468	155,560	1.192	1.192	0.000	
中選挙区制	1947	都道府県	サント・ラグ方式	サント・ラグ方式	73,115,799	466	156,901	1.248	1.505	0.257	
国勢調査	1960				93,418,469	467	200,040	2.395	3.216		1953 奄美群島区を合む
定数変更	1964	19増			93,418,469	486	192,219	1.658	2.344	0.686	
国勢調査	1965				98,274,961	486	202,212	2.183	3.227		1972 沖縄復帰を合む
国勢調査	1970				104,668,408	491	213,174	2.749	4.837		
定数変更	1975	20増			104,668,408	511	204,831	2.061	2.921	0.860	
国勢調査	1975				111,939,643	511	219,060	2.317	3.719		
国勢調査	1980				117,057,485	511	229,075	2.413	4.541		
国勢調査	1985				121,048,923	511	236,886	2.540	5.115		
定数変更	1986	8増7減			121,048,923	512	236,424	2.413	2.993	0.580	
国勢調査	1990				123,611,167	512	241,428	2.592	3.377		
定数変更	1992	9増10減			123,611,167	511	241,901	2.357	2.769	0.412	

8. 結 論　171

以上の市に議員定数を配分する優遇措置のため，市部の議員1人あたり人口は郡部のそれよりも5万人近く少ない．そして，1票の較差は，小さな市に議員1人を配分したことによって6.345倍になった．他方で，人口の大きな郡部についてはサント・ラグ方式により公正・公平に議員定数が配分され，1票の較差は1.255倍である．

　1919年の小選挙区制では，第1段階として1900年と同じ方法で市部・郡部に議員定数を配分した後，さらに市部・郡部内を議員1〜3人の選挙区に区割りした．市部および郡部の議員1人あたり人口は，1900年とほぼ同じ傾向を示しており，3万以上の市に議員定数を配分する優遇のために，市部の議員1人あたり人口は郡部のそれより5万人近く少ない．市部・郡部の1票の較差についても1900年と同じ傾向になっている．1900年との違いは，区割りによる1票の較差が市部の選挙区においては拡大しなかったのに対して，郡部では大きくなり，2.156倍になったことである．市部では，すでに議員1人の小さな市が1票の較差を大きくしており，人口が大きい大都市の区割りによる較差がそれより小さいからである．しかし，郡部を小選挙区中心に区割りする作業では，議員1人あたり人口を10万〜18万台に抑えようとしたが必ずしもうまくいかなかった．なお，大都市および郡部の区割りは，ほとんどの場合，適当な除数を用いてサント・ラグ方式で選挙区に配分した定数の合計が第1段階の配分定数と一致するように行うことによって得られる結果と同一だった．選挙区人口については，その議員1人あたり人口を各府県の議員1人あたり人口に近づける「人口代表主義」をとらず，人口よりも，郡の行政区画，地勢，交通等を考慮しており，不均等に分布している．

　1925年の中選挙区制では，第1段階として12万人を除数とするサント・ラグ方式で道府県に議員定数を配分し，次に，道府県内を12万人を除数とするサント・ラグ方式を用いた配分定数となるように3〜5人の選挙区に区割りした．道府県間の議員1人あたり人口の較差は1.168倍とかなり均等に定数配分が行われ，選挙区割り後の1票の較差も1.495倍となっている．第1段階の議員定数配分の単位が市部・郡部からより大きな道府県に変わり，かつ，中選挙区制の選挙区定数が比較的大きいことが区割りを容易にして，人口，地理，交通，人情等の点も総合して考慮して，道府県の議員1人あたり人口にできる限

172 第 5 章 衆議院議員選挙制度における区割りと 1 票の較差

り近づける区割りを行わなくても，小選挙区制よりも均等になったということである．

1947 年の中選挙区制においても，ほぼ同様のことがいえる．このときは，第 1 段階として 15 万 6901 人を除数とするサント・ラグ方式を用いて都道府県に議員定数を配分した後，都道府県ごとに異なる除数を用いるサント・ラグ方式によって，各都道府県内を配分された定数と一致するように 3 ～ 5 人の選挙区に区割りしたと考えられる．都道府県間の議員 1 人あたり人口の較差は 1.248 倍であり，区割りにおいては，人口，地理，行政区画，人情習慣．経済も考慮して，都道府県の議員 1 人あたり人口に近づける区割りを行わなくても，1 票の較差は 1.505 倍であって，小選挙区制よりも均等になっている．

さて，これまで見たように，日本における定数配分と選挙区割りの方法は，2 段階で比例代表制の方式を適用することであるといえよう．第 1 段階の都道府県への議員定数配分に比例代表制の方式を用いることは，都道府県の議員 1 人あたり人口をもっとも公正・公平にすることができるので，適切である．しかし，第 2 段階の選挙区割りにおいて比例代表制の方式を用いることは適切ではなく，むしろ，誤用というべきである．というのは，比例代表制は，都道府県のように固定された人口に比例して議員定数を配分する方法であって，定数にあわせて人口を決める選挙区割りを行うための方法ではないからである．定数にあわせて選挙区割りを行うときには，選挙区人口は定数が許容する最大限の範囲に分布することになる．配分定数が 1 や 2 であれば，サント・ラグ方式は最大で 3 倍の較差を生じ，ドント方式は最大 2 倍の較差となる．これでは，第 1 段階で都道府県間の議員 1 人あたり人口の較差が小さくなっていても，第 2 段階の配分によって較差が拡大してしまい，比例代表制を用いたことの意味がなくなる．第 2 段階の選挙区割りで行うべきことは，選挙区人口（議員 1 人あたり人口）をできる限り均等にすることであって，最大限に分布した選挙区人口に比例して定数を配分することではない．

さて，1925 年と 1947 年の中選挙区制において，サント・ラグ方式を用いて都道府県に配分した議員定数を，サント・ラグ方式を用いて選挙区にさらに 3 ～ 5 人ずつ配分するように区割りした．除数の 2.5 ～ 3.5 倍，3.5 ～ 4.5 倍，4.5 ～ 5.5 倍の人口の選挙区に区割りすることは比較的容易であり，選挙区の

議員 1 人あたり人口の較差は最大で 3 人区の較差である 1.4 倍で，比較的小さく，均等である．そのため，定数別の選挙区人口は上述の人口の範囲に広く分布し，戦後の人口変動によって容易にそこから逸脱した．中選挙区制における 1 票の較差については，定期的に都道府県への定数配分を見直し，選挙区を除数の 2.5 〜 3.5 倍，3.5 〜 4.5 倍，4.5 〜 5.5 倍に区割りしなおすことで，抑えることが可能だったと考えられる．しかし，高度経済成長期における日本国民の大規模な移動があったにもかかわらず，「見直しが多数の都道府県及び選挙区に及ぶ著しい変動を見ることになり，現段階においては実際的でない」として，人口に比例した都道府県への議員定数配分を行わず，中選挙区制を当面維持し，既存の選挙区割りを固定して，選挙区の議員 1 人あたり人口を一定範囲に抑えるための定数変更を繰り返した結果，人口比例原則に反する人口と定数の逆転現象は，きわめて多くの選挙区の間で生じるようになったのである．

第6章　1994年以降の衆議院議員選挙制度と1票の較差

　本章では，1994年に行われた政治改革により中選挙区制が廃止され，小選挙区比例代表並立制に変更された後，議員定数配分と区割りがどのように行われ，1票の較差がどのように変化したかを分析し，どのような問題があるかを見ていく.

1.　政治改革後の議員定数配分・区割りと1票の較差

　第4章および第5章では，1889年から1993年までの選挙制度における議員定数配分と区割り，そして，その結果として生じた1票の較差について見た.第1段階の都道府県への議員定数配分は，比例代表制の方式を用いて公正・公平に行われてきたが，1900年と1919年では，市部を優遇するために人口の少ない市にも議員定数を配分した.他方で，第2段階の都道府県内の選挙区割りは，同じ比例代表制の方式を再度用いて，定数にあわせて選挙区人口を決めるやり方で行われた.その結果，小選挙区制における選挙区人口は定数が許容する最大限の範囲に分布することになり，第1段階で人口に比例して都道府県に定数配分して都道府県間の1票の較差を低く抑えても，第2段階の区割りによって1票の較差は拡大し，比例代表制を用いた意味があまりなくなることになった.また，1925年と1947年の中選挙区制における区割りでは，定数が3〜5人のため，1票の較差の理論値が1.4倍と低く，2段階の比例代表制の方式がうまく機能しているように見えた.しかし，人口比例原則に反する人口と定数の逆転現象は，1947年の区割りの時からすでに生じており，大きな人口変動の結果生じた定数不均衡の是正が実施された1964年，1975年，1986年，1992年で拡大し続けた.数多くの選挙区の間でこうした非合理な選挙区制のあり方が顕著となっていったにもかかわらず，関係者には無視され，最高裁も軽視した.

2. 1994 年の小選挙区比例代表並立制における定数配分と区割り　175

　1994 年の政治改革により，小選挙区比例代表並立制が採用された．これまでと同様に，第 1 段階の都道府県への議員定数配分を行った後，第 2 段階の各都道府県内の選挙区割りを行うことになったが，そのために衆議院議員選挙区画定審議会が設置され，10 年ごとに定期的に区割り改定が行われることになった．こうした新しい方式によって，1 票の較差がどのように変化したかを分析し，どのような問題があるかを見ていく．そこには，明治期以来の選挙区割りとあまり変わらない 1 票の較差の問題が継続していることが明らかになる．

　なお，表 6-1 は，1994 年から 2024 年現在までの国勢調査と区割り改定における 1 票の較差についてまとめたものである．本章全体に関連しているので，冒頭に掲げておく．

2. 1994 年の小選挙区比例代表並立制における定数配分と区割り

　第 8 次選挙制度審議会（8 次審）は，1990 年 4 月に，衆議院議員の選挙制度を小選挙区比例代表並立制とし，総定数 500 人程度のうち，6 割を小選挙区定数，4 割を比例代表定数とすることを答申した．その中で，選挙区については，次のように記している（選挙制度審議会 1990a）．

　二　衆議院議員の選挙制度の仕組み

　3　選挙区

（1）小選挙区選挙

　　ア　選挙区間の人口の均衡を図るものとし，各選挙区間の人口の格差は 1 対 2 未満とすることを基本原則とする．

　　イ　選挙区の設定に当たっては，まず，定数を人口比例により都道府県に割り振るものとする．この場合，割り振られた数が 1 である都道府県についてその数を 2 とすることにより都道府県間の議員 1 人当たり人口の最大格差が縮小することとなるときは，当該都道府県に割り振る数は 2 とする．

　　ウ　区割りの具体的な基準は，次のとおりとする．

　　　①　各選挙区の人口の均衡を図るものとする．

表 6-1　区割り改定における都道府県の議員1人あたり人口および選挙区人口の最大較差

改定年・調査年	国勢調査年	都道府県への定数配分方式	人口	小選挙区数	全国の議員1人あたり人口	都道府県の議員1人あたり人口の最大較差	区割り後の選挙区人口の最大較差	区割りによる割増分	都道府県別定数の異動
1994	1990	1人別枠＋ヘア式最大剰余法	123,611,167	300	412,037	1.822	2.137	0.316	
1995	1995		125,570,246	300	418,567	1.886	2.309		
2000	2000		126,925,843	300	423,086	1.967	2.573		20都道府県68選挙区
2002	2000	1人別枠＋ヘア式最大剰余法（5増5減）	126,925,843	300	423,086	1.779	2.064	0.286	
2005	2005		127,767,994	300	425,893	1.895	2.203		
2010	2010		128,057,352	300	426,858	2.066	2.524		
2013	2010	緊急是正（0増5減）	128,057,352	295	434,093	1.788	1.998	0.210	17都県42選挙区
2015	2015		125,342,377	295	424,889	1.844	2.176		
2017	2015	アダムズ方式一部適用（0増6減）	125,342,377	289	433,711	1.844	1.956	0.112	19都府県97選挙区
2020	2020		123,743,639	289	428,179	1.976	2.096		
2022	2020	アダムズ方式（10増10減）	123,743,639	289	428,179	1.697	1.999	0.302	25都道府県140選挙区

注：人口は、2015年より前は国勢調査人口の確定値、2015年からは国勢調査の日本国民の人口

②　市区町村（指定都市にあっては，行政区）の区域は，分割しないこととを原則とする．

③　郡の区域は，できるだけ分割しないものとする．

④　選挙区は，できるだけ飛地にしないものとする．

⑤　地勢，交通，歴史的沿革その他の自然的社会的条件を総合的に考慮するものとする．

エ　区割りの具体案については，早急に検討を進め，成案を得るものとする．

(2) 比例代表選挙

ア　比例代表選挙の選挙区は，別記のとおり，全国を 11 に分けた広域のブロック（北海道，東北，北関東，南関東，東京，北陸信越，東海，近畿，中国，四国，九州）を区域とする．

　　比例代表選挙の単位については，全国を単位とした場合には候補者数が余りにも膨大になること，また，都道府県単位とした場合には比例代表制の趣旨が活かされないこと，他方，今日では行政をはじめ経済その他の面において都道府県を超えた広域的な結びつきが見られ，今後さらに国民の生活圏の拡大が予想されることなどを考え，広域のブロックを単位とする．

イ　各選挙区の定数

　　各選挙区の定数は，人口比例により定める．

(3) 不均衡是正

　　選挙区間の不均衡是正については，その原案を作成するための権威ある第三者機関を設けることとし，10 年ごとに見直しを行う．

8 次審の答申に付けられた「（参考）衆議院議員定数案」には，ヘア式最大剰余法を用いて都道府県に小選挙区定数 300 人を配分した上で，定数 1 人となる鳥取を特別に 2 人とすることで，都道府県間の議員 1 人あたり人口の最大較差が縮小することになるため，小選挙区定数を 301 人としたことが注記されている．

答申を受けて，自民党では「政治改革基本要綱」がとりまとめられ，1991 年

5 月末に「政治改革関連法案要綱骨子」が党議決定された．政府は「選挙制度及び政治資金制度の改革の方針」を作成した．自民党および政府は，小選挙区定数を，鳥取を特別に 2 人とする定数 301 人案から，定数 300 人のうち都道府県に一律に 1 人を配分し，残りの 253 人について人口比例配分する案に変更したため，人口の少ない県により有利な配分となった．そして，8 次審に対して，政府がとりまとめた「改革の方針」にもとづいて小選挙区の区割り案を作成されたいとの諮問がなされた．8 次審では上述の答申の 3（1）ウの区割りの具体的基準を踏まえ，選挙制度を担当した第 1 委員会にワーキンググループを設置し，「区割りの作業要領」を作成して委員会に諮り，さらに，「選挙区割りの基準」を作成した上，区割りの原案を作り，委員会，総会の決定を経て答申した[1]．この区割りの答申にもとづいた政治改革関連法案が第 121 回国会に提出されたが，審議未了廃案となった．「1 人別枠方式」+ ヘア式最大剰余法で都道府県に定数 300 人を配分する方式は，その後，1993 年の第 128 回国会における細川連立政府案および自民党案にも採用され，最終的に法律として成立した．これは，第 5 章でも述べたように，第 1 次選挙制度審議会に自治省選挙局が定数不均衡是正案として提出した 11 の案のうちの 1 つである「1 人据置方式」とまったく同じであり，政府・自民党はこの案を好都合だと考えて採用したのであろう．この方式は，第 3 章で分析したように，どのようなときにも完全比例の定数配分をもたらすことがないので，「真の比例代表制」ではない．ただし，そのことが将来問題になるとは関係者の間でも研究者の間でも考えられていなかった[2]．

　第三者機関によって小選挙区の定数配分と区割りを定期的に見直すために，区割り審設置法が制定された．そして，1994 年 4 月に委員が任命され，6 ヶ月

---

1)　稲葉（2017）．『第 121 回国会衆議院政治改革に関する調査特別委員会議録第 5 号』1991 年 9 月 20 日．

2)　アメリカ大統領選挙における各州の選挙人は，各州の上院議員数と下院議員数の合計と同数である．上院議員は各州一律に 2 名，下院議員は人口比例で議員定数が配分されるので，これは，いわば，2 人別枠方式+ヒル方式ということができる．なお，越山（1995）は，1 人別枠方式は人口比例の原則に矛盾しているので，その代わりにアダムズ方式を用いれば，少数人口県の配分議席 1 を避けつつ，較差を最小化できることを指摘している．小林（2012）は，定数不均衡が民主主義の歪みをもたらすことを実証分析で示している．

以内に最初の小選挙区画定案を首相に勧告することになった．その後は，区割り審は 10 年ごとの国勢調査結果の速報値の公表から 1 年以内に選挙区改定案を作成し，首相に勧告する（2 条，4 条 1 項）．また，選挙区人口の著しい不均衡などがある場合にも，勧告することができる（4 条 2 項）．選挙区の定数配分方式は，1 人別枠方式および人口比例によることとされたが（3 条 2 項），人口比例の方式がヘア式最大剰余法であることは明示されなかった．区割り改定案の作成基準は，1 人別枠方式とあわせて，次のように規定された．

（改定案の作成の基準）
第 3 条　前条の規定による改定案の作成は，各選挙区の人口の均衡を図り，各選挙区の人口（官報で公示された最近の国勢調査又はこれに準ずる全国的な人口調査の結果による人口をいう．以下同じ．）のうち，その最も多いものを最も少ないもので除して得た数が 2 以上とならないようにすることを基本とし，行政区画，地勢，交通等の事情を総合的に考慮して合理的に行わなければならない．

　　　2　前項の改定案の作成に当たっては，各都道府県の区域内の衆議院小選挙区選出議員の選挙区の数は，1 に，公職選挙法（昭和 25 年法律第 100 号）第 4 条第 1 項 に規定する衆議院小選挙区選出議員の定数に相当する数から都道府県の数を控除した数を人口に比例して各都道府県に配当した数を加えた数とする．

3 条 1 項の規定の中には，8 次審の答申の小選挙区についての 3(1)ア「選挙区間の人口の均衡を図るものとし，各選挙区間の人口の格差は 1 対 2 未満とすることを基本原則とする」，3(1)ウ 区割りの具体的な基準の①「各選挙区の人口の均衡を図るものとする」，および，⑤「地勢，交通，歴史的沿革その他の自然的社会的条件を総合的に考慮するものとする」が，取り込まれていると考えられる．しかし，政治改革協議会の与野党合意にもとづき，1994 年 6 月に区割り審が区割り案作成基準について国会に中間報告を行った際，味村治会長代理は，3 条の「選挙区の人口の均衡を図り」そして「選挙区の人口のうち，その最も多いものを最も少ないもので除して得た数が 2 以上とならないようにする

180 第6章 1994年以降の衆議院議員選挙制度と1票の較差

ことを基本とし」について，「この範囲であれば，大体各選挙区の人口の均衡が図られているというふうに設置法は考えているものというふうに思うわけでございます」と答えている[3]．すなわち，8次審の答申で2ヵ所に出てくる選挙区の「人口の均衡を図る」という表現には特に意味はなく，人口格差を2倍未満にすることと同じ意味であると述べたのである．区割りは，各都道府県内で行うことであり，他の都道府県内の選挙区とは無関係であるから，「各選挙区の人口の均衡を図る」ことは，<u>各都道府県内の選挙区人口の均衡を図り</u>，均等にしないとしても不均衡にしないことを意味すると考えることもできる．しかし，味村会長代理の発言は，3条の規定について，区割りにおいて重要なことは，<u>全国において選挙区人口の最大較差を2倍未満とすること</u>だけであり，各都道府県内の選挙区人口を不均衡にせず均等に近づけるという考え方をとらないということを意味している．こうした考え方は，これまで見てきた明治以来の選挙区割りの考え方と共通しているといえよう．

さて，区割り審は，最初の「区割り案の作成方針」として，1. 区割り基準を (1) 選挙区人口の最大較差を2以上とならないようにすることを基本とし，選挙区人口を (イ) 全国の議員1人あたり人口の2/3 〜 4/3 とし，(ロ) 当該都道府県の議員1人あたり人口の2/3 〜 4/3 としたが，都道府県の議員1人あたり人口が (イ) の条件の下限を下回る福井と鳥取については，(ハ) 各選挙区の人口をできるだけ均等にするとした．さらに，(2) 市区町村は原則として分割せず，(3) 郡は原則として分割せず，(4) 飛地を作らず，(5) 地勢，交通，歴史的沿革その他の自然的社会的条件を総合的に考慮するものとした．そして，2. 作業手順を (1) 現行の衆議院議員の選挙区の区域を手がかりとし，(2) 作業の結果得られた区割り案が合理的かつ整合的かどうかの総合的検討を行うものとした．

この区割り案の作成方針では，選挙区人口の最大較差を2倍以上とならないようにすることを基本としながら，同時に，選挙区人口を全国の議員1人あたり人口の2/3 〜 4/3 とし，各都道府県の議員1人あたり人口の2/3 〜 4/3 とする偏差方式をも採用している．区割り審では，外国の例が偏差方式をとること

---

3) 『第129回国会衆議院政治改革に関する調査特別委員会会議録第4号』1994年6月20日.

が一般的であり，8次審と同様，偏差方式をとることが適当と判断したようである[4]．しかし，外国の例における偏差は，各州・地方に人口比例で議員定数を配分した後で，各州・地方内の選挙区人口を各州・地方の議員1人あたり人口に対してほぼゼロから上下25％までとするのが一般的であり，日本のような，全国の議員1人あたり人口の上下33％という大きな偏差はほとんどない．この偏差は最大較差2倍と同じ意味を持ち，それを全国において許容するのであるから，選挙区人口はこの範囲で広く分布することにしかならず，各都道府県内の較差を拡大していることになる．また，都道府県の議員1人あたり人口の2/3〜4/3は，各都道府県内で最大較差2倍というさらに緩い基準であり，これに引っかかる可能性はほとんどなく無駄な基準といえよう．これ以外の区割り基準は，市区町村，郡を分割せず，地勢，交通などを総合的に考慮し，現行の中選挙区制の選挙区の区域を手がかりとするなど，既存の区割りをもとに小選挙区を作り，個別の状況を最大限に考慮する方針ということであろう．

　区割り審は，1994年8月11日に区割り案を決定し，首相に勧告した．政府は10月4日に勧告そのままの内容の公職選挙法改正案を国会に提出し，11月21日に成立した．

　図6-1は，都道府県の人口を横軸にとり，都道府県の議員1人あたり人口を縦軸にとって，1人別枠方式＋ヘア式最大剰余法で定数300人を都道府県に配分したときの各都道府県をプロットしたものである．図には，参照線として，1990年国勢調査の全国人口123,611,167人を定数300人で除した議員1人あたり人口412,037人と，各都道府県に定数1人を配分した残りの定数253人をヘア式最大剰余法で人口比例配分するときのヘア基数488,582を書き加えてある．各都道府県人口をヘア基数で除した商の整数部分を配分すると230となるので，残りの23を端数の大きい順に配分して定数の配分が終了する．その結果，端数が0.513以上の23道府県に1人ずつ配分された．グラフは，左から順に配分定数が2人，3人，4人，…に対応し，人口がヘア基数の0.513倍の250,642人〜で定数2人が配分され，1.513倍の739,224人以上で定数3人，2.513倍の

4）『第129回国会衆議院政治改革に関する調査特別委員会議録第4号』1994年6月20日における区割り審の石川忠雄会長の発言．

図 6-1　1994 年都道府県人口と都道府県の議員 1 人あたり人口

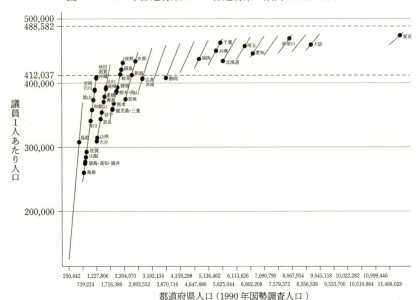

1,227,806 人〜で定数 4 人，…というふうに配分される．都道府県間の議員 1 人あたり人口の最大較差は，東京の 474,223 人と島根の 260,340 人の間で 1.822 倍である．

上述したように，1 人別枠方式＋ヘア式最大剰余法は真の比例代表制ではなく，どのようなときにも完全比例の定数配分をもたらす可能性はない．完全比例の全国の議員 1 人あたり人口 412,037 人の参照線と比較すると，人口の多い都道府県はそれよりも上にあって議員 1 人あたり人口が大きく，過小代表されており，人口の少ない県は参照線よりも下にあって議員 1 人あたり人口が小さく，過大代表されている．このように，この方式はつねに人口が少ない県に有利な定数配分となる．

次に，各都道府県内における区割りの状況を見ていこう．図 6-2 は，横軸に都道府県人口をとり，縦軸に都道府県内の選挙区人口をとって，各選挙区をプロットしたものである．同じ都道府県の選挙区は，その都道府県の人口の位置に縦に並んだプロットして描かれている．参照線として，最少人口の鳥取 2 区

2. 1994年の小選挙区比例代表並立制における定数配分と区割り

図 6-2　1994 年小選挙区制における都道府県人口と選挙区人口

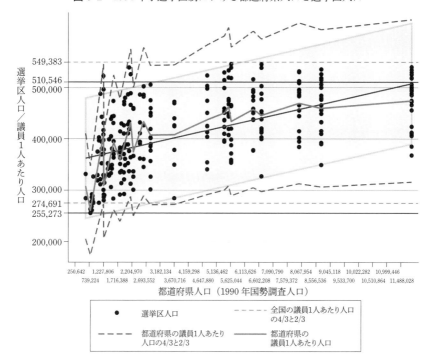

の 255,273 人とその 2 倍の 510,546 人および，全国の議員 1 人あたり人口 412,037 人の 4/3 倍の 549,383 人と 2/3 倍の 274,691 人，そして，各都道府県の議員 1 人あたり人口およびその 4/3 倍と 2/3 倍の折れ線グラフが描かれている．あわせて，選挙区人口を都道府県人口によって回帰推定した回帰直線および選挙区人口データの 95％の予測区間を示してある．1 人別枠方式＋ヘア式最大剰余法は，小さな県ほど有利な議席配分となって議員 1 人あたり人口が小さくなり，都道府県人口が増えるにつれて議席配分は不利となって議員 1 人あたり人口が増加するため，回帰直線は右上がりになる．各都道府県の議員 1 人あたり人口は図 6-1 のプロットを折れ線グラフで描いたものであり，各都道府県人口の位置に縦に広く分布している個々の選挙区人口の平均値である．選挙区人口を各都道府県の議員 1 人あたり人口に近づけるようにすれば，全体の 1 票の較差をもっとも小さくすることができる．区割り作成方針は，較差 2 倍未満を基本と

184 第6章 1994年以降の衆議院議員選挙制度と1票の較差

し，全国および各都道府県の議員1人あたり人口の2/3〜4/3倍とするということであり，都道府県の偏差基準はすべての選挙区がクリアしているが，全国の偏差基準では下限を下回る2県について選挙区人口を均等化している．図からわかるように，選挙区人口の最大較差を2倍未満とすることができていないが，区割り審は設置法が較差が2倍をある程度超えることも許容していると考えられるとしている[5]．この最大較差2倍未満を基本とすること以外には選挙区人口にはほとんど制約がないため，地勢，交通，行政区画を最大限に総合的に考慮して区割りすることが可能であり，そのように区割りしているということである．選挙区人口は，全国の議員1人あたり人口に対して+32.4%〜−38.0%の範囲に分布しており，各都道府県の議員1人あたり人口に対して+30.6%〜−30.3%の範囲に分布している．選挙区人口の最大較差は，北海道8区の545,542人と島根3区の255,273人の間で2.137倍である．

3. 1995年国勢調査による改定勧告の見送り

1995年の国勢調査は中間年の簡易調査であるため，区割り審は改定案を勧告する必要はないが，前述のとおり選挙区人口の著しい不均衡などがある場合には，勧告することができる．都道府県間の議員1人あたり人口の最大較差は，1990年国勢調査にもとづく1994年の区割りにおける1.822倍から1.886倍に拡大し，選挙区間の人口の最大較差は，1994年の区割りにおける2.137倍から2.309倍へと拡大した．また，最小選挙区との較差が2倍を超える選挙区数は，28から60に増加した．もし仮に，1995年国勢調査にもとづいて都道府県への定数配分を行えば，5県（埼玉，千葉，神奈川，滋賀，沖縄）で定数が1人ずつ増加し，5道県（北海道，山形，静岡，島根，大分）で定数が1人ずつ減少する5増5減となるはずだった．都道府県の議員1人あたり人口の最大較差は，1.742倍に減少するはずだった．5増5減を行わなければ，人口の多い3県の定数がそれより人口の少ない3道県よりそれぞれ少なく，人口比例の原則に明ら

---

5) たとえば，衆議院政治改革に関する調査特別委員会1994年6月20日，9月2日における石川忠雄区割り審会長の発言.

かに反する定数配分の逆転現象が生じたままになる.

しかし，区割り審は，1996 年 2 月 13 日に改定勧告を見送ることを公表した．すなわち，都道府県への定数配分に「1 人均等配分」（1 人別枠方式）をとる設置法 3 条 2 項の規定を考えれば，選挙区間の人口の最大較差の縮小には一定の限界があること，最大較差はこれまでの最高裁の違憲判断基準であった 3 倍よりも低く，3 条 1 項の規定が「2 以上とならないようにすることを基本とする」ことから，この程度の較差を是正する必要がなく，また，「都道府県への定数配分は各選挙区の区割りを定める場合のいわば中間的なプロセスであり，そこでの逆転現象も，結局，各選挙区間の人口の不均衡の問題に還元される」として，選挙区の改定勧告を行う必要があるほどの「各選挙区の人口の著しい不均衡その他特別の事情」があるとは認められないとしたのである（衆議院調査局第 2 特別調査室 2014）．

ここで注意しておきたいことは，第 1 に，1 人別枠方式が，選挙区間の人口の最大較差の縮小に限界があることの原因であるという認識があることである．第 2 に，都道府県への定数配分を，最終的な各選挙区の区割りを定める場合の中間的なプロセスとして軽視しており，第 1 段階の人口に比例して定数配分することを単なる手段のように見なしていることである．第 1 章で述べたように，民主政治システムにおいて政治的メンバーの平等な選挙権を達成するためには，第 1 段階で真の比例代表制を用いることが不可欠である．1 人別枠方式＋ヘア式最大剰余法がその基準に達していないとはいえ，それを区割り段階での不均衡の問題に還元してしまうという議論は，大いに疑問とせざるを得ない．ここには，区割り段階の選挙区人口の不均衡の問題は，第 1 段階の都道府県への定数配分の結果としての都道府県の議員 1 人あたり人口にかかわらず，選挙区人口を 2 倍程度にさえすればよいという緩い基準の運用で足りるという考え方があるようである．

さて，小選挙区比例代表並立制による最初の総選挙が 1996 年 10 月に実施され，小選挙区選挙の違憲無効を求める訴訟が提起された．最高裁は 1999 年 11 月 10 日の判決において，憲法は「国会の両議院の議員の選挙について，およそ議員は全国民を代表するものでなければならないという制約の下で，議員の定数，選挙区，投票の方法その他選挙に関する事項は法律で定めるべきものと

186   第6章　1994年以降の衆議院議員選挙制度と1票の較差

し（43条，47条），両議院の議員の各選挙制度の仕組みの具体的決定を原則として国会の広い裁量にゆだねて」おり，「国会が新たな選挙制度の仕組みを採用した場合には，その具体的に定めたところが，右の制約や法の下の平等などの憲法上の要請に反するため国会の右のような広い裁量権を考慮してもなおその限界を超えており，これを是認することができない場合に，初めてこれが憲法に違反することになるものと解すべきである」とした．その上で，区割り審設置法3条2項は，「各都道府県にあらかじめ定数1を配分することによって，相対的に人口の少ない県に定数を多めに配分し，人口の少ない県に居住する国民の意見をも十分に国政に反映させることができるようにすることを目的とするものであると解される」とし，「同条は，他方で，選挙区間の人口較差が2倍未満になるように区割りをすることを基本とすべきことを基準として定めているのであり，投票価値の平等にも十分な配慮をしていると認められる」とした．そして，選挙制度の「抜本的改正の当初から同条1項が基本とすべきものとしている2倍未満の人口較差を超えることとなる区割りが行われたことの当否については議論があり得るところであるが，右区割りが直ちに同項の基準に違反するとはいえないし，同条の定める基準自体に憲法に違反するところがないことは前記のとおりであることにかんがみれば，以上の較差が示す選挙区間における投票価値の不平等は，一般に合理性を有するとは考えられない程度に達しているとまではいうことができず，本件区割規定が憲法14条1項，15条1項，43条1項等に違反するとは認められない」と判示した[6]．

　他方で，反対意見は，「本件区割規定は，明らかに投票価値の平等を侵害したものというべきであ」り，「選挙区間の人口較差が2倍以上となったことの最大要因が区画審設置法3条2項に定めるいわゆる1人別枠方式を採用したことによるものであることは明らかであ」り，選挙区間の人口較差が2倍未満になるように区割りをすることを基本とする3条1項とは，「もともと両立しがたい規定であったといわざるを得ない」とし，「定数削減を余儀なくされる都道府県の選出議員から強い不満が続出したため，一種の政治的妥協策として，1人別枠方式を採用した」ことに「到底その正当性を是認しうるものではな」

――――――――――

6)　平成11（行ツ）7選挙無効請求事件　平成11（1999）年11月10日最高裁大法廷判決.

く，いわゆる「過疎地対策を理由として，投票価値の平等を侵害することは許されない」とした．また，8次審が1985年国勢調査人口を用いてヘア式最大剰余法で都道府県に定数300人を配分したときには鳥取が1人となったのに対して，1990年国勢調査人口では，「人口の最も少ない鳥取県においてすら，最大剰余方式により定数2の配分が受けられるのであり，現に鳥取県は1人別枠方式による恩恵を受けていないのであるから，本件区割規定の前提となった1人別枠方式は，過疎地対策とは何らかかわり合いのないものというべきであ」り，過疎地対策としての実効性に疑問が多いことを指摘している．したがって，「1人別枠方式を採用すること自体に憲法上考慮することのできる正当性を認めることができず，かつ，国会の裁量権の行使としての合理性も認められないことなどにかんがみると，本件区割規定は憲法に違反するものというべきである．なお，その違憲状態は法制定の当初から存在していたのであるから，いわゆる『是正のための合理的期間』の有無を考慮する余地がないことはいうまでもない」とした[7]．

　また，もう1人の反対意見は，「もし，過疎の地域にもその地域からの議員選出の機会を与えたいというのであれば，それは，その実現方法が他の地域について平等原則を満たす場合にのみ許される．例えば，過疎の地域に代表を選出する機会を与えるために，過密の地域に対し割り当てられる議員定数を人口比に見合って増加するのも一つの方法である．議員の総定数を固定したままで『過疎への配慮』を行うことは，すなわち『過密の軽視』に等しく，それはとりもなおさず，有権者の住所がどこにあるかで有権者の投票価値を差別することになる」とした．また，「成熟した民主主義国家の会合といわれるG7を構成する諸外国を見ても，我が国のように平等原則からのかい離について寛容な国はない」とし，「米国，英国，フランス，ドイツにおいて投票価値の平等が尊重されていること」および，イタリア，カナダにおいても偏差が小さく抑えられていることを指摘している[8]．

　このように，区割り審設置法の区割り規定とその結果としての具体的区割り

---

7)　同上．
8)　同上．

は，当初から，最高裁の中で評価が分かれていた．

4. 2002 年の定数配分変更と選挙区割り改定

2000 年国勢調査は 10 年ごとに行われる大規模調査であり，区割り審は前述のとおり，結果の人口が最初に官報に公示された日から 1 年以内に改定案を勧告する必要がある．都道府県間の議員 1 人あたり人口の最大較差は，1995 年国勢調査時の 1.886 倍からさらに 1.967 倍に拡大し，選挙区間の人口の最大較差は 1995 年国勢調査時の 2.309 倍から 2.573 倍へと拡大した．また，最小選挙区との較差が 2 倍を超える選挙区数は，60 から 95 に増加した．1 人別枠方式＋ヘア式最大剰余法による都道府県への議員定数配分は「5 増 5 減」となったが，これは，上述の 1995 年国勢調査にもとづいて定数配分を行ったと仮定したときの結果とまったく同じであった．道府県の間の定数配分の逆転現象は解消された．

2000 年国勢調査結果にもとづいて，議員定数 300 人を 1 人別枠方式＋ヘア式最大剰余法で都道府県に配分したときの，各都道府県の人口と議員 1 人あたり人口の関係を示す図は，1994 年の図 6-1 とほぼ同じ形状であるので，省略する．定数配分変更後の都道府県間の議員 1 人あたり人口の最大較差は，東京の 482,564 人と高知の 271,327 人の間で 1.779 倍である．

区割り審は，1994 年の前回と同様に「区割り改定案の作成方針」を決定した上で，具体的な区割り作業を進めた．区割りの変更は，定数に増減のあった 10 道府県および，選挙区人口の最大較差を 2 以上とならないようにすることを基本とし，全国の議員 1 人あたり人口の 2/3 〜 4/3 とし，各都道府県の議員 1 人あたり人口の 2/3 〜 3/4 とする偏差方式を用いて既存選挙区の区割り改定を行った．内容は，前回とほぼ同じであるが，区割り基準 1.（5）に，「地勢，交通，歴史的沿革，人口動向その他の自然的社会的条件を総合的に考慮するものとする」と，人口動向が追加された．また，2. 作業手順は，（1）定数増の県の人口の最も多い選挙区を手がかりに，（2）定数減の道県の人口が最も少ない選挙区を手がかりにし，（3）定数に異動がない都府県では，全国の議員 1 人あたり人口の 4/3 を上回る選挙区，2/3 を下回る選挙区および区割り基準に照ら

図 6-3 2000年国勢調査にもとづく都道府県人口・選挙区人口と 2002年区割り改定

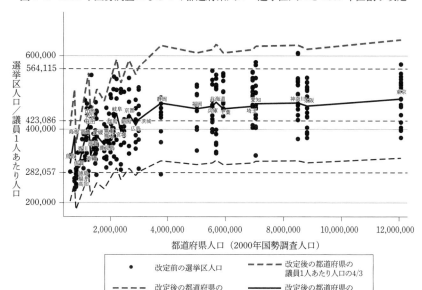

し改正を要する選挙区を改定するとした．こうした作業手順は，既存選挙区をできるだけ維持するという意味で選挙区の安定性を図り，区割り基準に照らして改定が必要なものだけを限定的に検討するという方針のようである．

区割り審は 2001年 12月 19日に改定案を首相に勧告し，政府は 2002年 5月 24日に勧告通りの区割り改定を内容とする公職選挙法改正案を国会に提出した．改正法案は 7月 24日に成立した．

図 6-3 は 2000年国勢調査（確定値）による都道府県人口を横軸にとり，都道府県内の区割り改定前の選挙区人口を縦軸にとって各選挙区をプロットしたものである．図が煩瑣になるのを避けるため，いくつかの県名は省略した．図には，全国の議員 1人あたり人口 423,086人，その 4/3倍の 564,115人，2/3倍の 282,057人の参照線を書いてある．そして，5増 5減の定数変更後の各都道府県の議員 1人あたり人口およびその 4/3倍および 2/3倍の人口の折れ線グラフが描かれている．区割り基準は，選挙区人口を較差 2倍未満を基本とし，全国および各都道府県の議員 1人あたり人口の 2/3～4/3倍とするということで

あり，図の上下の参照線の間かつ上下の折れ線グラフの間になるようにすることである．まず，定数変更により，埼玉，千葉，神奈川，滋賀，沖縄の5県で定数が1人ずつ増加し，北海道，山形，静岡，島根，大分の5道県で定数が1人ずつ減少するので，各道県内でそれにあわせて選挙区割りを変更している．次に，定数変更がないが，選挙区の人口が全国の議員1人あたり人口の4/3を超えるものおよび2/3を下回るものの区割り改定を行っている．そして，都道府県の議員1人あたり人口が全国の議員1人あたり人口の2/3を下回る福井，徳島，高知については，各選挙区の人口をできるだけ均等にすることになるが，福井はすでに1994年の区割りで均等化されているので，徳島，高知のみを区割り変更している．そのほかに，合併や分割市区内で区割り調整を行っている．すべてをあわせて20都道府県68選挙区を変更している．これらの区割り変更によって，図6-3の上の参照線を上回る人口の選挙区はなくなり，下の参照線を下回る人口の選挙区は改定してなくなったり，できるだけ均等化されたりしたが，各都道府県内の選挙区人口のばらつきが縮小されたわけではない．というのは，もともと緩い各都道府県の議員1人あたり人口の2/3〜3/4の基準に抵触する5選挙区が，定数変更によってなくなっただけであり，それ以外に基準に抵触する選挙区はなかったからである．改定案における選挙区人口の最大較差は兵庫6区558,958人と高知1区270,755人の間で2.064倍であり，選挙区人口はこの範囲に広く分布している．較差が2倍を超える選挙区数は9であった．要するに，2002年の区割り改定は，1994年と同じ方針で行われ，同じような選挙区人口の分布になったということである．

5. 2005年国勢調査による改定勧告の見送り

中間年の簡易調査である2005年の国勢調査についても，1995年の場合と同様に，区割り審は改定案を勧告する必要はないが，選挙区人口の著しい不均衡などがある場合には，勧告することができた．都道府県間の議員1人あたり人口の最大較差は，2000年国勢調査にもとづく2002年の区割りにおける1.779倍から1.895倍に拡大し，選挙区間の人口の最大較差は，2002年の区割りにおける2.064倍から2.203倍へと拡大した．また，最小選挙区との較差が2倍を

超える選挙区数は，9から48に増加した．もし仮に，2005年国勢調査にもとづいて都道府県への定数配分を行えば，2都県（東京，静岡）で定数が1人ずつ増加し，2府県（大阪，鹿児島）で定数が1人ずつ減少する2増2減となるはずだった．そして，都道府県間の議員1人あたり人口の最大較差は1.845倍になるはずだった．

区割り審は，2006年2月2日，勧告を行う必要があるほどの「各選挙区の人口の著しい不均衡その他特別の事情」が生じているとは認められないとして，勧告を行わないことを決定した（衆議院調査局第2特別調査室 2014）．これは，1995年国勢調査の場合と比較して1票の較差が小さいことから，同様の判断になったもののようである．

6. 2011年最高裁判決と2013年緊急是正

小選挙区比例代表並立制が採用された後，1996年，2000年，2003年，2005年，2009年に総選挙が実施されたが，その都度，小選挙区の選挙の仕組みに関する規定が憲法に反して無効であるから，それにもとづいて行われた選挙自体が無効であるとする選挙無効請求訴訟が提起された．1996年総選挙の無効請求訴訟については，上述したとおり最高裁は合憲と判断したが，2000年および2005年の総選挙の無効請求訴訟についても，基本的に，合憲の判断を踏襲した．また，2003年総選挙の無効請求訴訟は，2005年7月最高裁大法廷へ回付されて憲法判断が下される見込みとなった直後に衆議院が解散されたため，第三小法廷に戻されて，解散により訴えの利益が失われたとして，却下された[9]．

しかし，2009年総選挙について提起された選挙無効請求訴訟において，最高裁は2011年3月23日に違憲状態判決を下した．判決は，2000年国勢調査における選挙区間の人口の最大較差が2.064倍であり，2009年総選挙当日における選挙区間の選挙人数の最大較差が2.304倍に達し，較差2倍以上の選挙区の数も9から45に増加してきており，1人別枠方式がその主要な要因となっていたことは明らかであるとし，1人別枠方式の意義については，「新しい選挙

---

9) 『朝日新聞』2005年9月27日夕刊．

192　第 6 章　1994 年以降の衆議院議員選挙制度と 1 票の較差

制度を導入するに当たり，直ちに人口比例のみに基づいて各都道府県への定数の配分を行った場合には，人口の少ない県における定数が急激かつ大幅に削減されることになるため，国政における安定性，連続性の確保を図る必要があると考えられたこと，何よりもこの点への配慮なくしては選挙制度の改革の実現自体が困難であったと認められる状況の下で採られた方策であるということにあるものと解される」とした．そして，「そうであるとすれば，1 人別枠方式は，おのずからその合理性に時間的な限界があるものというべきであり，新しい選挙制度が定着し，安定した運用がされるようになった段階においては，その合理性は失われるものというほかはな」く，2007 年の大法廷の合憲判決は，新選挙制度導入後の最初の 1996 年総選挙から 10 年に満たない 2005 年総選挙に関するものであり，その段階では 1 人別枠方式を維持し続けることにある程度の合理性があったということができるが，すでに 10 年以上経過した 2009 年総選挙時では，「本件選挙制度は定着し，安定した運用がされるようになっていたと評価することができるのであって，もはや 1 人別枠方式の上記のような合理性は失われていたものというべきである」とした．そして，「本件区割基準のうち 1 人別枠方式に係る部分は，遅くとも本件選挙時においては，その立法時の合理性が失われたにもかかわらず，投票価値の平等と相容れない作用を及ぼすものとして，それ自体，憲法の投票価値の平等の要求に反する状態に至っていたものといわなければならず」，「本件選挙区割りについては，本件選挙時において上記の状態にあった 1 人別枠方式を含む本件区割基準に基づいて定められたものである以上，これもまた，本件選挙時において，憲法の投票価値の平等の要求に反する状態に至っていたものというべきである」とした．その上で，2005 年総選挙時点では憲法の投票価値の平等の要求に反するに至っていない旨の判断が示されたことを考慮すると，「本件選挙までの間に本件区割基準中の 1 人別枠方式の廃止及びこれを前提とする本件区割規定の是正がされなかったことをもって，憲法上要求される合理的期間内に是正がされなかったものということはできない」とした．したがって，「事柄の性質上必要とされる是正のための合理的期間内に，できるだけ速やかに本件区割基準中の 1 人別枠方式を廃止し，区画審設置法 3 条 1 項の趣旨に沿って本件区割規定を改正するなど，投票価値の平等の要請にかなう立法的措置を講ずる必要があるところであ

る」と結論づけた[10].

最高裁判決を受けて，国会は1人別枠方式の廃止を含む定数是正の立法措置をとる必要に迫られた．2010年国勢調査の速報値は判決前の2011年2月25日に公表されており，区割り審は，2011年3月から区割り見直し作業を開始していたが，1人別枠方式にもとづく区割りの方式を違憲とする最高裁判決が出たため，作業を中断した．それから，2012年11月の解散までの約1年半の間に，1票の較差解消のための選挙制度改革の与野党協議が行われたが，2012年の解散直前に成立した緊急是正法しか合意できなかった．

最高裁は，区割り基準のうち1人別枠方式を合理性がなく，投票価値の平等とあいいれない違憲状態だと指摘したので，この規定を削除する立法措置を講ずるだけでいいはずである．そこで，政権党の民主党執行部の最初の改正案は，1人別枠方式を廃止して，人口に比例するヘア式最大剰余法によって都道府県に定数配分し，区割り審が設置法3条1項に沿って選挙区の1票の較差を2倍未満にするように区割りを行うとともに，比例代表選挙の定数を80削減するというものだった．この案では，21県で定数が1人ずつ減り，10都道府県で定数が合計で21人増える21増21減になり，1票の較差は最大で1.641倍になるが，鳥取の定数が1人になった．しかし，この1人別枠廃止案は民主党内で反対が多く，採用できず，2011年7月にはより影響の少ない「5増9減」または「6増6減」の2案を検討することになった．自民党は，それより前の5月に，山梨，福井，徳島，高知，佐賀5県の定数を1人ずつ減らす「0増5減」案を採用し，区割りの見直しによって較差を2倍未満に抑え，比例代表の定数も30減らす案をまとめていた．こうして，主要政党は，1人別枠方式を廃止するものの，人口に比例して各都道府県に配分することは行わず，最小限の議員定数配分の変更にとどめて，1票の較差を2倍以内に抑える方針を取り，その後に選挙制度の抜本改革を行うことにした．

2012年1月に，民主党は，自民党の「0増5減」案を取り入れたため，1票の較差是正については，両党が一致した．しかし，比例代表の定数や選挙制度

---

10) 平成22（行ツ）129　選挙無効請求事件　平成23（2011）年3月23日最高裁大法廷判決.

改革については各党の意見は対立したままだった．民主党は 2012 年 6 月に「0 増 5 減」と比例定数 40 削減という当初からは後退した案をまとめたが，それでも他の政党から賛同を得られなかった．

2012 年秋の臨時国会において，野田佳彦首相が衆議院解散の 3 つの条件の 1 つに衆参両院の選挙制度改革法案の成立をあげたことによって，与野党で協議が進み，党首討論で，野田首相は 1 票の較差を是正する「0 増 5 減」を先行させて，安倍晋三自民党総裁が定数削減を次の通常国会でやり遂げる約束をすれば，解散すると宣言した．その結果，解散当日の 11 月 16 日に民主党と自民党が合意した内容のみを含む自民党提出の緊急是正法が成立した．

2012 年の緊急是正法の要点を見ておく．第 1 に，この法律は，2010 年の国勢調査結果に基づく区割り改定案作成にあたり，選挙区間の人口較差を緊急に是正するため，公職選挙法および区割り審設置法を一部改正するという趣旨が述べられている（第 1 条）．第 2 に，公職選挙法の改正として，(1) 衆院議員定数を 475 人とし，小選挙区定数を 295 人とし（0 増 5 減），(2) 別表第 1（現行の小選挙区の区割り）を削除することとして，選挙区は別に法律で定めることにしている（2 条）．第 3 に，区割り審設置法 3 条 2 項を削除して，1 人別枠方式＋ヘア式最大剰余法による都道府県への議員定数配分規定を廃止している（3 条）．第 4 に，附則において，(1) 議員定数の変更および選挙区は，選挙区を別に定める法律の施行日からとし，それまでは現行のままとし，(2) 区割り審による今次の改定案の作成は，附則別表で定める「0 増 5 減」とし，改定案の作成は，法律の施行から 6 ヶ月以内に，区割り審設置法 3 条の規定にかかわらず，次の基準（後述）によって行わなければならないと規定している．

要するに，緊急是正法は，最高裁に合理性がないと指摘された 1 人別枠方式を廃止したものの，都道府県への定数配分の新たな方法を定めず，代わりに，附則に定める方法で，1 人別枠方式による 2000 年の定数配分を 0 増 5 減して，限られた選挙区の区割りのみを手直しすることを規定した法律である．法律成立直後に実施された 2012 年総選挙は，最高裁が違憲状態判決を下した小選挙区のままで行われた．

緊急是正法における今次の改定案の作成基準は，附則で次のように定められている．

附則第3条

2 新選挙区画定審議会法第3条の規定にかかわらず，新選挙区画定審議会法第2条の規定による今次の改定案の作成は，次に掲げる基準によって行わなければならない．

一 各選挙区の人口は，人口（官報で公示された平成22年の国勢調査の結果による確定した人口をいう．以下この項において同じ．）の最も少ない都道府県の区域内における人口の最も少ない選挙区の人口以上であって，かつ，当該人口の2倍未満であること．

二 選挙区の改定案の作成は，第2条の規定による改正前の公職選挙法（以下この号において「旧公職選挙法」という．）別表第1に掲げる選挙区のうち次に掲げるものについてのみ行うこと．この場合において，当該都道府県の区域内の各選挙区の人口の均衡を図り（イに掲げる選挙区の改定案の作成の場合に限る．），行政区画，地勢，交通等の事情を総合的に考慮して合理的に行うこと．

イ 前号の都道府県の区域内の選挙区

ロ 附則別表に掲げる都道府県の区域内の選挙区の数が，旧公職選挙法別表第1における都道府県の区域内の選挙区の数より減少することとなる都道府県の区域内の選挙区

ハ 前号の基準に適合しない選挙区

ニ ハに掲げる選挙区を前号の基準に適合させるために必要な範囲で行う改定に伴い改定すべきこととなる選挙区

区割り審は，緊急是正法が成立して施行されたことを受け，区割り改定作業を再開し，2013年2月26日に「緊急是正法に基づく区割りの改定案の作成方針」を決定し，具体的作業にかかった．作成方針は，上述した附則3条2項に沿って従来の作成方針を変更したものであり，1. 改定対象選挙区では，ニのイ〜ニで規定された選挙区のみを改定対象とし，2. 改定対象選挙区の区割り基準では，イの人口最少である鳥取県の2選挙区の人口の均衡を図り，ロの5減する県の選挙区，ハの人口が1倍未満あるいは2倍超の選挙区，および，ニのそれらに近接する選挙区について必要最小限の区割り改定を行うという内容

である．また，従来の作成方針では，区割り基準として，全国の議員1人あた
り人口および各都道府県の議員1人あたり人口の2/3〜4/3とする偏差方式が
併用されていたが，削除されて最小選挙区人口の2倍未満とする基準だけとな
った．また，選挙区は飛地にせず，市区町村の区域および郡の区域は分割しな
いことを原則とするが，選挙区人口を2倍未満にできないときなどには分割す
るものとしている．

　「0増5減」とは別に2013年の通常国会での実現を約束した衆議院の定数削
減は，政権交代で入れ替わった与野党の協議が物別れに終わり進まなかった．
自民党は，2013年3月に小選挙区は変えず，小政党優遇枠を設けた上で比例
代表を30減らす案を提案した．民主党は小選挙区30，比例50の計80削減案
を提案した[11]．

　2012年総選挙に対して，2013年初めに全国の14高裁・支部で16件の訴訟
が提起され，31選挙区について選挙無効が争われた．2011年に違憲状態判決
が出た同じ選挙区割りであるから，結論は予想通りであるが，すべての高裁判
決が違憲（状態）判決だった．高裁判決が出そろった次の日の2013年3月28
日に区割り審は，区割りの改定案を首相に勧告した．区割りは17県42選挙区
におよび，5減って37選挙区になった．1票の較差は現行の2.524倍から1.998
倍に縮小した．定数削減では合意が得られないため，内閣は改定案勧告にもと
づく公職選挙法改正案を4月に国会に提出し，4月23日に衆議院で可決し，
参議院に送られた．野党の民主党は，政権を担当していた2012年11月には
「0増5減」の選挙制度改革法案に賛成していたが，この時には細野豪志幹事
長が「状況が変わった．またすぐに2倍を超えて違憲になるのではないか．0
増5減だけでは不十分」と述べて拒否し，野党5党が委員会審議を拒否した．
海江田万里民主党代表も，「0増5減」と定数削減はセットであり，自民党政
権が「0増5減」だけを先行させ，党首討論で約束した定数削減を先延ばしに
したことを批判した．野党の拒否により，参議院では審議が行われず，2ヶ月
経過後にみなし否決されて，2013年6月24日に衆議院で3分の2以上の賛成
多数で再可決され成立した[12]．

---

11) 『朝日新聞』2013年3月14日夕刊，3月14日，3月29日など．

図 6-4 2010 年国勢調査にもとづく都道府県人口・選挙区人口と 2013 年区割り改定

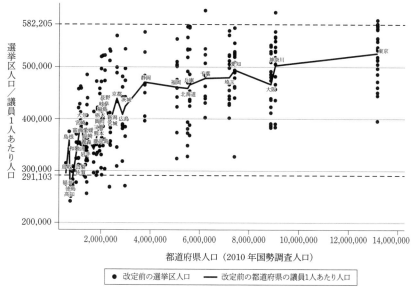

　図 6-4 は，2010 年国勢調査にもとづく都道府県人口を横軸に取り，2013 年の区割り改定前の都道府県内の選挙区人口を縦軸にとって各選挙区をプロットしたものである．折れ線グラフは改定前の各都道府県の議員 1 人あたり人口である．図が煩瑣になるのを避けるため，いくつかの県名は省略した．参照線として，区割り改定後の最小選挙区である鳥取 2 区の人口 291,103 人とその 2 倍未満の 582,205 人が描かれている．今回の区割り改定では，改定前の都道府県の議員 1 人あたり人口の小さい順に 1 番から 5 番までの高知，徳島，福井，佐賀，山梨の 5 県の定数が 1 人ずつ削減された．ちなみに 6 番目は定数 2 人の鳥取であるので，「0 増 5 減」は，定数 1 人の県を生じさせずに定数削減で 1 票の較差の是正を行う唯一の方法であったといえよう[13]．なお，図からわかるように，神奈川の人口（905 万人）が初めて大阪（887 万人）を上回ったが，定数配分（神奈川 18, 大阪 19）に変更がなかったことにより，人口比例の原則

---

12) 『朝日新聞』2013 年 3 月 30 日，4 月 13 日，4 月 21 日，6 月 24 日など．

に反する逆転現象が生じたままになった．0 増 5 減によって，都道府県の議員
1 人あたり人口の最大較差は，2.066 倍から 1.788 倍に縮小した．区割り改定は，
附則 3 条 2 項二（および改定案の作成方針）で定められたイの鳥取の 2 選挙区
の均衡化，ロの 5 減する県の選挙区，ハの人口が 1 倍未満あるいは 2 倍超の選
挙区，および，ニのそれに近接する選挙区について必要最小限の区割り改定を
行うということであり，2 つの参照線の外側にある選挙区を各都道府県内で調
整して内側になるように必要最小限の区割り変更を行ったということである．
したがって，17 県 42 選挙区を改定して 37 選挙区に区割りし直すのみであり，
図 6-4 の全体の選挙区のプロットが大きく変化したということではない．区割
りの改定は「抜本改正」からはほど遠いものであった（稲葉 2017）．選挙区人口
の最大較差は 2.524 倍から 1.998 倍に縮小した．

7. 衆議院選挙制度に関する調査会と 2017 年の選挙区割り改定

2012 年総選挙無効請求訴訟の上告審の最高裁判決は 2013 年 11 月 20 日に出
された．判決は，① 2009 年選挙時にすでに憲法の投票価値の平等の要求に反
する状態に至っていた選挙区割りの下で再び施行されたものであり，選挙区間
の選挙人数の較差は 2.425 倍とさらに拡大していたので，同様に違憲状態であ
った，②しかし，本件選挙までに，1 人別枠方式を定めた旧区画審設置法 3 条
2 項の規定が削除され，かつ，全国の選挙区間の人口較差を 2 倍未満に収める
ことを可能とする定数配分と区割り改定の枠組みが定められており，憲法上要
求される合理的期間内における是正がされなかったとはいえず，本件区割規定
が憲法 14 条 1 項等の憲法の規定に違反するものということはできない，③国
会においては，今後も，新区画審設置法 3 条の趣旨に沿った選挙制度の整備に
向けた取組が着実に続けられていく必要があるというべきである，とした[14]．

---

13) 岩崎（2021）は，「緊急是正法は都道府県への配分ルールを廃止した上に，一部の県を
　選び，その選挙区数（議員数）を減らし，衆議院の定数を変えた」として，「1994 年選挙
　制度改革で成立した較差是正制度は，緊急是正法で骨抜きになり，中選挙区制時代のよ
　うに，都道府県の議員数も議院の定数も，政治の手に落ちた」と批判している．

14) 平成 25（行ツ）209　選挙無効請求事件　平成 25（2013）年 11 月 20 日最高裁大法廷
　判決．

7. 衆議院選挙制度に関する調査会と 2017 年の選挙区割り改定　199

　そこで，とりあえずは，違憲状態判決ですんだわけであるが，その後も，衆議院の定数削減の与野党協議は自民党政権の下で進まなかった．すでに，自民党は，小選挙区は変えず，小政党優遇枠を設けた上で比例代表を 30 減らす案を提案していたが，2014 年 2 月に，民主党，日本維新の会，みんなの党，結いの党，生活の党の野党 5 党は小選挙区定数削減案を A 案（5 増 30 減＝270）と B 案（3 増 18 減＝280）の 2 案に絞って提示した．そして，定数削減に反対する社会民主党，共産党を除く各政党の合意によって，衆議院議長の下に選挙制度改革を議論する第三者機関を設置することになり，2014 年 6 月 19 日の衆議院議院運営委員会での議決にもとづき，衆議院選挙制度に関する調査会を設置し，佐々木毅元東京大学総長が座長に就任した[15]．調査会は，2016 年 1 月に答申を出すまで 17 回開催された．この間，2014 年 12 月に消費税増税延期を理由とする解散総選挙があり，緊急是正法の「0 増 5 減」の選挙区割りで実施されたが，このときの選挙区間の有権者人口の最大較差はふたたび 2 倍を超えて 2.129 倍（宮城 5 区対東京 1 区）になった．この選挙に対しても選挙無効請求訴訟が提起され，2015 年 11 月 25 日に最高裁判決が出された．判決は，①0 増 5 減した選挙区以外は 1 人別枠方式での定数配分のままのため 1 票の較差は違憲状態であるが，②1 人別枠方式の廃止と 0 増 5 減の法改正により較差が縮小し，改正後も縮小の取り組みがなされており，憲法上要求される合理的期間内に是正がされなかったとはいえない，③較差を縮小するための取り組みが着実に続けられていく必要がある，とした[16]．

　衆議院選挙制度調査会は，2016 年 1 月 14 日に衆議院議長に答申した．その内容は，①小選挙区 6 減（289），比例代表 4 減（176）とする，②選挙区間の 1 票の較差を 2 倍未満とし，小選挙区定数を各都道府県に人口に比例して配分する方法はアダムズ方式とする，③都道府県への議席配分の見直しは，大規模国勢調査の結果による人口にもとづき行い，中間年には行わず，較差が 2 倍未満となるように関係選挙区の区画の見直しを行う，というものだった．

---

15)　『朝日新聞』2014 年 2 月 8 日，2 月 28 日，3 月 15 日，4 月 25 日，7 月 3 日，7 月 25 日，7 月 30 日，9 月 3 日など．

16)　平成 27（行ツ）253　選挙無効請求事件　平成 27（2015）年 11 月 25 日最高裁大法廷判決．

200   第6章　1994年以降の衆議院議員選挙制度と1票の較差

　選挙制度調査会が答申した小選挙区定数の6削減およびアダムズ方式による都道府県への定数配分を実施すれば，2010年国勢調査結果にもとづく都道府県の議員1人あたり人口の最大較差は1.621倍になる．定数配分は現行から7増（東京3，埼玉，千葉，神奈川，愛知各1増）13減（青森，岩手，宮城，新潟，三重，滋賀，奈良，広島，愛媛，長崎，熊本，鹿児島，沖縄各1減）となる．そして，2月末には，2015年国勢調査の速報値が公表された．速報値にもとづく現行区割りの295議席の1票の較差は2.334倍（宮城5区対東京1区）になり，違憲状態解消のための区割り見直しが避けられない状況となった．さらに，都道府県の定数配分は9増15減となる[17]．答申に対して，各党は，区割り見直し案を提案した．自民党は，アダムズ方式の導入を2020年国勢調査まで先送りし，当面の定数削減を提案し，公明党は15年の国勢調査から答申の即時導入を主張した．民主党は2010年国勢調査にもとづく即時実施を主張した．大島理森衆議院議長が与野党の合意形成に向けた調整を試みたが，公明が同調した自民党案と民主党に維新の党が合流して結成されたばかりの民進党案との間で合意が得られず，各党が法案を提出した[18]．自民党・公明党の提出した区割り審設置法および公職選挙法の一部を改正する法律案が可決成立し2016年5月27日に公布された．

　成立した法律は，2020年の大規模国勢調査から適用する区割り改定案の作成に関する改正および，2015年国勢調査にもとづいてただちに行う区割り改定案の作成に関する附則とからなっている．前者について，区割り審設置法3条1項が改正され，2項と3項が新設された．4条2項の中間年の国勢調査に関する規定が改正された．

（改定案の作成の基準）
　第3条　前条の規定による改定案の作成は，各選挙区の人口（最近の国勢調

---

17)　9増は，東京4，神奈川2，千葉，埼玉，愛知各1増となり，15減は，青森，岩手，宮城，福島，新潟，三重，滋賀，奈良，広島，山口，愛媛，長崎，熊本，鹿児島，沖縄が各1減となる．

18)　『朝日新聞』2016年2月22日，2月26日，3月4日，3月8日，3月9日，3月23日夕刊，3月29日，4月7日．

査（統計法（平成 19 年法律第 53 号）第 5 条第 2 項の規定により行われる国勢調査に限る．）の結果による日本国民の人口をいう．以下この条において同じ．）の均衡を図り，各選挙区の人口のうち，その最も多いものを最も少ないもので除して得た数が 2 以上とならないようにすることとし，行政区画，地勢，交通等の事情を総合的に考慮して合理的に行わなければならない．

2　次条第 1 項の規定による勧告に係る前項の改定案の作成に当たっては，各都道府県の区域内の衆議院小選挙区選出議員の選挙区の数は，各都道府県の人口を小選挙区基準除数（その除数で各都道府県の人口を除して得た数（1 未満の端数が生じたときは，これを 1 に切り上げるものとする．）の合計数が公職選挙法（昭和 25 年法律第 100 号）第 4 条第 1 項に規定する衆議院小選挙区選出議員の定数に相当する数と合致することとなる除数をいう．）で除して得た数（1 未満の端数が生じたときは，これを 1 に切り上げるものとする．）とする．

3　次条第 2 項の規定による勧告に係る第 1 項の改定案の作成に当たっては，各都道府県の区域内の衆議院小選挙区選出議員の選挙区の数は，変更しないものとする．

（勧告の期限等）

第 4 条

2　前項の規定にかかわらず，審議会は，各選挙区の国勢調査（統計法第 5 条第 2 項ただし書の規定により，前項の国勢調査が行われた年から 5 年目に当たる年に行われる国勢調査に限る．）の結果による日本国民の人口のうち，その最も多いものを最も少ないもので除して得た数が 2 以上となったときは，当該国勢調査の結果による人口が最初に官報で公示された日から 1 年以内に，第 2 条の規定による勧告を行うものとする．

3 条 1 項は，従来，外国人を含む国勢調査人口を用いていたのを，日本国民の人口を用いることにし，選挙区人口の最大較差を「2 以上とならないようにすることを基本と」することから「2 以上とならないようにすることと」することに修正している．2 項はアダムズ方式の説明であり，都道府県の人口を小選挙区基準除数で除した数の端数を切り上げて配分定数とする規定である．3

項は，4条2項で規定する中間年の国勢調査の日本国民人口による選挙区人口の較差が2倍以上となったときの区割り改定では，都道府県の定数配分を変更しないという規定である．

また，公職選挙法が改正され，衆議院の議員定数を465人（小選挙区289人，比例代表176人）とし（4条），小選挙区を定める別表第1を削除し別に法律（今後定める区割り改定法をさす）で定めるとし，比例代表選挙の定数を大規模国勢調査の日本国民の人口によってアダムズ方式で配分する規定を新設したが（13条7項），別表第2の比例代表の定数は小選挙区を定める区割り改定法で定めるとした．

そして，改正された区割り審設置法の附則において，2015年国勢調査結果にもとづく改定案の作成と勧告について規定している．まず，附則2条1項で，中間年の国勢調査の要件を定めた新区割り審設置法4条にかかわらず，改定案の作成および勧告を行うものとし，2項で都道府県の議員定数は0増6減とすることを定めている．2015年国勢調査確定値の日本国民人口を使ってアダムズ方式で議席配分すると7増13減になるが，定数が減る県のうち，議員1人あたり人口の少ない順に6番目までの県の定数を減らすとした（1号）．対象となる県は順に鹿児島，岩手，青森，熊本，三重，奈良である．要するに定数を1ずつ減らしてもまだ過大代表されている県を先行削減して，残りの7増7減の方は実施しないということである．そして，3項で，改定案の作成は，新区割り審設置法3条の規定にかかわらず，次の基準によって行わなければならないとしている．

　一イ　各小選挙区の2015年国勢調査人口で較差2倍未満とし，
　　ロ　各小選挙区の2020年見込人口（2010年から2015年までの人口の変化率を用いて推定した2020年人口）でも較差2倍未満とすること．
そして，改定する選挙区は，
　二イ　人口最少の鳥取の選挙区
　　ロ　定数減の県の選挙区
　　ハ　較差が2倍以上あるいは1倍未満の選挙区
　　ニ　較差を基準内に収めるために必要な範囲で行う改定に伴って改定すべきこととなる選挙区

に限定し，鳥取については 2 選挙区の均衡を図り，改定に際して，行政区画，地勢，交通等の事情を総合的に考慮して合理的に行うこととしている．

比例代表ブロックの定数については，アダムズ方式で議席配分すると 1 増 5 減になるが，附則 3 条で，定数が減るブロックのうち議員 1 人あたり人口の少ない順に 4 番目までのブロックの定数を減らすとしている．差し引き 0 増 4 減として残りの 1 増 1 減は先送りするということである．

区割り審は，この法律が施行されたことを受けて，区割り改定作業に取りかかり，2016 年 12 月 22 日に「区割り改定案の作成方針」をとりまとめた．このときの作成方針も，2013 年のときと同じように，上述した附則 2 条 3 項をほとんどそのまま取り込んで従来の作成方針を変更したものであり，1. 改定を検討する選挙区は，二のイ〜ニで規定された選挙区のみを改定対象とし，2. 改定対象選挙区の区割り基準は，一のイ，ロで規定された 2015 年国勢調査人口および 2020 年見込人口で較差 2 倍未満とすることであり，二のイの人口最少である鳥取県の 2 選挙区の人口の均衡を図り，ロの 6 減する県の選挙区，ハの 2015 年国勢調査人口または 2020 年見込人口が 1 倍未満あるいは 2 倍超の選挙区，および，ニのそれらに近接する選挙区について必要最小限の区割り改定を行うという内容である．必要最小限について，「改定にかかる市区町村の数または人口を考慮するものとする」として，区割りをできるだけ小規模とする方針が具体的に盛り込まれている．また，選挙区は飛地にせず，市区町村の区域は分割しないことを原則とし，分割する場合を制限列挙している．さらに，「行政区画に併せ，地勢，交通その他の自然的社会的条件を総合的に考慮するものとする」とし，留意するものとして，郡の区域をできる限り分割せず，北海道については総合振興局・振興局の区域を尊重し，東京都については区部と多摩地域の区域を尊重するとしている．

区割り審は 2017 年 4 月 19 日に区割りの改定案を首相に勧告した．区割り審の勧告にもとづく区割り改正法案は，5 月 16 日に閣議決定され，同日国会に提出された．共産党，社民党を除く野党が賛成し，6 月 9 日に無修正で可決成立した．

図 6-5 は，2015 年国勢調査の日本国民人口にもとづく都道府県人口を横軸に取り，2017 年の区割り改定前の各都道府県内の選挙区人口を縦軸にとって

図 6-5　2015 年国勢調査にもとづく都道府県人口・選挙区人口と 2017 年区割り改定

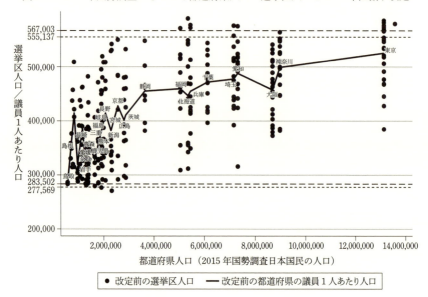

選挙区をプロットしたものである．折れ線グラフは区割り改定前の各都道府県の議員 1 人あたり人口である．図が煩瑣になるのを避けるため，いくつかの県名は省略した．参照線として，区割り改定後の人口最少選挙区である鳥取 2 区の 2015 年国勢調査人口 283,502 人とその 2 倍未満の 567,003 人および 2020 年見込人口の最少選挙区である鳥取 1 区の 277,569 人とその 2 倍未満の 555,137 人が描かれている．まず，人口最少の鳥取の 2 選挙区の均等化については現状維持とし，次に定数が減少する 6 県の選挙区割りを改定し，さらに，2015 年国勢調査人口および 2020 年見込人口が最大較差 2 倍未満となるように改定を行っている．2015 年国勢調査で上限人口を超える選挙区があるのは，図でわかるように東京，神奈川，愛知，埼玉，兵庫，北海道，福岡であり，この他に，図からはわからないが，2020 年見込人口でのみ上限人口を超える選挙区があるのは大阪，千葉，宮城である．図ではわかりにくいが，2015 年国勢調査で下限人口を下回る選挙区があるのは宮城，福島であり，この図からはわからないが，2020 年見込人口でのみ下限人口を下回る選挙区があるのは愛媛，長崎

である．また，作成方針の北海道の留意事項にもとづいて 3 選挙区の区割りが改定されている．区割りは 19 都道府県 97 選挙区におよび，6 減って 91 選挙区になった．1 票の較差は現行の 2.176 倍から 1.956 倍に縮小した．しかし，都道府県の議員 1 人あたり人口の最大較差は，鳥取と東京の定数が変わらなかったので，1.844 倍のままである．また，869 万人の大阪（定数 19）と 898 万人の神奈川（定数 18）の人口比例原則に反する逆転現象も変わらないままである．1 票の較差が縮小したのは，定数削減ではなく，2015 年国勢調査の選挙区人口と 2020 年の見込人口の双方において 1 票の較差を 2 倍未満とするように区割りする附則の規定による．この規定がいわば，従来の 2 倍未満ぎりぎりとする区割り改定より踏み込んで，人口増加する見込みの選挙区の人口を 2 倍よりいくぶん小さくする結果をもたらしたからであるといえよう．

2017 年 10 月に総選挙が実施されたが，当日有権者の 1 票の較差は 1.979 倍であった．総選挙後に選挙無効請求訴訟が提起されたが，最高裁は 2018 年 12 月 19 日の判決で，「本件区割規定に係る改正を含む平成 28（2016）年改正法及び平成 29（2017）年改正法による改正は，平成 32（2020）年に行われる国勢調査の結果に基づく選挙区割りの改定に当たり，各都道府県への定数配分を人口に比例した方式の 1 つであるアダムズ方式により行うことによって，選挙区間の投票価値の較差を相当程度縮小させ，その状態が安定的に持続するよう立法措置を講じた上で，同方式による定数配分がされるまでの較差是正の措置として，各都道府県の選挙区数の 0 増 6 減の措置を採るとともに選挙区割りの改定を行うことにより，上記のように選挙区間の人口等の最大較差を縮小させたものであって，投票価値の平等を確保するという要請に応えつつ，選挙制度の安定性を確保する観点から漸進的な是正を図ったものと評価することができる」として，「平成 27（2015）年大法廷判決が平成 26（2014）年選挙当時の選挙区割りについて判示した憲法の投票価値の平等の要求に反する状態は，平成 29（2017）年改正法による改正後の平成 28（2016）年改正法によって解消されたものと評価することができる．」したがって，「本件区割規定が憲法 14 条 1 項等に違反するものということはできない」と，合憲であるとした[19]．

8. 2022年の選挙区割り改定

2020年国勢調査はアダムズ方式が適用される最初の10年ごとに行われる大規模調査であり，区割り審設置法4条1項の規定により，結果の人口が最初に官報に公示された日から1年以内に改定案を勧告する必要がある．都道府県間の議員1人あたり人口の最大較差は，2015年国勢調査時の1.844倍から1.976倍に拡大し，選挙区間の人口の最大較差は2017年区割り改定後の1.956倍から2.096倍へと拡大した．また，最小選挙区との較差が2倍を超える選挙区数は，0から23に増加した．アダムズ方式を適用すると都道府県への議員定数配分は「10増10減」となり，これにより，都道府県の議員1人あたり人口の最大較差は1.697倍に縮小することになった．区割り審は，国勢調査結果の速報値が2021年6月25日に公表された後，区割り改定作業に取りかかった．2013年および2017年の区割り改定は，それぞれ改正法の附則によって改定対象が限定され，しかも必要最小限の範囲で改定を行うとされていたが，今回の区割り改定は，附則が適用されず，本則の区割り審設置法3条1項が改定案の作成の基準となった．

区割り審は，2022年2月21日に「区割り改定案の作成方針」をとりまとめたが，その内容は，過去2回のものとはいくつかの点で異なっている．まず，附則で改定対象選挙区が規定されていた2013年および2017年とは異なり，改定の可能性はすべての選挙区にあるので，改定対象選挙区の列挙が作成方針から消えている．その結果，1994年および2002年の作成方針と同様に，最初に区割り基準が提示され，次に，改定案作成の作業手順が記述されている．その内容は，1. 区割り基準として，（1）選挙区人口の最大較差を2倍未満とし，（2）人口最少の鳥取の2選挙区の人口を均等化し，（3）定数の増減のない道府県の選挙区の改定は必要な範囲とし，（4）選挙区は飛地にせず，（5）市区町村の区域は分割しないことを原則とし，分割する場合を列挙し，（6）行政区画に

---

19) 平成30（行ツ）109 選挙無効請求事件 平成30（2018）年12月19日最高裁大法廷判決.

併せ，地勢，交通，人口動向，改定にかかる市区町村の数又は人口その他の自然的社会的条件を総合的に考慮するとともに，2021 年総選挙当日有権者数で較差 2 倍以上の選挙区も考慮し，郡の区域をできる限り分割せず，北海道の総合振興局・振興局の区域を尊重し，東京都の区部と多摩地域の区域を尊重するとしている．これらの基準のうち，(1)，(2) は 2020 年国勢調査の日本国民の人口についてのみ適用する基準であり，2015 年国勢調査の日本国民人口と 2020 年見込人口の双方について適用した 2017 年より，緩くなっている．(3) は定数増減のない道府県の選挙区改定を必要な範囲に限定する方針が，新たに付け加わっている．(4)，(5)，(6) は区割り改定の基準としてこれまでも認められてきたものであるが，(5) について，列挙された分割する場合を除けば，市区町村の区域を分割しないということであり，平成の市町村合併によって生じた分割市区町村をできる限り解消することが方針に盛り込まれたということである．他方で，(6) には，改定にかかる市区町村の数又は人口を総合的に考慮するという制限が，2017 年から受け継がれている．また，2021 年総選挙で有権者数で 2 倍以上の較差が生じたために，それらを改定する考慮も盛り込まれている．

　作成方針の 2. 改定案作成の作業手順では，(1) 人口最少の鳥取の 2 選挙区を均等化し，(2) 定数増加の都県，(3) 定数減少の県，(4) 定数増減のない道府県の選挙区について区割り基準への適合状況を検証し，2 倍未満の較差に適合しない選挙区および区割り基準に照らして改定を要する選挙区を改定することが規定されている．

　この改定案作成方針は，形式上はすべての選挙区の改定を検討するが，実際には 2. で列挙した各都道府県の選挙区のみを対象として，しかも，2017 年より緩い 1. の区割り基準によって改定を行うというものだった．

　区割り審は 2022 年 6 月 16 日に選挙区改定案を首相に勧告した．区割り審の勧告にもとづく区割り改定法案は，2022 年 10 月 25 日に閣議決定され，同日国会に提出された．共産党，れいわ新選組を除く各党が賛成し，11 月 28 日に無修正で可決成立した．

　図 6-6 は，2020 年国勢調査の日本国民の人口にもとづく都道府県人口を横軸にとり，アダムズ方式によって定数 289 人を都道府県に配分したときの議員 1 人あたり人口を縦軸にとって，各都道府県をプロットしたものである．参照

208 第6章 1994年以降の衆議院議員選挙制度と1票の較差

図 6-6 2020年国勢調査にもとづく都道府県人口と2022年区割り改定後の都道府県の議員1人あたり人口

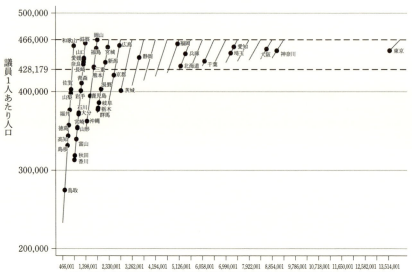

線として，全国の議員1人あたり人口428,179人とアダムズ方式の除数466,000人（区割り審設置法3条2項の「小選挙区基準除数」）が描かれている．アダムズ方式は，各都道府県人口をこの除数で除した値の小数点以下の端数を切り上げた整数を配分定数とする．図の直線は，左から定数2人から20人までおよび30人の配分における議員1人あたり人口を示している．端数が小さいほど，切り上げによる定数1人獲得の効果が大きく，議員1人あたり人口は小さくなる．アダムズ方式は，比例代表制の方式のなかでもっとも人口の少ない県に有利な配分方式である．同時に，真の比例代表制の方式の特徴として，横軸のかなり広範な範囲において，都道府県の議員1人あたり人口のレベルは比較的均等であることも注意しておきたい．これまでとは異なり，人口最大の東京の議員1人あたり人口は，もはやもっとも多くはないのである．

次の図6-7は，2020年国勢調査の日本国民の人口にもとづく都道府県人口を横軸にとり，2022年区割り改定前の選挙区人口を縦軸にとって各選挙区をプ

8. 2022年の選挙区割り改定　209

図 6-7　2020年国勢調査にもとづく都道府県人口・選挙区人口と2022年区割り改定

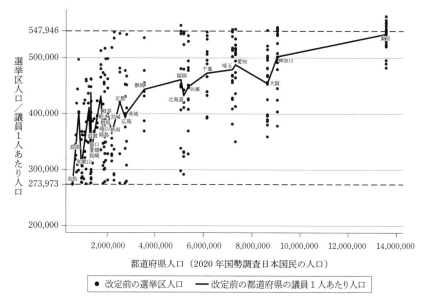

ロットしたものである．折れ線グラフは区割り改定前の各都道府県の議員1人あたり人口である．図が煩瑣になるのを避けるため，いくつかの県名は省略した．折れ線グラフは，図6-6よりも図6-5に近く，1人別枠方式の影響が残る2017年の0増6減の定数配分にもとづく2020年の都道府県の議員1人あたり人口であり，人口の少ない県に有利になり，人口の多い都道府県に不利になっていたことがわかる．2022年の改定は，まず，人口最少の鳥取の2選挙区を現状維持とした．図の参照線は，人口最少の鳥取2区273,973人とその2倍の547,946人であり，すべての選挙区の人口をこの範囲内に収めるように区割り改定が行われた．定数増加は東京（+5），神奈川（+2），愛知，埼玉，千葉（各+1）であり，図からわかるように，これらの都県では較差2倍超の選挙区があったが，区割り改定後には，最大で愛知12区の533,904人（較差1.949倍）に縮小した．定数減少は宮城，福島，新潟，滋賀，和歌山，岡山，広島，山口，愛媛，長崎で1人ずつ減少した．区割り改定後にはこれらの県の選挙区人口は，最小が宮城3区の332,408人（較差1.213倍），最大が宮城2区の546,107人

図 6-8 2022 年区割り改定後の都道府県人口・選挙区人口

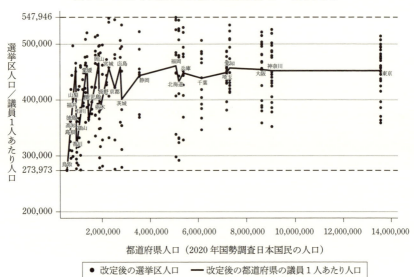

（較差 1.993 倍）になった．一般に，定数変更があった県では選挙区人口が改定前より均等になることが多いが，宮城では，定数減少と区割り改定にもかかわらず，大きな選挙区人口の較差が残っており，特に宮城2区が全国で3番目に大きな較差になっていることは，不自然に見える．定数の増減がないが選挙区人口で較差2倍以上の選挙区がある大阪，福岡および，2021年総選挙当日有権者数で較差2倍以上の選挙区がある北海道，兵庫では，近傍の選挙区との間で区割り境界を変更することで2倍未満に改定された．これらの選挙区の区割り変更は必要な範囲にとどまり，特に北海道，福岡では較差 1.98 倍を超える4選挙区が改定されなかった．この他に，改定案作成方針に沿って，合併等による市区の分割を解消する改定が6県の選挙区で行われ，全体で，25都道府県140選挙区が変更された．選挙区人口の最大較差は，現行の 2.096 倍から 1.999 倍に縮小した[20]．

最後に，区割り改定後のグラフを見ておこう．図 6-8 は，都道府県人口を横軸にとり，区割り改定後の選挙区人口を縦軸にとって，各選挙区をプロットしたものである．折れ線グラフは，アダムズ方式による定数配分にもとづく都道

府県の議員1人あたり人口であり，図6-6のプロットを人口順につないだものである．図が煩瑣になるのを避けるため，いくつかの県名は省略した．この折れ線グラフは，非常に広い範囲の都道府県人口に対してほぼ同じレベルとなっており，左端の人口の少ない県においてのみ議員1人あたり人口が少なくなっている．上述したように，アダムズ方式によって，都道府県の議員1人あたり人口の最大較差は1.697倍に縮小した．図6-7の都道府県の議員1人あたり人口と比較すればわかるように，アダムズ方式は以前よりも公正・公平な定数配分をもたらしているといえよう．しかし，区割り改定後の選挙区人口の分布は，較差2倍未満の範囲に収まっていることを除けば，あまり大きな違いはない．表6-1の区割りによる割増分は，較差2倍未満としたこれまでの区割り改定の中でもっとも大きくなっており，それだけ，区割りが緩く行われたことを示唆している．また，同じ都道府県内の選挙区人口の間で大きな較差が存在していることがわかる．アダムズ方式の採用により，これまでの大都市と地方の間の選挙区人口の較差はあまりめだたなくなり，むしろ，同一都道府県内の近接する選挙区間の人口較差が顕著になってきているということである．大都市と地方の較差は，その存在を合理的に擁護することができなくもないが，同じ都道府県内の近接する選挙区の較差を，合理的に説明することは難しい．都道府県への議員定数配分が，アダムズ方式によって公正・公平に行われるようになった後，残る問題は，各都道府県内の区割りをどのように行って1票の較差を縮小していくかになっていくのではないかと思われる[21]．

　なお，区割り改定前の2021年10月に総選挙が実施されたが，当日有権者の1票の較差は2.079倍であり，2倍以上となっている選挙区は29選挙区あった．

---

20) かつては，市区町村を原則として分割しないことが1票の較差を縮小させる可能性を限定的なものにしていたが（根本・堀田 2006, 2010），2022年の区割り改定では，最大較差2倍未満の区割り基準があるおかげで，複数の選挙区に分割されていた市区町村を解消することができたということである．

21) 粕谷（2015）は，1票の較差を代表に関する問題と位置づけ，どのような代表のあり方が望ましいかを考え，それを実現するためのより包括的な制度改革を検討すべきであるとし，大村（2020）は，1票の較差の是正といった手続き的な平等の追求より代表の応答の平等の問題に注目して，1票の較差がもたらす応答の歪みに関する政治学の実証的分析をコンパクトにまとめている．吉川（2020）の応答も参照．本文で述べたように，アダムズ方式によって1票の較差のあり方が変化し，応答の歪みも今後は変質するように思われる．

212 第6章 1994年以降の衆議院議員選挙制度と1票の較差

総選挙後に選挙無効請求訴訟が提起されたが，最高裁は2023年1月25日の判決で，「新区割制度は，選挙区の改定をしてもその後の人口異動により選挙区間の投票価値の較差が拡大し得ることを当然の前提としつつ，選挙制度の安定性も考慮して，10年ごとに各都道府県への定数配分をアダムズ方式により行うこと等によってこれを是正することとしているのであり，新区割制度と一体的な関係にある本件選挙区割りの下で拡大した較差も，新区割制度の枠組みの中で是正されることが予定されて」おり，「本件選挙当時における選挙区間の投票価値の較差は，自然的な人口異動以外の要因によって拡大したものというべき事情はうかがわれないし，その程度も著しいものとはいえないから，上記の較差の拡大をもって，本件選挙区割りが本件選挙当時において憲法の投票価値の平等の要求に反する状態に至っていたものということはできない」から，「本件区割規定が憲法14条1項等に違反するものということはできない」と，合憲であるとした[22]．

9. 結　論

　本章の目的は，1994年の政治改革によって採用された小選挙区比例代表並立制の選挙制度において，議員定数配分と区割りがどのように行われ，1票の較差がどのように変化したかを分析し，どのような問題があるかを検討することであった．

　小選挙区比例代表並立制が採用され，300の小選挙区の区割りは，第1段階として定数300人を都道府県に配分し，次いで，第2段階として都道府県内を選挙区割りする方法が採用された．選挙区割りの改定案を首相に勧告する第三者機関として，区割り審が設置され，第1段階の都道府県への定数配分は，区割り審設置法3条2項で1人別枠方式＋人口比例配分と規定され，法律に規定はないがヘア式最大剰余法が用いられた．また，第2段階の都道府県内の選挙区割りは，3条1項で，「各選挙区の人口の均衡を図り，各選挙区の人口のうち，その最も多いものを最も少ないもので除して得た数が2以上とならないように

---

22)　令和4（行ツ）103　選挙無効請求事件　令和5（2023）年1月25日最高裁大法廷判決．

することを基本とし，行政区画，地勢，交通等の事情を総合的に考慮して合理的に行わなければならない」と規定された．1人別枠方式＋ヘア式最大剰余法は，真の比例代表制ではなく，つねに人口の少ない県に有利になり，人口の多い都道府県に不利になる定数配分をもたらす．この方式にもとづく 1994 年の第1段階の都道府県への定数配分において，都道府県の議員1人あたり人口の最大較差は 1.822 倍であり，すでに区割り基準の2倍までそれほどゆとりがなかった．とはいえ，第1章で説明したように，第1段階で2倍未満の較差を実現しているのであるから，第2段階の選挙区割りにおいて，各都道府県内の選挙区人口をできる限り均等にすれば，選挙区人口の最大較差を2倍未満に収めることが可能である．しかし，区割り審では「各選挙区の人口の均衡を図」ることと「選挙区人口の最大較差を2以上とならないようにすることを基本とする」こととは同じ意味であるという解釈がなされたことにより，3条1項にもとづいてとりまとめた区割り案の作成方針にもとづく区割りにおいて，各都道府県内の選挙区人口は，均等でも均衡でもなく，行政区画，地勢，交通等の事情を事実上優先して全国の選挙区人口の最大較差2倍程度までの範囲に広く分布することになった．すなわち，第1段階で，都道府県の議員1人あたり人口の較差を2倍未満に抑えた後で，第2段階において，すべての選挙区の人口の較差を2倍未満程度にするという基準を重ねて適用することにより，最終結果は，較差が大きく広がることになったのである．また，区割り審は，選挙区人口を全国の議員1人あたり人口の 2/3 〜 4/3 とし，当該都道府県の議員1人あたり人口の 2/3 〜 4/3 とするきわめて緩い偏差方式も規定したが，人口の少ない県に有利な定数配分のために，前者の全国の偏差では下限を下回る選挙区が生じる県が存在した．また，各都道府県の偏差は基準が緩すぎるため，ほとんど意味がなかった．第2章で説明したように，各国で用いられる有効な偏差方式は，州・地方レベルにおいて選挙基数（議員1人あたり人口）の上下 0 〜 25%程度を適用するものである．区割り審が用いた偏差方式は，あまり意味がなかったこともあり，2013 年以降の区割り改定案の作成方針からは削除された．

　2011 年に下された 2009 年総選挙無効請求訴訟の大法廷判決は，1人別枠方式が選挙区間の人口の最大較差および総選挙当日における選挙区間の選挙人数の最大較差が2倍を超えていることの主要な要因となっていたことは明らかで

あると指摘した．そして，1人別枠方式は，人口比例のみにもとづいて配分を
すれば，人口の少ない県の定数が急激かつ大幅に削減されるため，国政におけ
る安定性，連続性の確保を図る必要があると考えられ，こうした配慮なくして
は選挙制度の改革の実現自体が困難であったと認められる状況の下で採られた
のであり，立法時に有していた一定の合理性は現在では失われており，それに
もとづく選挙区人口の較差は投票価値の平等の要求に反する違憲状態にあった
とした．

　1人別枠方式は，2013年の緊急是正法によって廃止されたが，都道府県への
定数配分の新しい方法は規定されなかった．そして，違憲状態判決に対処する
ために，区割り審設置法の3条の区割り基準の規定を適用せず，附則によって
0増5減の定数削減および，改定対象選挙区を限定し必要最小限の区割り改定
を行う改定案作成の基準が規定された．

　2014年に設置された衆議院選挙制度調査会は，2016年1月に小選挙区定数
を6減し，都道府県への定数配分はアダムズ方式を用いて大規模国勢調査結果
にもとづいて行い，中間年には行わず，較差2倍未満となるように区割りの見
直しを行うことを答申した．これを受けて区割り審設置法および公職選挙法の
一部を改正する法律が成立した．成立した法律では，2020年の大規模国勢調
査からアダムズ方式を適用し，中間年には適用せず，区割り変更のみ行うこと
（区割り審設置法3条2項，3項，4条2項）および，国勢調査結果の日本国民人口
で2倍未満とする新しい改定案作成基準（3条1項）が規定された．また，区割
り審設置法の附則で，2015年国勢調査にもとづいてただちに行う区割り改定案
の作成と勧告について，0増6減の定数削減および，3条の規定を適用せず，改
定対象選挙区を限定し，2015年国勢調査日本国民人口および2020年見込人口
で較差2倍未満となるように必要最小限の改定を行う基準が規定された．2013
年および2017年に区割り審が作成した改定案は，それぞれ改正法の附則によ
って規定された基準に沿って必要最小限の内容となった．

　2022年の区割り改定は，初めてアダムズ方式を適用してすべての選挙区を対
象として，新区割り審設置法3条の規定にもとづいて行うものであった．区割
り審がとりまとめた区割り改定案の作成方針には，過去2回の作成方針では列
挙されていた改定対象選挙区の記述がなく，区割り基準と改定案作成の作業手

順から構成されている．しかし，10 増 10 減の定数変化および，人口較差を 2 倍未満にし，2021 年総選挙当日有権者数で 2 倍超の選挙区を考慮すること，市区を分割する場合を列挙してそれ以外の分割市区を解消することなどを除けば，定数の増減のない道府県の選挙区の改定は必要な範囲とすることなど，区割り改定を限定して既存の選挙区への影響をできるだけ小さくする従来の方針が受け継がれた．形式上はすべての選挙区の改定を検討するが，実際には作業手順で列挙した各都道府県の選挙区のみを対象として，しかも，2 倍未満の区割り基準で改定を行った結果，最大較差は 1.999 倍になった．その後，2023 年 9 月現在の選挙人名簿登録有権者数では，必要最小限の区割り改定が行われたり 2 倍未満ギリギリで改定されなかったりした 8 選挙区が較差 2 倍を超えている．

　第 5 章で見たように，日本の定数配分と選挙区割りは，2 段階の比例代表制の方式を適用することであった．本章で見た 1994 年以降においては，第 1 段階の都道府県への定数配分では真の比例代表制とはいえない 1 人別枠方式＋ヘア式最大剰余法が用いられ，度重なる総選挙無効請求訴訟が提起され，2009 年の違憲状態判決を受けて廃止され，2020 年の国勢調査結果にもとづく選挙区改定からアダムズ方式に変更された．とはいえ，1 人別枠方式のもとでも，都道府県の議員 1 人あたり人口の最大較差は 2 倍未満であり，真の比例代表制と比べてそれほど悪くなかった．この第 1 段階の定数配分の後，第 2 段階の選挙区割りにおける区割り審設置法の規定は，全体の選挙区人口の最大較差を 2 倍以上にならないようにすることを基本とするとしていたが，これは，全国のすべての選挙区にドント方式で定数配分した結果がすべて 1 となるように区割りすることと同等である．すなわち，最少選挙区の人口数を除数として各選挙区人口を除した商の整数部分が 1 となるように選挙区割りを行うことである．したがって，現在の定数配分と選挙区割りの方法も，日本の明治期以来の方法とほとんど同じということである．そして，区割りの結果も，選挙区人口は最大較差 2 倍程度までの範囲で広く分布することになった．こうしたあり方は第 2 章で見たアメリカ，イギリス，カナダなどと比較すると，きわめて異質であり，世界標準の方法から逸脱しているといわざるを得ない．そろそろ，日本の選挙区割りの方法も世界標準へと変える必要があり，その時期に来ているのではないだろうか．

第7章 参議院議員選挙制度と1票の較差

　本章では，参議院議員の選挙制度と1票の較差について見ていく．参議院は当初，都道府県を区域とする選挙区および全国1区から選出される合計250人の議員で構成された．議員定数が少ないために，都道府県の選挙区における1票の較差は衆議院よりも深刻であり，区割り改定が重ねられ，さらに，都道府県を選挙区とする選挙制度の仕組みを維持することができなくなった．こうした問題について簡単に分析を進めたい．

1．地方区と全国区の選挙制度

　第2次世界大戦敗戦後，ダグラス・マッカーサー（Douglas MacArthur）連合国軍最高司令官による憲法改正の指示を受けて，日本政府は1946年2月に憲法改正要綱を作成し，総司令部（GHQ）に提出した．しかし，GHQ はこれを承認せず，代わりに GHQ 内で起草したいわゆるマッカーサー草案を日本政府に手渡し，それを最大限に考慮した憲法改正案を日本政府が作成するよう要求した．マッカーサー草案は1院制の国会を規定したが，日本政府側は2院制の存在理由を強く主張し，日本側の作成した3月2日案では，衆議院と参議院からなる両院制および衆議院の優越に関する規定を設けた．参議院については，地域・職能別の選挙および内閣の任命による議員によって構成される規定とした．GHQ は2院制については認めたが，内閣の任命する議員を拒否したため，「両議院は，全国民を代表する選挙された議員でこれを組織する」（憲法43条）ことになった（川人 2005）．衆議院議員の任期は4年で任期満了前に解散されることがあり，参議院議員の任期は6年で3年ごとに半数改選される（憲法45条，46条）．両議院の議員定数，両議院の議員の選挙権・被選挙権，選挙区，投票の方法その他の選挙に関する事項は，法律で定めると規定された（憲法43条2項，44条，47条）．

1. 地方区と全国区の選挙制度　217

　参議院議員選挙法では，同じ国民代表で構成される衆議院と参議院の「両院制度の採用の趣旨に顧み，参議院議員の選出方法は衆議院議員とは異なった方法を採り，両院の構成を出来るだけ異質的のものたらしむべきである」として，被選挙人の年齢を 30 歳以上とし，都道府県を選挙区とする地方選出議員 150人と全国を 1 選挙区とする全国選出議員 100 人とに区分した．そして，「各選挙区に於て選挙すべき議員の数は，最近の人口調査の結果に基きまして，各都道府県の人口に比例して，最低 2 人，最高 8 人の間に於て，半数交代を可能ならしめるが為にそれぞれ偶数となるように定めることとし」た[1]．具体的な配分方法について，法案のもととなった臨時法制調査会答申（昭 21.10.26）の「参議院議員選挙法案要綱」（福永・稲継・大谷 2012）には，「選挙区（イ）略々半数については各都道府県の区域により，定数の最小限の割当は各選挙区につき 2人，爾余は，各都道府県における人口に按分し偶数を附加する」とあるが，この配分方法は，まず 46 都道府県に 2 議席ずつ 92 議席配分した残り 58 議席のみを人口に比例して按分する方法であるとも考えられる．しかし，市村（1999）は，各都道府県に最低 2 議席を保障しながら，全体として人口比例按分となるように議席配分する方法であると考えざるを得ないとしている．後で検証するように，市村が正しいのであるが，1983 年の参議院地方選出議員選挙の無効請求訴訟の最高裁判決では，「最小限の 2 人を 47 の各選挙区に配分した上，残余の 58 人については人口を基準とする各都道府県の大小に応じ，これに比例する形で 2 人ないし 6 人の偶数の定数を付加配分したものであることは明らかである」と事実誤認している[2]．

　全国区は，全国 1 区で有権者が単記投票した得票数にもとづいて 1 位から 50位までの候補者が当選する制度であるが，1982 年に全国区制が廃止され，拘束名簿式比例代表制が導入された．これは 50 議席を各党得票数を用いたドント方式によって議席配分し，各党が順位を付けて届け出た候補者名簿の順位にしたがって，当選人を決定するものである．

---

1)　貴族院における参議院議員選挙法案第 1 読会での大村清一内務大臣の発言．『第 91 回帝国議会貴族院議事速記録第 5 号』1946 年 12 月 5 日．なお，参議院の選挙制度をめぐる論議について，衆議院・参議院（1990）も参照.

2)　昭和 54（行ツ）65 選挙無効昭和 58（1983）年 4 月 27 日最高裁大法廷判決.

218　第7章　参議院議員選挙制度と1票の較差

　参議院議員選挙における1票の較差は，全国区選挙や比例代表選挙において
は生じないが，都道府県を選挙区とする地方区あるいは選挙区選挙において，
都道府県の人口変動が生じたにもかかわらず，議員定数配分を是正しなかった
ため，拡大してきたものである．以下，本章では，都道府県の選挙区における
定数是正と1票の較差の問題について検討する．

2. 1947年の地方区の定数配分

　参議院議員選挙法制定時における地方区への定数配分の方法は，市村（1999）
が詳細に検討しているが，臨時法制調査会に資料として提出された「都道府県
別参議院議員配当案（甲案）」の第1案および「都道府県別参議院議員配当案
（乙案）」の第1案（福永・稲継・大谷 2012）が同じ結果であり，実際の定数配分
に一致する．前者は，参議院議員選挙法案の枢密院諮詢の際に添付された「都
道府県別参議院議員の地方選出議員配当方法」（1946年11月12日）[3]とほぼ同一
であり，1946年4月26日の人口調査にもとづいて，全国人口を配当議員総数
150人で除した議員1人あたり人口（487,417人）を算出し，各都道府県人口を
この値で除して得た商の整数部分が奇数の場合は端数を切り上げた整数を，偶
数の場合は端数を切り捨てた整数を配分定数とするものである．後者は，都道
府県の人口規模の段階別によって配分定数を定めるものであるが，これはむし
ろ，甲案の結果を説明のためにまとめなおしたもののようである．前者の「奇
数切り上げ偶数切り捨て方式」は，各都道府県への配分定数を偶数にするため
に考案された方式であると考えられる．というのは，3年ごとに半数改選され
る定数75人を人口に比例して配分するために，全国人口を75で除した974,834
人（前述の487,417人の2倍）を除数とするサント・ラグ方式を用いる場合，
各都道府県人口をこの除数で除した商を小数点以下第1位で4捨5入すること
で，各都道府県の配分定数が得られる．その結果を2倍すれば，奇数切り上げ
偶数切り捨て方式と同じ結果が得られる．すなわち，150人を配分するための

---

3)　「参議院議員選挙法案帝国議会へ提出の件」枢密院決議・昭和21（1946）年11月30日
　　決議．国立公文書館デジタルアーカイブ所収．

商を奇数切り上げ偶数切り捨てすることは，75 人を配分するための商の端数を 4 捨 5 入することと同等である．この奇数切り上げ偶数切り捨て方式が用いられたことは，1946 年 12 月 16 日の貴族院における参議院議員選挙法特別委員会の林博太郎委員長の委員長報告によって確認できる．

　元来此の計算は地方選出議員の定数 150 人で人口 7 千万人を割ってみますと，45 万人になるのです，其の 45 万で県の総人口を割ったもので定数を決めてあるのでありますが，さうすると云ふと，具体的な例で言って見ると，宮城県の人口は 140 何万人でありますから，之を 45 万人で割ると 2.9 となるのであります，栃木県の人口は 150 何万人でありますが，之を 45 万で割りますと 3.1 になるのであります，然るに此の参議院案の原案では定員が 2 になって居ります，2.9 を 2 にして居る，栃木県は 3.1 を 4 にして 4 人にして居るのであります[4]

　1963 年の第 2 次選挙制度審議会の第 2 委員会においても，当時の自治省選挙局選挙課長の中村啓一幹事が奇数切り上げ偶数切り捨て方式によったと発言している（選挙制度審議会 1963；市村 1999）．ところが，1969 年の第 6 次選挙制度審議会の第 1 委員会において，当時の自治省の土屋佳照選挙課長は，奇数切り上げ偶数切り捨て方式は「たまたま結果が 150 人になったのでよかったわけでございますけれども，本質的にはそういった解釈のしかたというのは必ずしも正しくないのではないか」と述べ，定数が 150 人と決まっている中で，「配当基数が，2 以下であっても，少なくともこれは 1 選挙区でございますから 2 人は配分する．そして配当基数が 2 をこえる場合は，その数以下の最も大きな偶数分だけを配当する．そして残余の定数を配当基数の端数の大きなものからそれぞれ各配当していく．したがって配当基数が奇数であるものがもちろん偶数であるものよりも先に端数が大きいわけでありますから，配当されるわけでございます」と述べて，ヘア式最大剰余法によって定数配分が行われたとの解釈変更を行ったのである（選挙制度審議会 1969）．第 4 章で見たように，1947

4）『第 91 回帝国議会貴族院議事速記録第 6 号』1946 年 12 月 16 日．

図 7-1 1947 年都道府県人口と都道府県の参議院地方区議員 1 人あたり人口

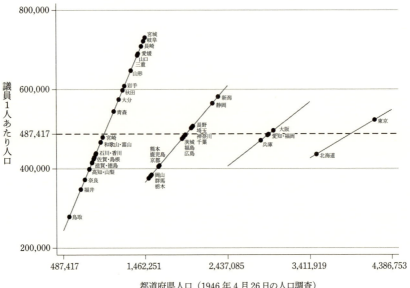

年の衆議院議員定数配分方法についての説明も，当初は総人口を総定数で除したヘア基数を用いてサント・ラグ方式で配分したとされていたのが，その後の事務当局の説明ではヘア式最大剰余法を用いたと変更されていた．おそらく，当時の自治省（自治庁）選挙局・選挙部の幹部の意向によって定数配分方法に関する解釈が変更されたのではないかと推測される．第 3 章で述べたように，アメリカ連邦下院議員選挙の定数配分においてヘア式最大剰余法には重大な欠陥があることがわかり，20 世紀初頭には使われなくなっていたことを考慮すると，日本におけるこの解釈変更がなぜ行われたのか，疑問である．

さて，図 7-1 は，横軸に都道府県人口を取り，縦軸に都道府県人口を配分議員数で除した議員 1 人あたり人口を取って，上述の奇数切り上げ偶数切り捨て方式にもとづいて 150 人の定数を各都道府県人口に比例して配分したときの，各都道府県をプロットしたものである．各都道府県人口を 487,417 で割った値が，1 以上 3 未満ならば定数が 2 人となり，3 以上 5 未満ならば 4 人，5 以上 7 未満ならば 6 人，7 以上 9 未満ならば 8 人となる．直線は左から定数が 2 人，

4 人，6 人，8 人が配分される場合の議員 1 人あたり人口を示し，各線上に各都
道府県がプロットされる．直線は，全国の議員 1 人あたり人口を中心にして上
下に等間隔の範囲になっており，サント・ラグ方式と同等のグラフになってい
ることが確認できる．都道府県の議員 1 人あたり人口の最大較差は，定数 2 人
の宮城（731,050 人）と鳥取（278,714 人）の間で 2.623 倍である．第 3 章で説
明したように，サント・ラグ方式では，最大較差は除数の 0.5 〜 1.5 倍直前の
人口規模の県に定数 1 人が配分されるので約 3 倍であり，それと同等の奇数切
り上げ偶数切り捨て方式も 3 倍よりいくぶん低い較差となるということである．

3. 1 票の較差拡大をめぐる最高裁判決と 1994 年の定数是正

　参議院議員の地方区選挙においても，1 票の較差が憲法 14 条の法の下の平
等原則に違反するとして選挙無効請求訴訟が提起された[5]．有権者数にもとづ
く 1 票の最大較差が 4.09 倍となった 1962 年の参議院通常選挙に対する無効請
求訴訟は 2 件あり，最高裁大法廷判決（1964 年 2 月）は，「選挙区の議員数につ
いて，選挙人の選挙権の享有に極端な不平等を生じさせるような場合は格別，
各選挙区に如何なる割合で議員数を配分するかは，立法府である国会の権限に
属する立法政策の問題であって，議員数の配分が選挙人の人口に比例していな
いという一事だけで，憲法 14 条 1 項に反し無効であると断ずることはできな
い」として合憲の判断を下した．1966 年 5 月の最高裁判決も同趣旨だった[6]．
1 票の最大較差が 5.08 倍に拡大した 1971 年の参議院通常選挙の選挙無効請求
訴訟の最高裁判決（1974 年 4 月）も，ほぼ同趣旨の判断だった[7]．
　1977 年参議院通常選挙では 1 票の最大較差が 5.26 倍となったが，選挙無効

5）　経済同友会ホームページの中に「投票価値の平等（「一票の格差」是正）実現 Web サイ
　　ト」があり，1960 年代から 2017 年までの最高裁の判決がまとめられている．
　　https://www.doyukai.or.jp/kakusa/index.html（2024 年 2 月 11 日アクセス）
6）　昭和 38（オ）422 選挙無効請求昭和 39（1964）年 2 月 5 日最高裁判所大法廷判決．昭
　　和 38（オ）655 参議院地方選出議員選挙無効確認請求昭和 41（1966）年 5 月 31 日最高裁
　　判所第三小法廷判決も同様．
7）　昭和 48（行ツ）102 選挙無効請求昭和 49（1974）年 4 月 25 日最高裁判所第一小法廷判
　　決．

222   第 7 章 参議院議員選挙制度と 1 票の較差

請求訴訟の最高裁大法廷判決（1983 年 4 月）は，「公職選挙法は，参議院議員の選挙については，衆議院議員のそれとは著しく趣を異にする選挙制度の仕組みを設け，参議院議員を全都道府県の区域を通じて選挙される全国選出議員と都道府県を単位とする選挙区において選挙される地方選出議員とに区分して」おり，「憲法が参議院議員は 3 年ごとにその半数を改選すべきものとしていることに応じて，各選挙区を通じその選出議員の半数が改選されることとなるように配慮し，総定数 152 人のうち最小限の 2 人を 47 の各選挙区に配分した上，残余の 58 人については人口を基準とする各都道府県の大小に応じ，これに比例する形で 2 人ないし 6 人の偶数の定数を付加配分したものであることが明らかである」と述べ，「公職選挙法が採用した参議院地方選出議員についての選挙の仕組みが国会に委ねられた裁量権の合理的行使として是認しうるものである以上，その結果として，各選挙区に配分された議員定数とそれぞれの選挙区の選挙人数又は人口との比率に較差が生じ，そのために選挙区間における選挙人の投票の価値の平等がそれだけ損なわれることとなったとしても，先に説示したとおり，これをもって直ちに右の議員定数の配分の定めが憲法 14 条 1 項等の規定に違反して選挙権の平等を侵害したものとすることはでき」ず，「投票価値の平等の要求は，人口比例主義を基本とする選挙制度の場合と比較して一定の譲歩，後退を免れないと解せざるをえないのである」として，合憲の判断を下した．ただし，「人口の異動が当該選挙制度の仕組みの下において投票価値の平等の有すべき重要性に照らして到底看過することができないと認められる程度の投票価値の著しい不平等状態を生じさせ，かつ，それが相当期間継続して，このような不平等状態を是正するなんらの措置を講じないことが，前記のような複雑かつ高度に政策的な考慮と判断の上に立って行使されるべき国会の裁量的権限に係るものであることを考慮しても，その許される限界を超えると判断される場合に，初めて議員定数の配分の定めが憲法に違反するに至るものと解するのが相当である」と述べており，将来，違憲の判断がありうることを示唆している[8]．

1 票の最大較差が 5.37 倍に拡大した 1980 年参議院通常選挙の選挙無効請求

---

8) 昭和 54（行ツ）65 選挙無効昭和 58（1983）年 4 月 27 日最高裁大法廷判決．

3. 1票の較差拡大をめぐる最高裁判決と 1994 年の定数是正　　223

訴訟の判決（1986 年 3 月）は，前回選挙当時と大きく異なるところがあるとはいえないとして憲法に違反するにいたっていないとした[9]．1983 年および 1986 年の参議院通常選挙の選挙無効請求訴訟の判決（1987 年 9 月，1988 年 10 月）も同様であり，5.56 倍および 5.85 倍の較差や一部の選挙区の間に生じた逆転現象を「それだけではいまだ違憲の問題が生ずる程度の著しい不平等状態が生じていたとするに足りないというべきことは，前記大法廷判決の趣旨に徴して明らかであり，したがって，本件選挙当時においては，いまだ本件議員定数配分規定が憲法に違反するに至っていたものとすることはできない」として合憲の判断を下した[10]．ただし，上記の判決はすべて 1983 年大法廷判決にある将来の違憲判断の条件を引用している．

　1989 年参議院通常選挙では 1 票の最大較差が 6.25 倍となり初めて 6 倍を超え，1992 年参議院通常選挙では 6.59 倍となった．前者に対する訴訟は最高裁への上告が棄却され判例集に未搭載でわからないが（三輪・河島 2008），後者に対する訴訟の最高裁大法廷判決（1996 年 9 月）は，1 票の較差が違憲状態にあるとの判断を下した．判決は，「各選挙ごとの議員定数については，憲法が参議院議員は 3 年ごとにその半数を改選すべきものとしていることに応じて，各選挙区を通じその選出議員の半数が改選されることになるように配慮し，定数は偶数としその最小限を 2 人とする方針の下に，昭和 21 年当時の総人口を定数 150 で除して得られる数値で各選挙区の人口を除し，その結果得られた数値を基準とする各都道府県の大小に応じ，これに比例する形で 2 人ないし 8 人の偶数の議員数を配分したものであることが制定経過に徴して明らかである」として，以前の最高裁判決における定数配分方法の誤りを訂正したうえで，「平成 4 年 7 月 26 日施行の本件選挙当時においては，選挙区間における議員 1 人当たりの選挙人数の較差が最大 1 対 6.59 にまで達して」おり，投票価値の不平等は「もはや到底看過することができないと認められる程度に達していたものというほかはなく，これを正当化すべき特別の理由も見出せない以上，本件選挙当時，違憲の問題が生ずる程度の著しい不平等状態が生じていたものと評

---

9)　昭和 57（行ツ）171 選挙無効昭和 61（1986）年 3 月 27 日最高裁第一小法廷判決.

10)　昭和 62（行ツ）14 選挙無効昭和 62（1987）年 9 月 24 日最高裁第一小法廷判決. 昭和 62（行ツ）127 選挙無効請求事件昭和 63（1988）年 10 月 21 日最高裁第二小法廷判決.

224　第7章　参議院議員選挙制度と1票の較差

価せざるを得ない」とした．しかし，「本件において，選挙区間における議員1人当たりの選挙人数の較差が到底看過することができないと認められる程度に達した時から本件選挙までの間に国会が本件定数配分規定を是正する措置を講じなかったことをもって，その立法裁量権の限界を超えるものと断定することは困難であ」り，「本件選挙当時において本件定数配分規定が憲法に違反するに至っていたものと断ずることはできないものというべきである」として違憲状態の判決を下した[11]．最高裁は，投票価値の不平等が憲法に違反するかどうかおよび，国会が不平等の違憲状態を是正しなかったことが立法裁量権の限界を超えるかどうかによって定数配分規定が違憲であり，それにもとづく選挙も違憲無効となるかを判断している．この判決は，前者について違憲状態であるが，後者については違憲ではないという判断である．

　参議院では，最高裁が厳しい判断に転じるのを予想して，判決が出る前に是正に取り組むことになった（岩崎 2021）．大阪高裁は，1993年12月に6倍を超える較差の違憲状態が約7年前から生じていたことから国会が違憲状態を回避，是正措置を講じなかったことが裁量の限界を超えているとして違憲判決を出し，対照的に東京高裁は，1994年4月にこの程度の較差では，いまだ違憲の問題が生ずるほどの著しい不平等状態だったとはいえないと合憲判決を出していた[12]．こうした状況から参議院で選挙制度の検討が進められ，参議院各会派が参加する「参議院選挙制度に関する検討委員会」が4月に設置され，「参議院選挙制度改革大綱案」が5月に取りまとめられた．その内容は，①選挙区定数の8増10減による逆転現象の是正および，②比例代表選挙の拘束名簿式・非拘束名簿式の組み合わせ方式の導入などであったが，与野党代表者会議では議論が容易にまとまらなかった（堀江 2005；佐藤研資 2013）．結局，改正は宮城，埼玉，神奈川，岐阜の定数をそれぞれ2人ずつ増員し，北海道の定数を4人減員し，兵庫と福岡をそれぞれ2人ずつ減員する8増8減となった．提案者の松浦功参院議員は，1990年国勢調査結果では議員1人あたり人口の較差が最大6.481倍になったこと，最高裁判決で議員1人あたりの選挙人数の較差が拡大

---

11)　平成6（行ツ）59 選挙無効平成8（1996）年9月11日最高裁大法廷判決．

12)　『朝日新聞』1993年12月16日夕刊，1994年4月27日．

3. 1票の較差拡大をめぐる最高裁判決と1994年の定数是正　225

図 7-2　1994 年の参議院選挙区定数変更

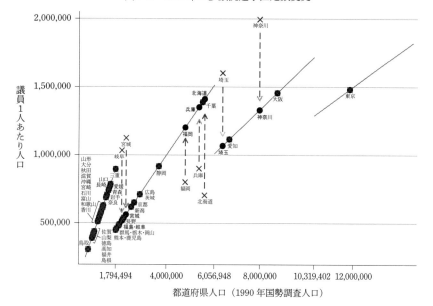

し，いわゆる逆転現象が生じていることが指摘されており，8増8減によって議員1人あたり人口の選挙区間較差は4.814倍に縮小し，逆転現象は解消されると説明した．質疑で8増8減の定数配分の方法がどういう基準，原理に基づくかとの問いに対して，最大剰余法とかドント法で導き出したということはなく，「基本的には152という定数の範囲でできるだけ影響する県を少なくして，そしてなおかつ逆転現象をなくす」ということで行ったと答えている[13]．

図7-2は，1990年国勢調査人口にもとづく都道府県人口を横軸に取り，定数変更前の定数にもとづく各都道府県選挙区の議員1人あたり人口（×印）および定数変更後の定数にもとづく各都道府県選挙区の議員1人あたり人口（●印）をプロットしたものである．直線およびその延長上に位置する都道府県は，左から定数が2人，4人，6人，8人である．定数が増加する各県は議員1人あたり人口が減少するから×印からその下方の●印へと移動し，定数が減少す

---

13) 『第129回国会参議院政治改革に関する特別委員会会議録第4号』1994年6月21日．

226　　第 7 章　参議院議員選挙制度と 1 票の較差

る道県は議員 1 人あたり人口が増加するから×印から上方の●印へと移動する．こうした定数変更によって，人口の多い県の定数が少ないいわゆる逆転現象が解消されている．議員 1 人あたり人口の最大較差は，議員 1 人あたり人口最大の神奈川（1,995,098 人）の定数増により，東京（1,481,945 人）が最大となり，議員 1 人あたり人口最少の鳥取（307,861 人）との間で 6.481 倍から 4.814 倍に縮小した．ところで，図 7-2 の直線の配置は，第 3 章の図 3-6 のそれとよく似ていることから推測されるように，この 8 増 8 減は，定数の半分の 76 を都道府県に 1 人別枠方式＋ヘア式最大剰余法で配分して 2 倍した結果に等しい．すなわち，この年に改正された衆議院選挙区定数の配分方法とまったく同じである．第 8 次選挙制度審議会（8 次審）は，参議院の選挙区選挙について，「定数配分の方法は，現行の総定数及び選挙区選挙の定数を前提として，選挙区選挙の都道府県代表的な性格を考慮し，まず各都道府県に 2 人の定数を割り振ったうえ，残りの定数を人口比例により各都道府県に割り振るものとする」と答申しており（選挙制度審議会 1990b），堀江（2005）は答申の配分法に従うものであったとしている．

　さて，1994 年の定数是正後に行われた 1995 年参議院通常選挙の選挙無効請求訴訟の判決（1998 年 9 月）では，1995 年国勢調査結果で選挙区間の議員 1 人あたり人口の最大較差は 4.79 倍，選挙当日の選挙区間の議員 1 人あたり選挙人数の最大較差は 4.97 倍に縮小しており，「参議院議員の選挙制度の仕組みの下においては投票価値の平等の要求は一定の譲歩を免れざるを得ないことに加えて，較差をどのような形で是正するかについては種々の政策的又は技術的な考慮要素が存在することや，さらに，参議院（選挙区選出）議員については，議員定数の配分をより長期にわたって固定し，国民の利害や意見を安定的に国会に反映させる機能をそれに持たせることとすることも，立法政策として合理性を有するものと解されることなどにかんがみると」，「投票価値の不平等は，当該選挙制度の仕組みの下において投票価値の平等の有すべき重要性に照らして到底看過することができないと認められる程度に達しているとはいえず，本件改正をもって，その立法裁量権の限界を超えるものとはいえないというべきである」として合憲の判断を下した[14]．1998 年参議院通常選挙の選挙無効請求訴訟の判決（2000 年 9 月）も，有権者数で最大較差 4.98 倍であることから，

同様の判断を下した[15].

4. 2000 年以降の定数是正と最高裁判決

2000 年 10 月に，参議院の比例代表選挙を非拘束名簿式に変更するとともに，参議院の定数を比例代表 4 人，選挙区 6 人削減する公職選挙法改正が行われた．比例代表選挙の改定は，1990 年の 8 次審の答申内容とほぼ同一であった．選挙区の定数是正は，人口が少ないのに定数が多い逆転現象を解消することを目的として，定数 4 人の選挙区のうち人口の少ない順に 3 選挙区（鹿児島，三重，岡山）から 2 人ずつ削減するものであった．最大較差は定数の変更のない東京と鳥取の間で 4.787 倍のままである（参議院各会派懇談会 2000；佐藤研資 2013）．

この定数是正にもとづく 2001 年参議院通常選挙の選挙無効請求訴訟の最高裁判決（2004 年 1 月）は，選挙区間の有権者数で最大較差 5.06 倍であり，15 人の裁判官のうち 9 人の多数意見で，2000 年の改正は，「憲法が選挙制度の具体的な仕組みの決定につき国会にゆだねた立法裁量権の限界を超えるものではなく，本件選挙当時において本件定数配分規定が憲法に違反するに至っていたものとすることはできない．したがって，本件定数配分規定が本件選挙当時憲法に違反するに至っていたということはできないとした原審の判断は，是認することができる」として合憲の判断を下した．しかし，その 9 人のうちの 4 人が，「裁量判断に際して重視されるべきと考えられる投票価値の平等が大きく損なわれている状況の下で，偶数配分制を維持し，また，地域の固有性を反映させることを前提としつつその改善を図ろうとするならば，現行制度の在り方，すなわち選挙区として都道府県を唯一の単位とする制度の在り方自体を変更しなければならなくなることは自明のことであるが，それにもかかわらず，立法府が一向にそういった作業に着手しないのは，何をどのように考慮してのことであるのか，また，そこには合理的な理由が認められるか否かが問題となろう」と述べ，「仮に次回選挙においてもなお，無為の裡に漫然と現在の状況が維持

---

14) 平成 9（行ツ）104 選挙無効平成 10（1998）年 9 月 2 日最高裁大法廷判決．
15) 平成 11（行ツ）241 選挙無効請求事件平成 12（2000）年 9 月 6 日最高裁大法廷判決．

228   第 7 章　参議院議員選挙制度と 1 票の較差

されたままであったとしたならば，立法府の義務に適った裁量権の行使がなされなかったものとして，違憲判断がなさるべき余地は，十分に存在するものといわなければならない」として，投票価値の不平等を改善しなかった国会の無作為を批判した[16].

　参議院では，この判決を受けて，2004 年 2 月から各会派の実務者による定数較差問題に関する協議会を開催したが，各会派の意見は一致せず，3 年後の2007 年通常選挙に向けて結論を得るよう進めることになった．参議院改革協議会のもとの選挙制度に関する専門委員会は，2005 年 2 月から定数較差問題について協議を行い，2005 年 10 月に複数の是正案を併記した上で，当面の是正策として 4 増 4 減が有力な意見であるとする報告書を提出した．しかし，参議院改革協議会では合意が得られなかった[17]．そこで，政権党の自民・公明両党は，4 増 4 減を内容とする公職選挙法改正案を提出し，2006 年 6 月に成立した．この改正は，議員 1 人あたり人口の較差が 5.180 倍および 4.988 倍の東京と千葉の定数を 2 人ずつ増員し，定数 4 人の選挙区のうちで人口の少ない群馬と栃木の定数を 2 人ずつ減員することによって，最大較差を 4.842 倍に縮小するものであった．

　2004 年参議院通常選挙の選挙無効請求訴訟の最高裁判決（2006 年 10 月）は，2000 年の定数削減による議員定数配分規定は最大較差を縮小していないものの，2001 年選挙当時には有権者数で最大較差 5.06 倍，2004 年選挙当時には 5.13 倍であり，大きく異なっていないと評価し，選挙後の 2006 年に 4 増 4 減の定数是正を行ったことにより議員 1 人あたり人口の最大較差が 4.842 倍に縮小したことを考慮すると，2004 年選挙までの間に定数配分規定を改正しなかったことが国会の裁量権の限界を超えたとはいえないとして，合憲の判断を下した．さらに，「上記の公職選挙法改正は，上記の専門委員会において，平成 16（2004）年大法廷判決の多数意見の中に従来とは異なる厳しい姿勢が示されているという認識の下に，これを重く受け止めて検討された案に基づくものであることがうかがわれるところ，そのような経緯で行われた上記の改正は評価すべきもの

---

16)　平成 15（行ツ）24 選挙無効請求事件平成 16（2004）年 1 月 14 日最高裁大法廷判決.

17)　『第 164 回国会参議院政治倫理の確立及び選挙制度に関する特別委員会会議録第 2 号』2006 年 5 月 12 日．佐藤研資（2013）.

であるが，投票価値の平等の重要性を考慮すると，今後も，国会においては，人口の偏在傾向が続く中で，これまでの制度の枠組みの見直しをも含め，選挙区間における選挙人の投票価値の較差をより縮小するための検討を継続することが，憲法の趣旨にそうものというべきである」としている[18]．

2007年参議院通常選挙の選挙無効請求訴訟の最高裁判決（2009年9月）は，2006年の4増4減の定数是正後の選挙であり，選挙時の議員1人あたりの有権者数の最大較差は4.86倍であり，前回の2004年通常選挙時の5.13倍より縮小しており，「本件選挙までの間に本件定数配分規定を更に改正しなかったことが国会の裁量権の限界を超えたものということはできず，本件選挙当時において，本件定数配分規定が憲法に違反するに至っていたものとすることはできない」としたが，同時に，「現行の選挙制度の仕組みを維持する限り，各選挙区の定数を振り替える措置によるだけでは，最大較差の大幅な縮小を図ることは困難であり，これを行おうとすれば，現行の選挙制度の仕組み自体の見直しが必要となることは否定できない．このような見直しを行うについては，参議院の在り方をも踏まえた高度に政治的な判断が必要であり，事柄の性質上課題も多く，その検討に相応の時間を要することは認めざるを得ないが，国民の意思を適正に反映する選挙制度が民主政治の基盤であり，投票価値の平等が憲法上の要請であることにかんがみると，国会において，速やかに，投票価値の平等の重要性を十分に踏まえて，適切な検討が行われることが望まれる」とした[19]．この判決は，定数配分は合憲としたものの，最大較差の縮小のために，現行選挙制度の仕組み自体の見直しが必要であるとして，国会に対応を求めたものと考えられる．

これを受けて，参議院では2010年通常選挙前には改革協議会を設置して検討を開始し，通常選挙後には正副議長と各会派代表者で構成される選挙制度の改革に関する検討会を設置して，具体的協議を進めた．その結果，2012年9月に，当面の是正策として4増4減の定数是正を行い，附則で平成28（2016）年通常選挙に向けて，選挙制度の抜本的な見直しについて結論を得るものとする

---

18)　平成17（行ツ）247選挙無効請求事件平成18（2006）年10月4日最高裁大法廷判決．

19)　平成20（行ツ）209選挙無効請求事件平成21（2009）年9月30日最高裁大法廷判決．

230   第 7 章　参議院議員選挙制度と 1 票の較差

とした公職選挙法改正案を提出し，参議院では可決したが，衆議院で継続審査
となった．同法案は，11 月の臨時国会における衆議院解散当日に可決成立し
た[20]．この改正は，議員 1 人あたり人口の較差が 5.124 倍の神奈川と 5.020 倍
の大阪の定数を 2 人ずつ増員し，定数 4 人の選挙区のうち人口が小さい順に福
島，岐阜の定数を 2 人ずつ減員することによって，最大較差を 4.746 倍に縮小
するものだった．この改正は，基本的に 2006 年に 4 増 4 減によって最大較差
を 5 倍未満に縮小したのと同じ手法であり，最高裁の要請には応えることがで
きていない．

　この改正の直前の 2012 年 10 月に，2010 年参議院通常選挙の選挙無効請求
訴訟の最高裁判決が出た[21]．判決は，2006 年改正の定数配分規定の下での 2
回目の通常選挙である 2010 年における議員 1 人あたりの有権者数の最大較差
が 5.00 倍に拡大し，参議院で現在提出されている定数是正案が 4 増 4 減であ
り，成立したとしても 2010 年国勢調査結果にもとづく人口較差は 4.746 倍で
あるとした．そして，最大較差 5 倍前後が常態化していることが，2004 年最
高裁判決において複数の裁判官の補足意見により問題視する指摘がされ，2006
年最高裁判決において投票価値の不平等の是正については国会における不断の
努力が望まれる旨の指摘がされ，さらに，2009 年最高裁判決においては選挙
制度の仕組み自体の見直しが必要であることが指摘されるに至っており，投票
価値の平等の観点から実質的にはより厳格な評価がされるようになってきたと
した．そして，「都道府県を各選挙区の単位とする仕組みを維持しながら投票
価値の平等の実現を図るという要求に応えていくことは，もはや著しく困難な
状況に至っているものというべきであり」，「前回の平成 19（2007）年選挙に
ついても，投票価値の大きな不平等がある状態であって，選挙制度の仕組み自
体の見直しが必要であることは，平成 21（2009）年大法廷判決において特に
指摘されていたところである．それにもかかわらず，平成 18（2006）年改正

---

20)　『第 180 回国会参議院政治倫理の確立及び選挙制度に関する特別委員会会議録第 2 号』
　　2012 年 9 月 5 日．『第 181 回国会参議院政治倫理の確立及び選挙制度に関する特別委員会
　　会議録第 2 号』2012 年 11 月 15 日．『第 181 回国会参議院会議録第 3 号』2012 年 11 月 16
　　日．

21)　平成 23（行ツ）64 選挙無効請求事件平成 24（2012）年 10 月 17 日最高裁大法廷判決．

後は上記状態の解消に向けた法改正は行われることなく，本件選挙に至ったものである．」これらの事情を考慮すると，「本件選挙当時，前記の較差が示す選挙区間における投票価値の不均衡は，投票価値の平等の重要性に照らしてもはや看過し得ない程度に達しており，これを正当化すべき特別の理由も見いだせない以上，違憲の問題が生ずる程度の著しい不平等状態に至っていたというほかはない」とした．ただし，2009 年判決は 2010 年選挙の 9 ヶ月前であるから，「本件選挙までの間に本件定数配分規定を改正しなかったことが国会の裁量権の限界を超えるものとはいえず，本件定数配分規定が憲法に違反するに至っていたということはできない」として，違憲状態の判決を下した．そして，「国民の意思を適正に反映する選挙制度が民主政治の基盤であり，投票価値の平等が憲法上の要請であることや，さきに述べた国政の運営における参議院の役割に照らせば，より適切な民意の反映が可能となるよう，単に一部の選挙区の定数を増減するにとどまらず，都道府県を単位として各選挙区の定数を設定する現行の方式をしかるべき形で改めるなど，現行の選挙制度の仕組み自体の見直しを内容とする立法的措置を講じ，できるだけ速やかに違憲の問題が生ずる前記の不平等状態を解消する必要がある」と選挙制度の抜本的な見直しを行うよう求めた．

　この判決直後に，当面の是正策として 4 増 4 減および，附則で 2016 年通常選挙に向けて抜本的見直しについて結論を得るとした公職選挙法改正を行ったあと，2013 年参院選後の 2013 年 9 月に正副議長と各会派代表者をメンバーとする選挙制度の改革に関する検討会を開催し，その下に選挙制度協議会（脇雅史自民党参議院幹事長が座長）を設置して，選挙制度改革の検討を始めた．19回目の協議会が開催された 2014 年 4 月には 22 府県を合区して最大較差を 4.746 倍から 1.833 倍に縮小する座長案が提示された．この案に対して，自民党内や対象県から批判や反発の声が上がった．脇座長は，合区対象を 10 県に縮小し，最大較差を 2.481 倍に縮小する案を示し，9 月 11 日の協議会で調整案として提案した．ところが，翌 9 月 12 日に参議院自民党は，合区案をめぐる幹部間の対立から，特別議員総会で，合区を推進する脇座長を参議院幹事長から更迭した[22]．

　2013 年参議院通常選挙の選挙無効請求訴訟の最高裁判決（2014 年 11 月）は，

基本的に 2012 年判決と同趣旨であり，2012 年判決直後の 4 増 4 減の定数是正は，都道府県を各選挙区の単位とする選挙制度の仕組みを維持して一部の選挙区の定数を増減するにとどまり，選挙区間の最大較差 4.77 倍の投票価値の不均衡は 2010 年選挙時と同様に違憲の問題が生ずる程度の著しい不平等状態にあったものというべきであるが，2013 年選挙時までの間にさらに本件定数配分規定の改正がされなかったことが国会の裁量権の限界を超えるとはいえず，本件定数配分規定が憲法に違反するに至っていたということはできないとして，違憲状態の判決を下した．そして，違憲の問題が生ずる不平等状態を解消するために，一部の選挙区の定数を増減するだけでなく，都道府県単位の選挙区を改めるなど，現行の仕組み自体を見直す立法措置が必要だとした[23]．

　参議院の選挙制度協議会では，参議院自民党の伊達忠一新幹事長が新座長になったが，自民党内で意見がまとまらず，2014 年 10 月末にようやく協議会に提出した自民党案は 4 つの案を併記したもので，具体的な選挙区割りさえ示していなかったため，野党から案とはいえないと非難されたあげく，出し直した案も 3 案併記（6 増 6 減，合区，6 増 6 減と合区）だった．結局，11 月の最高裁判決後，12 月 26 日の協議会で単に各党案を並べた内容の報告書を議長に報告することを決定し，上部組織の参院選挙制度の改革に関する検討会に議論を預けた[24]．

　2015 年になって，2 月から 5 月に 4 回の検討会が開催されたが，党内に合区に対する反対が強い自民党は 6 増 6 減案（北海道，東京，兵庫を各 2 増，宮城，新潟，長野を各 2 減）を提案し，合区を求める他の会派との間で合意できず，協議が打ち切られた．合区に反対する自民党だけが孤立した状況は，6 月 17 日

---

22)　『参議院の動き　平成 26 年』の選挙制度協議会記事を参照（https://www.sangiin.go.jp/japanese/ugoki/h26/index.html）．また，『朝日新聞』2014 年 8 月 30 日，9 月 10 日，9 月 12 日夕刊，9 月 13 日．

23)　平成 26（行ツ）78 選挙無効請求事件平成 26（2014）年 11 月 26 日最高裁大法廷判決．平成 26（行ツ）155，156 選挙無効請求事件平成 26（2014）年 11 月 26 日最高裁大法廷判決．

24)　『選挙制度協議会報告書』平成 26（2014）年 12 月 26 日（https://www.sangiin.go.jp/japanese/kaigijoho/kentoukai/pdf/senkyoseido-houkoku-n.pdf, 2024 年 1 月 3 日アクセス）．『朝日新聞』2014 年 12 月 27 日．

4. 2000年以降の定数是正と最高裁判決　233

図 7-3　2015年の参議院選挙区定数変更

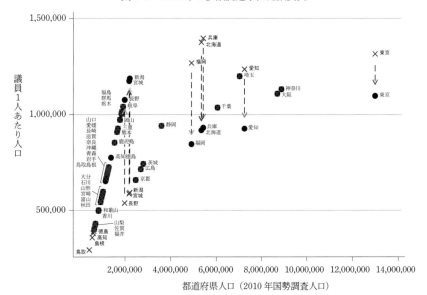

の党首討論で，安倍晋三首相が，維新の党や新党改革など野党4党が合意した「6増6減と2合区」案（自民案に加え2合区による4減と愛知，福岡を各2増で10増10減となる）を傾聴に値すると発言し，方針転換を促した．自民党は，野党4党とこの案で合意し，7月の公職選挙法改正で成立した．また，附則7条で，2019年参議院通常選挙に向けて，選挙制度の抜本的見直しについて検討し，必ず結論を得るものとするとした．この改正は，2016年7月の通常選挙から実施された[25]．

図7-3は，2010年国勢調査結果にもとづく都道府県人口を横軸に取り，各都道府県の議員1人あたり人口を縦軸にとって，定数是正前（×印）と定数是正後（●印）の各都道府県および2合区をプロットしたものである．改正は，まず，2人区のうち議員1人あたり人口の少ない順に鳥取と島根，高知と徳島

---

25)　『朝日新聞』2015年2月26日，4月17日，5月9日，5月22日，5月30日，6月18日，7月25日．

234　第 7 章　参議院議員選挙制度と 1 票の較差

を合区して各 2 人減員し，4 人区のうちで議員 1 人あたり人口の少ない順に長
野，宮城，新潟を各 2 人減員（それぞれの県の矢印参照）する（計 10 減）．次に，
議員 1 人あたり人口の多い順に兵庫，北海道，東京，福岡，愛知を各 2 人増員
（それぞれの都道府県の矢印参照）する．これらの変更によって，議員 1 人あたり人
口の最大較差は改正前の兵庫（1,397,033 人）と鳥取（294,334 人）の間の 4.75
倍から，改正後には埼玉（1,199,093 人）と福井（403,157 人）の間の 2.974 倍
に縮小した．

　定数是正後に実施された 2016 年参議院通常選挙の選挙無効請求訴訟の最高
裁判決（2017 年 9 月）は，選挙当時における有権者数で選挙区間の最大較差は
3.08 倍であり，2015 年の改正は，選挙区の定数増減にとどまらず，「参議院の
創設以来初めての合区を行うことにより，都道府県を各選挙区の単位とする選
挙制度の仕組みを見直すことをも内容とするもの」で，数十年間にもわたり 5
倍前後で推移してきた較差を大きく縮小したとして評価し，選挙当時，「投票
価値の不均衡は，違憲の問題が生ずる程度の著しい不平等状態にあったものと
はいえず，本件定数配分規定が憲法に違反するに至っていたということはでき
ない」として，合憲の判断を下した[26]．

　上記改正の附則を受けて，2017 年 2 月に参議院改革協議会が設置され，そ
のもとで選挙制度に関する専門委員会が 2018 年 4 月まで 17 回開催され，協議
が行われたが，各会派の意見が一致せず，7 月に各会派がそれぞれ法案を提出
し，自民党が提出した改正案が成立した．改正は，選挙区定数を現行の 146 人
から 148 人に変更し，埼玉の定数を 2 人増員し，比例代表の定数を 96 人から
100 人に変更し，非拘束名簿式を基本としながら，優先的に当選する特定枠の
候補者を名簿に記載できるとする内容である．また，附帯決議で，「今後の参
議院選挙制度改革については，憲法の趣旨にのっとり，参議院の役割及び在り
方を踏まえ引き続き検討を行うこと」とした．この改正により，議員 1 人あた
り日本国民人口の最大較差は，改正前の埼玉（1,193,555 人）と福井（388,646
人）の間の 3.071 倍から，改正後には宮城（1,159,955 人）と福井（同上）の間

　26）　平成 29（行ツ）4，10，11，32，45，54 選挙無効請求事件平成 29（2017）年 9 月 27 日
　　　最高裁大法廷判決．平成 29（行ツ）47 選挙無効請求事件平成 29（2017）年 9 月 27 日最
　　　高裁判決．

で 2.985 倍に縮小した．

　この改正後，現在までに 2019 年と 2022 年の 2 度の参議院通常選挙が実施され，その都度，選挙無効請求訴訟が提起されたが，前者についての最高裁判決（2020 年 11 月）は，「立法府においては，今後も不断に人口変動が生ずることが見込まれる中で，較差の更なる是正を図るとともに，これを再び拡大させずに持続していくために必要となる方策等について議論し，取組を進めることが求められているところ，平成 30（2018）年改正において，こうした取組が大きな進展を見せているとはいえ」ないが，「最大較差を 3 倍程度まで縮小させた平成 27 年改正法における方向性を維持するよう配慮したもの」と評価し，後者についての最高裁判決（2023 年 10 月）は，「令和 3（2021）年に設置された参議院改革協議会等において，参議院議員の選挙制度の改革につき，各会派の間で一定の議論がされたものの，較差の更なる是正のための法改正の見通しが立つに至っていないのはもとより，その実現に向けた具体的な検討が進展しているともいい難い」としたが，「選挙区間の最大較差は 3 倍程度で推移しており，有意な拡大傾向にあるともいえない」として，いずれの選挙においても「選挙区間における投票価値の不均衡は，違憲の問題が生ずる程度の著しい不平等状態にあったものとはいえ」ないとして合憲の判決を下した[27]．

5. 結　論

　本章の目的は，参議院議員の選挙制度と 1 票の較差について分析することだった．

　表 7-1 は，1947 年の参議院創設時から現在までの都道府県の地方区・選挙区議員 1 人あたり人口の最大較差，定数変更，そして，定数ごとの選挙区数を定数是正直後および国勢調査時点でまとめたものである．

---

27) 令和 2（行ツ）28，6，16，29，30，32，34，35，39，41，43，44 選挙無効請求事件令和 2（2020）年 11 月 18 日最高裁大法廷判決．令和 2（行ツ）78 選挙無効請求事件令和 2（2020）年 11 月 18 日最高裁大法廷判決．令和 5（行ツ）52，53 選挙無効請求事件令和 5（2023）年 10 月 18 日最高裁大法廷判決．令和 5（行ツ）54 選挙無効請求事件令和 5（2023）年 10 月 18 日最高裁大法廷判決．

236　第 7 章　参議院議員選挙制度と 1 票の較差

表 7-1　参議院選挙区における 1 票の較差と定数是正

国勢調査・定数是正	改正年・調査年	議員 1 人あたり人口の較差	定数変更	選挙区定数						総定数
				2 人	4 人	6 人	8 人	10 人	12 人	
地方区	1947	2.623		25	15	4	2			150
国勢調査	1950	2.772								
国勢調査	1955	3.271								
国勢調査	1960	4.041								
国勢調査	1965	4.686								
国勢調査	1970	5.014								
国勢調査	1975	5.503		26	15	4	2			152
国勢調査	1980	5.730								
国勢調査	1985	6.032								
国勢調査	1990	6.481								
定数是正	1994	4.814	8 増 8 減	24	18	4	1			152
国勢調査	1995	4.787								
定数是正	2000	4.787	6 減	27	15	4	1			146
国勢調査	2000	4.918								
国勢調査	2005	5.180								
定数是正	2006	4.842	4 増 4 減	29	12	5		1		146
国勢調査	2010	5.124								
定数是正	2012	4.746	4 増 4 減	31	10	3	2	1		146
定数是正	2015	2.974	4 県 2 合区を含む 10 増 10 減	32	4	5	3		1	146
国勢調査	2015	3.079								
定数是正	2018	2.985	2 増	32	4	4	4		1	148
国勢調査	2020	3.031								

注：2015 年以前は国勢調査人口の確定値，2018 年からは国勢調査の日本国民の人口による．

　参議院の選挙制度は，1947 年に定められ，1950 年の公職選挙法にそのまま引き継がれた．地方区は各都道府県を選挙区として，その定数が別表で定められ，それを改正することは想定されていなかった．参議院の構成を衆議院とはできるだけ異なるものにするために地方区と全国区が設けられ，地方区には地域代表的性格を持たせ，各都道府県の人口に比例して，最低 2 人，最高 8 人の定数が割り当てられた．当初の議員 1 人あたり人口の最大較差は 2.623 倍だったが，戦後の人口移動によって最大較差が 5 倍を超えて拡大しても，最高裁は，1983 年の判決で，立法府である国会の権限に属する立法政策の問題であり，事実上都道府県代表的な意義ないし機能を有する要素は全国民の代表と矛盾しないとし，投票価値の平等の要求は一定の譲歩を免れないとして，合憲の判断を

下した．しかし，最大較差が 6 倍を超えた 1992 年選挙の無効請求訴訟の最高裁判決（1996 年 9 月）は，投票価値の不平等は到底看過することができないと認められる程度に達していて，違憲の問題が生ずる程度の著しい不平等状態が生じていたが，選挙までの期間に是正が行われなかったことが立法裁量権の限界を超えるとは断定できないとして，違憲状態判決を下した．国会は，厳しい判決が下ることを予想してその前に 8 増 8 減の定数是正を実施した結果，最大較差は 5 倍未満に縮小した．その後も，2000 年代に定数是正を繰り返したが，最大較差 5 倍前後が長期間にわたって継続したため，最高裁は較差の状況を問題視するようになり，較差の縮小のためには現行制度の仕組み自体の見直しが必要であることを指摘した．さらに 2010 年選挙の無効請求事件の最高裁判決（2012 年 10 月）は，投票価値の不均衡は違憲の問題が生ずる程度の不平等状態であり，現行の選挙制度の仕組み自体の見直しを内容とする立法的措置を講じ，できるだけ速やかに違憲の問題が生ずる前記の不平等状態を解消する必要があるとした．国会はこの判決直後に 4 増 4 減の定数是正を行ったが，2013 年選挙の無効請求事件の最高裁判決（2014 年 11 月）は，定数是正を評価せず，違憲状態の判決を下した．国会は，2015 年の公職選挙法改正で 4 県 2 合区を含む 10 増 10 減の定数是正を行い，最大較差は 2.974 倍に縮小した．その後も 2018 年の改正では 2 増の定数是正を行った．最高裁は，合区以降の参議院選挙の無効請求事件について合憲の判決を下しているが，その後の是正の取組が進展していないことに懸念を示している．

　以上のように，参議院選挙区は最大較差を縮小するために定数是正および合区を行ってきた．1947 年の選挙区構成と比較すると 2 人区が 25 から 32 に増加し，4 人区以上が 21 から 13 に減少した．3 年ごとに半数改選される 74 人のうち 32 人が小選挙区から選出され，42 人が 2 人区，3 人区，4 人区，6 人区から選出される．この選挙区構成では，選挙の帰趨が 32 の小選挙区によって決定される可能性が高くなり，その時々の政治情勢いかんによって参議院選挙結果が大きく変化する（川人 2010）．人口の少ない小選挙区の県の選挙競争の状況が，人口の多い複数定数の選挙区よりも全体の結果を大きく左右する．すなわち，3 倍前後の定数不均衡と小選挙区が選挙区選挙の結果を左右するという 2 つの問題が重なっている．合区と定数是正では，どのような選挙制度をめざし

ているのかがわかりにくい.

　第1章で述べたように，選挙制度は，有権者が平等に参加し，最終結果に対して平等に影響を及ぼすことができるものでなければならない．理論的に妥当な選挙制度改革の方向は次の2つの案である．第1案は，人口の少ない県を合区し，人口の多い都道府県を分区して，1人区の小選挙区制を基本とする区割りを行うことである．第2案は，衆議院のように地域ブロック毎の比例代表選挙制度にすることである．いずれの案も定数不均衡を極小化するように議席配分することが可能であり，かつ，特定の選挙区が全体の選挙結果を左右する現行制度の欠点をなくすことができる（川人 2010）．選挙区選挙における議員定数の増加あるいは比例代表選挙の議員定数の一部を選挙区選挙に振り分けることも，あわせて検討することも可能である．

　参議院の改革協議会ではさまざまな選挙制度が議論され，ブロック制の大選挙区制やブロック比例代表制なども検討されている[28]．ブロック比例代表制は投票価値の平等の要求の観点からは問題がないが，全国1区の比例代表選挙と並行して実施することに意味があるかどうかについて問題を投げかけるだろう．ブロック大選挙区制は，衆議院で廃止された中選挙区制と同じ問題を抱えており，候補者の選挙競争が不均一であり公正とはいいがたく，有権者が平等に参加し，最終結果に対して平等に影響を及ぼすことができないといった問題点がある．しかし，大選挙区制でも完全連記投票を採用すれば，事実上小選挙区制と同じような候補競争と有権者の影響力の平等が図られる．

　参議院の選挙区の選挙制度が今後どのように改革されていくか見守りたい.

---

28) 『参議院改革協議会報告書』令和4（2022）年6月8日.

第8章 選挙区改定方法の改革へ向けて

本書の目的は，民主政治を実現する制度として，日本の選挙制度を分析することであった．終章にあたる本章では，まず，これまでの分析の要点を簡単にまとめ，次いで，衆議院の選挙区改定方法の改革について検討する．

1. 本書の分析の要点

民主政治は，政治的に平等な構成メンバー全員の選好に完全あるいはほとんど完全に応答する特質を持つ理想的な政治システムである．選挙制度は，大規模政治システムにおいて民主政治を実現するためにもっとも重要な制度である．選挙制度の仕組みは，当落によって直接影響を受ける議員や候補者にとって公正・公平な競争が保障されるだけでなく，すべての国民にとっても，公正・公平・平等に代表を選出する機会が保障されるものでなければならない．

第1章では，民主政治のための選挙制度は，有権者が平等に参加し，最終結果に対して平等に影響を及ぼすことができるものでなければならないことを説明した．中選挙区制がこの条件を満たしているかどうか疑わしく，小選挙区制と比例代表制はこの条件を満たしていると考えられる．

また，議員定数の定期的配分は，国勢調査結果などにもとづいて州や都道府県などの地方行政区画の人口に比例して行われる必要があり，さらに選挙区に分かれる場合には公正・公平な区割り改定が行われることがきわめて重要である．国民の完全に平等な選挙権を達成することは困難であるが，それに近似する方法は，

(1)「真の比例代表制」の方式によって各州・都道府県に議員定数配分を行う

(2) 各州・都道府県内の選挙区人口（議員1人あたり人口）を実行可能な限り等しくするよう区割りを行うか，各州・都道府県の議員1人あたり人口からの偏差を一定の範囲に収める

240 第8章 選挙区改定方法の改革へ向けて

である.

第2章では，アメリカ，イギリス，カナダ，日本の選挙制度の変遷について概観し，議員定数の配分と選挙区の区割りについて，近年の選挙区データを用いて分析を行った．各国とも現在では真の比例代表制の方式を用いて各州・地方・都道府県の人口に比例する議員定数配分を行っているが，カナダでは人口の少ない州の議員数が減少しないようにする配慮がなされている．選挙区の区割りについては，アメリカでは，各州内で1人1票の原則にもとづく選挙区人口の厳密な均等化が行われ，イギリスでは，選挙区人口を全国の選挙基数の上下5%以内に収めることとされ，カナダでは，各州の選挙基数の上下25%以内に収めることとされている．これらに対して，日本では，全国の選挙区間の人口の最大較差を2倍未満とすることとされており，他の国とは大きく異なり選挙区間の不均等化をもたらしている可能性が高い．

第3章では，真の比例代表制の方式を含むいくつかの方式について説明した．真の比例代表制とは，可能な場合には，人口比率と配分定数比率が完全に一致する完全比例をもたらす方式であり，配分定数は自然数であるため一致することはほぼないが，できる限り近似する方式である．これらの方式の中でドント方式が人口の多い都道府県にもっとも有利な配分となり，アダムズ方式が人口の少ない県にもっとも有利な配分になる．これらの方式では，都道府県の議員1人あたり人口の最大較差は2倍未満になり，その中でアダムズ方式の較差が最小（2015年日本国民人口で1.655倍）となっている．しかし，人口の少ない一部の県を除けば，どの方式を用いても議員1人あたり人口の最大較差は1.18倍であり，真の比例代表制の方式は多くの国民に公正・公平な議員定数配分をもたらし，民主政治のための選挙制度にとって不可欠であることがわかる．

第4章では，1889年の小選挙区制から1947年の中選挙区制までにおける議員定数の都道府県への配分方式を特定し，人口統計を用いて検証した．選挙法にはどのような比例代表制の方式が用いられたか明記されていないため，先行研究，議会での法案提出者である議員や大臣・政府委員の発言，および内務省地方局作成史料などから配分方式を一応特定し，実際に当時の人口統計を用いて，特定した配分方式が正しいことを検証した．1889年の小選挙区制では12万を除数とするドント方式を用いて府県に議員定数が配分された．1900年の

1. 本書の分析の要点　241

大選挙区制と 1919 年の小選挙区制では 13 万を除数とするサント・ラグ方式で市部・郡部に議員定数が配分されたが，3 万人以上の市部を独立選挙区として優遇した．1925 年の中選挙区制，1945 年の大選挙区制，1947 年の中選挙区制では，総人口を総定数で除したヘア基数を除数とするサント・ラグ方式を用いて都道府県に議員定数を配分した．しかし，1947 年の配分方式は，その後，ヘア式最大剰余法を用いたとする解釈変更が選挙担当部局によって行われたため，いつしか，そのように認識されるようになった．

　第 5 章では，1889 年から 1993 年までの選挙制度における区割りと 1 票の較差について分析した．日本における定数配分と選挙区割りの方法は，2 段階で比例代表制の方式を適用することであるといえよう．第 4 章で見たとおり，第 1 段階の都道府県への議員定数配分に比例代表制の方式を用いることは，都道府県の議員 1 人あたり人口をもっとも公正・公平にすることができるので，適切である．比例代表制の方式による第 1 段階の議員定数配分による都道府県や市部・郡部間の 1 票の較差は，1900 年と 1919 年において 3 万以上の市を独立選挙区として優遇した結果 6 倍を超えた市部を除き，すべての場合において 1.2 倍程度であって，かなり公正・公平な配分が行われた．しかし，第 2 段階の選挙区割りにおいてふたたび比例代表制の方式を用いることは適切ではなく，むしろ，誤用というべきである．というのは，比例代表制は，都道府県のように固定された人口に比例して議員定数を配分する方法であって，定数にあわせて人口を決める選挙区割りを行うための方法ではないからである．定数にあわせて選挙区割りを行うときには，選挙区人口は定数が許容する最大限の範囲に分布することになる．選挙区定数が 1～3 の 1919 年では，理論上最大で 3 倍の較差を生じるサント・ラグ方式を用いた結果，郡部の選挙区の 1 票の較差は 2.2 倍となっている．選挙区定数が 1～2 の 1889 年では，理論上最大 2 倍の較差を生じるドント方式を用いた結果，1.95 倍になっている．これでは，第 1 段階で都道府県間の議員 1 人あたり人口の最大較差が 2 倍よりかなり小さくても，第 2 段階の配分によって較差が拡大してしまい，比例代表制を用いたことの意味がなくなる．第 2 段階の選挙区割りで行うべきことは，選挙区人口（議員 1 人あたり人口）をできる限り均等にすることであって，最大限に分布した選挙区人口に比例して定数を配分することではない．

242 第8章 選挙区改定方法の改革へ向けて

　1925年と1947年の中選挙区制では，サント・ラグ方式を用いて都道府県に議員定数を配分した後，サント・ラグ方式によって，都道府県内を配分された定数と一致するように3〜5人の選挙区に区割りした．都道府県内を適当な除数を用いてその2.5〜3.5倍，3.5〜4.5倍，4.5〜5.5倍の人口の選挙区に区割りすることは比較的容易であり，選挙区の議員1人あたり人口の較差は理論上最大で3人区の1.4倍で，比較的小さく，均等である．区割り後の1票の較差は両年とも1.5倍だった．しかし，選挙区人口を区切って3〜5人を配分する方法では，人口の変動によって，選挙区が3人区や4人区の人口上限を超えたり，4人区や5人区の人口下限を下回ったりすれば，すぐ選挙区間で人口と定数の逆転現象が生じる．戦後の高度成長期においてこうした逆転現象は広範に生じたが，定数不均衡是正は議員1人あたり人口の最大較差を2倍あるいは3倍程度に縮小するだけで，根本的な選挙区割りの見直しを行わなかった．

　第6章では，1994年から採用された小選挙区比例代表並立制の選挙区選挙における議員定数配分と区割りについて分析した．議員定数配分は，真の比例代表制の方式とはいえない1人別枠方式＋ヘア式最大剰余法で行われ，人口の少ない県に有利な配分となった．区割りは，衆議院議員選挙区画定審議会（区割り審）が原則として10年ごとの国勢調査結果にもとづいて首相に改定案を勧告し，選挙区人口の最大較差を2倍未満とすることを基本として行政区画，地勢，交通等を総合的に考慮して行うこととなったが，都道府県内の選挙区人口は均等化せず，都道府県間の議員1人あたり人口の最大較差が2倍未満であっても選挙区人口の最大較差は2倍を超えた．2011年に最高裁は，投票価値の平等の要求に反するとして違憲状態であるとし，その主要な要因が1人別枠方式にあったとしたため，2013年の緊急是正法によって廃止された．1票の較差は2013年の0増5減と2017年の0増6減によって2倍未満に収められたが，1人別枠方式の影響はアダムズ方式が2020年国勢調査結果の日本国民人口に完全適用されるまで残った．この2022年の改定案は10増10減の定数変化を含むこれまでで最大の25都道府県140選挙区に及ぶものであったが，区割り審の改定案の作成方針には，人口較差を2倍未満にし，2021年総選挙当日有権者数で2倍超の選挙区を考慮すること，市区を分割する場合を列挙してそれ以外の分割市区を解消することなどを除けば，定数の増減のない道府県の選挙

区の改定は必要な範囲とすることなど，区割り改定を限定して既存の選挙区への影響をできるだけ小さくする従来の方針が受け継がれた．形式上はすべての選挙区の改定を検討するが，2倍未満の区割り基準を厳格に適用したため，実際には作業手順で列挙した各都道府県の選挙区のみを対象として改定を行った結果，最大較差は1.999倍になった．

1994年以降の定数配分と区割りも，日本の明治期以来の2段階の比例代表制の適用と同等の方法であるといえる．当初の定数配分は真の比例代表制の方式ではない1人別枠方式＋ヘア式最大剰余法であったが，2011年の違憲判断を受けて2016年にアダムズ方式に変更された．現行の定数配分と区割りにおいて，都道府県への議員定数配分をアダムズ方式によって行った後，各都道府県内の選挙区割りで全国の最少選挙区との較差を2倍未満とすることは，最少選挙区人口を除数とするドント方式を用いて定数1人を配分する選挙区割りを行うことを意味する．アダムズ方式によって都道府県間の議員1人あたり人口の最大較差は1.697倍に縮小したが，選挙区割りにおいてドント方式を用いることにより最大較差は2倍未満まで拡大する．全国の選挙区人口は最大較差2倍未満の範囲で広く分布し，各都道府県内の近接する選挙区の間で比較的大きな較差が生じることになる．比較政治的に見るならば，本書で見た各国が各州・地方の議員1人あたり人口に実行可能な限り選挙区人口を近づけたり，一定の偏差内に収めるようにしたりしているのに比べて，日本のあり方はきわめて異質であり，世界標準の方法から逸脱しているといわざるを得ない．

第7章では，参議院議員の選挙制度と1票の較差について分析した．参議院議員は，都道府県の地方区・選挙区と大選挙区単記投票制から比例代表制に変更された全国1区から選出される．選挙区の議員定数は当初，人口に比例して最低2人，最高8人がサント・ラグ方式で配分され，議員1人あたり人口の最大較差は2.6倍程度だったが，人口移動によって5倍を超えても最高裁は国会の立法政策の問題であるとして合憲判断を下していた．しかし，6倍を超えた段階では違憲の問題が生ずる程度の著しい不平等状態であるとして違憲状態だとした．国会はこの判決の前に定数是正を実施して最大較差5倍未満に抑えたが，その後，長期間にわたって5倍前後が継続した結果，最高裁は，違憲状態の較差の縮小のためには現行制度の仕組み自体の見直しが必要であるとした．

244　第 8 章　選挙区改定方法の改革へ向けて

国会は 2015 年に 4 県 2 合区を含む 10 増 10 減の定数是正を行い，最大較差は 3 倍未満に縮小した．

　抜本的な制度改正は都道府県によらない小選挙区制や比例代表制の選挙制度への変更であるが，参議院の改革協議会ではさまざまな選挙制度が議論されており，どのように議論がまとまり，改革が進んでいくか現段階ではわからない．

2．衆議院選挙制度協議会における議論[1]

　2022 年の区割り改定法案が政治倫理の確立及び公職選挙法改正に関する特別委員会で議決された時，与野党 5 派共同提案によって附帯決議を付す動議が可決した．その内容は次の通りである．

公職選挙法の一部を改正する法律案に対する附帯決議

一　この法律の施行後においても，国会議員を選出する選挙制度は重要な課題のため不断に見直していくべきものであり，人口減少や地域間格差が拡大している現状を踏まえつつ，立法府の在り方を含め，議員定数や地域の実情を反映した選挙区割りの在り方等に関し，国会において抜本的な検討を行うものとする．

二　当該検討に当たっては，速やかに，与野党で協議の場を設置し，円満かつ公正公平な運営の下，充分な議論を行い，次回の令和 7 年の国勢調査の結果が判明する時点を目途に具体的な結論を得るよう努力するものとする．

三　今回の区割り改定により，区割りが変更される選挙区が多数に上るため，政府においては，有権者に混乱が生じることのないよう新たな選挙区に関し十分に周知徹底を行うこと．

　2023 年 2 月に与野党 6 党の国対委員長会談の要請を受け，衆議院の正式な機関への移行を念頭に衆議院選挙制度協議会が設置され，12 月末まで 16 回会

---

1)　この節は，『衆議院選挙制度協議会報告書』（令和 5（2023）年 12 月）による．

合が開かれ，報告書がとりまとめられた．協議項目は，①現行選挙制度の検証，②現行選挙制度の評価，③望ましい選挙制度の在り方，④立法府の在り方，⑤議員定数，区割りの在り方等，⑥その他であり，それぞれについて，衆議院調査局，総務省選挙部，国立国会図書館からの説明，有識者・学識者からの意見聴取を行い，また，参加した議員間で協議を行った．

　ここでは，③と⑤における論点を取り上げる．③望ましい選挙制度の在り方について，現行制度に対する評価はまちまちであり，1票の較差訴訟における最高裁の判断が従前のものに戻ることはないので，今後の対応としては，選挙制度に関する法改正では限界があり，憲法改正など根本的なところに踏み込まざるを得ないとの意見，地方からの人口流出・人口減少の中で，地方の声をどう反映させるかについて，定数増も1つの手立てであるが，憲法を改正しない限り大きな改革はできないとの意見，人口以外の要素として面積などを考慮することは憲法に規定しなければできないとの意見などがあった．次に，⑤議員定数，区割りの在り方等について，人口減少が進む中で地域代表も確保でき，かつ，都会も選挙区が細切れにならないようなバランスがとれる選挙制度はどのような制度がよいか，中選挙区制や比例代表制が一案との意見，小選挙区制が投票価値の平等の原則にそぐわない，小選挙区制を見直しブロック単位の比例代表制を主張する意見，わが国の議員定数が国際的に見て少ないので，定数増も1つの手立てとの意見，区割りに面積など人口以外の条件を反映させるに当たっては，憲法改正が当然必要であるとの意見，などがあった．

　報告書は，幅広い議論がなされたとして，今の段階で意見の集約は行わず，来年度以降議論をさらに深めていく際に必要な議論の視点として，①人口動態の変化を踏まえた1票の較差の是正と地方の声の反映，②政党本位・政策本位の実現と残された課題への対応，③あるべき選挙制度と国民目線の見直しをあげている．①については，今後もさらなる地方からの人口流出，人口減少などの変化も想定される中で，1票の較差の是正と地方の有権者の声の反映の両立にどのように対応していくことが適切か，さらに議論を深めていく必要があるとし，②については，政治と金の問題など実現されていないものがあり，また，有権者の意識や関心とのギャップや政党のガバナンスなどの問題は残っており，対応していく必要があるとし，③については，本来あるべき衆議院選挙制度を

246　第8章　選挙区改定方法の改革へ向けて

考えれば，衆参の役割や憲法問題も含めて抜本的な議論も考えられるが，憲法改正さえ行えば今までにない新しい投票価値の平等が実現できるといった誤解を招くことのないよう留意が必要であり，また，選挙は主権者たる国民がその主権を行使する大切な手段であり，民主政治の健全な発達のため，見直しについては国民の目線に立ってあるべき選挙制度を考えていくことが重要であるとしている．

　そして，次回令和7（2025）年国勢調査の結果が判明する時点を目途に具体的な結論を得るよう努力していくことが次のステップとして重要である，と結んでいる．

3. 衆議院の選挙区改定方法の改革へ向けて

　前節で見たように，公職選挙法改正案に対する附帯決議や衆議院選挙制度協議会の報告書には，2022年の区割り改定で10増10減の定数変更と25都道府県140選挙区の区割り変更が行われたことを契機に，国会議員たちの間から強い不満や危機意識を反映したさまざまな問題点があげられている．附帯決議では，人口減少や地域間格差が拡大している現状が，議員定数が減少する地域に大きく影響するため，議員定数や地域の実情を反映した選挙区割りのあり方の抜本的検討を行い，令和7（2025）年の国勢調査結果の公表時点までに具体的結論を得ることとし，今回の区割り改定で，区割りが変更される選挙区が多数に上り，有権者が混乱しないよう政府に十分周知することを求めている．また，協議会報告書では，1票の較差の是正と地方の有権者の声の反映の両立にどのように対応していくか議論を深める必要があり，民主政治の健全な発達のため，あるべき選挙制度を考えていく際には，国民の目線に立って見直していくことが重要であるとしている．ここにあるのは，最高裁が求める1票の較差是正を進めながらも，人口減少と地域間格差の拡大により，人口減少県の議員定数が減ったために地方の有権者の声が反映しにくくなっていることや，多数の選挙区の区割り改定による有権者の混乱への心配であり，国民の目線に立ってあるべき選挙制度を考えていくことが重要として，国民の代表である国会議員が国民の目線から問題点を指摘する構図になっている．

第 1 節において述べたことの繰り返しになるが，再確認しておく．民主政治のための選挙制度は，有権者が平等に参加し，最終結果に対して平等に影響を及ぼすことができるものでなければならない．中選挙区制がこの条件を満たしているかどうか疑わしく，小選挙区制と比例代表制はこの条件を満たしている．議員定数は，定期的に国勢調査結果などにもとづいて州や都道府県などの地方行政区画の人口に比例して配分される必要があり，さらに選挙区に分かれる場合には公正・公平な区割り改定が行われることがきわめて重要である．国民の完全に平等な選挙権を達成することは困難であるが，それに近似する方法は，(1) 真の比例代表制の方式によって各州・都道府県に議員定数配分を行い，(2) 各州・都道府県内の選挙区人口（議員 1 人あたり人口）を実行可能な限り等しくするよう区割りを行うか，各州・都道府県の議員 1 人あたり人口からの偏差を一定の範囲に収めることである．真の比例代表制の方式は可能な場合には各州・都道府県の人口に完全比例する配分をもたらすので，各州・都道府県内の選挙区人口を均等化すれば，理論的には国民の完全に平等な選挙権を達成することができる．

しかし，日本の小選挙区における定数配分と区割りの方法は，アメリカ，イギリス，カナダにおけるような世界標準の方法からかけ離れている[2]．まず定数配分における 1 人別枠方式は当初の合理性が失われて違憲性が明らかになり，アダムズ方式に変更された．それでは，区割りの方法はどうだろうか．最小人口選挙区と最大人口選挙区の較差は 2 倍未満を基本とする区割り基準は，中選挙区制の時期に最高裁から 1 票の較差が違憲状態であると繰り返し指摘された結果として採用されたものであるが，これは，明治以来の区割り基準と実質的に変わらないものである．1 人別枠方式と同じように，2 倍未満の基準も当初

---

2) 本書で特に扱っていないドイツにおいては，連邦議会議員の半数が 299 の小選挙区から選出される．小選挙区数は各州人口に比例してサント・ラグ／シェーパーズ方式を用いて配分され，区割りに際して選挙区人口は全国の選挙区平均人口の上下 15％を超えてはならず，25％を超えた場合には区割り改定が行われる（ドイツ連邦選挙法 3 条 1 項 2 号，3 号）．また，フランス国民議会議員の小選挙区数は各県の人口に比例してアダムズ方式を用いて配分され，各県内の選挙区人口は各県の選挙区平均人口から 20％以上乖離してはならない（佐藤令 2013）．いずれも真の比例代表制を用いて州・県に議員定数配分を行い，選挙区割りには偏差基準を用いている．

の合理性を失いつつあるのではないだろうか. 2倍未満の基準の非合理性はすでにこれまでの区割りに表れている. すなわち, 最大較差を2倍未満よりさらに改善することができない区割り基準として区割り改定作業が進められたために, 数年を経ずして2倍を超えてしまい, 繰り返し区割り改定が必要になっている. また, 2倍未満の基準は, 都道府県内の選挙区人口をその都道府県の議員1人あたり人口に収斂させずに, 近接選挙区間で大きな較差を生じる原因となっている. その結果, 国会議員や国民からは頻繁な区割りが選挙区の安定性を損なうものとして批判されることになり, その批判が区割り改定の範囲を必要最小限に抑えることになり, そのため, しばらくすると2倍を超えて区割り改定が必要になってしまう悪循環に陥っている[3].

アダムズ方式は真の比例代表制の方式であり, その中では人口の少ない地域に有利な議員定数配分になるにもかかわらず, 人口の少ない地域に過度に有利な1人別枠方式+ヘア式最大剰余法と比べると, 人口減少地域での国会議員定数の減少が, 地方の有権者の声が反映しにくくなると懸念されている. アダムズ方式が公正・公平な人口比例の議員定数配分をもたらしており, これをさらに変更することは考えにくい以上, この問題を解決するためには, 衆議院小選挙区の総定数を増加して, 人口減少県への議員定数配分の増加を図ることが1つの方法としてありうる. もともと, 定数削減は, 国会各政党の選挙公約であったのであり, 政治学研究者の間でも2016年の衆議院選挙制度に関する調査会においても, 国際比較などから見て日本の議員定数は多いとはいえないと考えられている.

都道府県間の議員1人あたり人口の最大較差は真の比例代表制の方式であるアダムズ方式の採用により1.697倍となっており, 2倍未満の基準をある程度下回る合理的なレベルに抑えられている. 現在のこの状況において, 選挙区人口を最大較差2倍未満とする区割り基準は, むしろ, 較差の拡大を許容する基

---

3) マッケルウェイン (2022) も, 最大較差2倍未満の区割りについてほぼ同趣旨の問題点を指摘している. 彼はノルウェー憲法のように, 定数配分ルールとタイミングを憲法に明記し, 政治的裁量を狭めるという解決策を提案している. ただ, 改定時の較差を1.5倍以内にするのが好ましいとするが, それは, どんな方法によってもほとんど不可能である.

準でしかなく，合理性を失っている．そうであるならば，新しい区割り改定案の作成基準として，(1) 都道府県の議員 1 人あたり人口に沿って都道府県内の選挙区間の較差を最小化，あるいは一定の偏差内とするものに改定する必要がある[4]．そうすれば，(2) 大規模国勢調査結果にもとづく区割りを行った後，較差 2 倍を超える可能性が低くなるので，中間年の区割り改定を行わないこととする．それによって，(3) 選挙区の安定性が 10 年間にわたり確保されるようになる．現行の区割り基準では，既存の選挙区の安定を考慮して，区割り改定を最大較差 2 倍未満にするために必要な範囲としているので，かえって中間年に区割り改定を重ねる必要が生じやすい[5]．

　区割り改定の基準を現在の 2 倍未満から変更することによって，これまで提起されてきたいくつかの問題を解決することができると考えられる．新たに区割りされた選挙区は今後 10 年間にわたり安定するので，中間年に区割り改定を行う必要がなくなり，有権者に混乱をもたらすことが少ない．また，アダムズ方式によって人口に比例して議員定数が配分された都道府県内の選挙区人口が均等化され，偏差が小さくなることにより，都道府県内における国民の平等な選挙権が保障される．現行の区割り基準では，2 倍未満まで較差を許容し，行政区画を分割しないことを原則にしているため，地方大都市の選挙区に住む国民が周辺の近接する過疎地域の選挙区に住む国民に比べて過小代表されてい

---

4)　徳永・砂原（2016）は，投票価値の不平等については，選挙区間の最大較差もさることながら，（全国の）平均値からの偏差に着目しなければならないとしているが，アダムズ方式を採用したことにより，全国の平均値からの都道府県の偏差は小さくなっている．したがって，1 票の較差を縮小するためには，都道府県の平均値からの選挙区の偏差を小さくすることが重要である．

5)　たとえば，2022 年 10 月 24 日の衆議院政治倫理の確立及び公職選挙法改正に関する特別委員会において，平口洋委員長の「1.9 倍を超える選挙区は 19 選挙区あり，今後の人口動向の傾向からすると，早晩，格差 2 倍以上となる選挙区が生じることも考えられますが，審議会では今回の改定案での格差をどのように評価されているか，お聞かせください」という質問に対して，区割り審会長代理の久保信保参考人は，「区割り審議会設置法におきましては，令和 2 年の国勢調査人口において，選挙区間の人口格差を 2 倍未満とする旨，明確に規定されており，また，合理性のある将来推計人口を算出することは困難でございますので，これ以外の人口基準を一律に適用すべき改定基準とすることは難しいと判断いたしました」と答えている．『第 210 回国会衆議院政治倫理の確立及び公職選挙法改正に関する特別委員会第 2 号』2022 年 10 月 24 日．

る．各都道府県の議員1人あたり人口に沿った区割り基準を用いることによって，地方大都市に住む国民が同一都道府県内の他の地域の国民と同じように平等かつ公正に選挙権を行使できるようになる．このことは，全体として日本国民が平等に参加し，最終結果に対して平等に影響を及ぼすことができる民主政治の健全な発達に寄与すると思われる．

　こうした区割り基準の変更を行うためには，3通りの方法が考えられる．第1の方法は，単刀直入に区割り審設置法の3条1項を改正することである．たとえば，現行規定のうち2倍未満に関する部分を削除し，下線部を追加するといった改正が考えられる．

　第3条　前条の規定による改定案の作成は，各都道府県の区域内の各選挙区の人口（最近の国勢調査（統計法（平成19年法律第53号）第5条第2項の規定により行われる国勢調査に限る.）の結果による日本国民の人口をいう．以下この条において同じ.）の均衡を実行可能な限り図り，各選挙区の人口が，当該都道府県の人口を当該都道府県の区域内の選挙区数で除して得た数の百分の90以上，かつ，百分の110以下となるようにすることとし，~~その最も多いものを最も少ないもので除して得た数が2以上とならないようにすることとし，~~行政区画，地勢，交通等の事情を総合的に考慮して合理的に行わなければならない．

この改正の趣旨は，全国で2倍未満の基準を廃止するということではなく，それを最低限の条件としてクリアした上でさらに改善するということである．これによって，各都道府県内の選挙区人口が各都道府県の議員1人あたり人口に沿って一定の偏差内に収まるようになり，1票の最大較差は2倍よりある程度縮小する．また，2倍未満の基準の区割りにおける運用の轍を踏まないために，可能な場合には偏差基準よりさらに均等化することとする．そして，行政区画，地勢，交通等の事情は，偏差基準を達成できる限りにおいて考慮して区割りを行うということである．2022年の区割り改定に適用してみると，都道府県間の議員1人あたり人口の最大較差は1.697倍であり，各都道府県内の選挙区人口を偏差±10%以下にする場合，各都道府県内の最大較差は1.222倍（＝1.1÷

0.9）となり，議員1人あたり人口最少県（鳥取）の選挙区の人口が，均等に区割りされて同県の議員1人あたり人口と等しいと仮定すると，全国の選挙区間の1票の最大較差は1.867倍（＝1.697×1.10）となる．ちなみに偏差±5％以下では都道府県内較差は1.105倍，全国の選挙区間の最大較差は1.782倍，偏差±8％以下では都道府県内較差は1.174倍，全国の選挙区間の最大較差は1.832倍，偏差±12％では都道府県内較差は1.273倍，全国の選挙区間の最大較差は1.901倍，偏差±15％では都道府県内較差は1.353倍，全国の選挙区間の最大較差は1.952倍となる[6]．このように都道府県内の選挙区人口がかなり均衡化されることによって，1票の最大較差が2倍よりある程度縮小する．

また，区割り審設置法4条2項は，中間年の国勢調査にもとづく区割り改定を規定しているが，10年ごとの大規模国勢調査結果にもとづいて偏差基準による区割り改定を行えば，中間年の国勢調査結果で1票の最大較差が2倍以上になる可能性はほとんどなく，区割り改定の必要がなくなるので，この規定を削除してもいいし，残しておいても問題ない．

区割り基準の変更の第2の方法は，区割り審設置法を改正することなく，区割り審が「区割り改定案の作成方針」において，上記の偏差基準を規定することである．注5の久保参考人の発言にあるとおり，区割り審設置法の規定は較差2倍未満であって，これ以外の人口基準を一律に適用すべき改定基準とすることは難しいと解釈する限り，この方法をとることはできない．しかし，2017年の区割り改定では，区割り審設置法附則で定められた2015年国勢調査人口および2020年見込人口で較差2倍未満とする区割り基準が用いられた前例があり，区割り審が設置法の区割り基準より詳細な規定を含む「区割り改定案の作成方針」を作成する裁量権を持っていることを考慮すれば，まったく不可能であるというわけでもない．

区割り基準の変更の第3の方法は，1人別枠方式が廃止された経緯と同じように，最高裁が，2倍未満を基本とする区割り基準には達成するよう努力すべききわめて厳しい基準として当初は合理性があったが，2016年に2倍未満と改

---

6) 都道府県間の議員1人あたり人口の最大較差が1.697倍の岡山県における2022年改定後の選挙区は，最少の1選挙区を除くすべてが偏差基準±8％内にあり，その最大選挙区との較差は1.811倍であるので，本文中の最大較差よりさらに低くなると思われる．

正された区割り基準は，アダムズ方式の採用により都道府県間の議員1人あたり人口が2倍をある程度下回るようになった現在ではもはや合理性を失い，むしろ，1票の較差を2倍まで拡大するように働いており，これを厳密に適用し続ける場合には区割り改定の度に，時間を経ずして2倍を超える可能性が大きいことを指摘して，廃止するよう国会に促すことである．こうした最高裁の判断が下される可能性がないともいえないが，今後の総選挙に対して提起される無効請求訴訟いかんである．

　本書が提案する区割り基準が適用された場合，選挙区人口の分布がどのようになるかを見ておきたい．図8-1は，横軸に都道府県人口を取り，縦軸に2022年区割り改定後の選挙区人口を取って各選挙区をプロットしたものである．図には，参照線として最少選挙区人口の273,973人とその2倍の547,946人が描かれている．図の中央の折れ線グラフは都道府県の議員1人あたり人口を示し，その±5％，±8％，±10％，±12％の範囲を示してある．図が煩瑣になるのを避けるため，いくつかの県名は省略した．アダムズ方式によって人口に比例して議員定数が配分されることによって，都道府県間の議員1人あたり人口の最大較差は1.697倍となって，2倍をある程度下回っている．各都道府県の議員1人あたり人口は，それぞれの都道府県内の選挙区人口の平均であるため，議員1人あたり人口を基準としてそれから一定の偏差内になるように選挙区割りを行えば，全国の選挙区間の人口の最大較差は2倍を下回ることになる．

　2022年の区割り改定では，選挙区人口は都道府県の議員1人あたり人口に収斂せずに全国の2倍未満の範囲に広がっており，特に，京都，茨城，北海道，福岡，栃木，長野，石川，山梨，宮城，兵庫などでは同一道府県内の選挙区の較差が1.6倍を超えており，きわめて大きい．たいていの場合，偏差の範囲の上側にはみ出した選挙区がある道府県では偏差の範囲の下側にはみ出した選挙区も存在するのであり，同一道府県内の近接した選挙区間で1票の較差が著しい．いわば，同一道府県内で過大代表される人口の少ない選挙区は，近接する過小代表される人口の多い選挙区の犠牲の上に成り立っている．こうした1票の較差が，各道府県内の特別の事情として合理的な根拠があると説明可能かどうかは，従来の全国で2倍未満の基準による区割り改定では必ずしも突き詰められていなかった．

3. 衆議院の選挙区改定方法の改革へ向けて　253

図 8-1　2022 年区割り改定後の選挙区人口と偏差 ±5％〜 ±12％の範囲

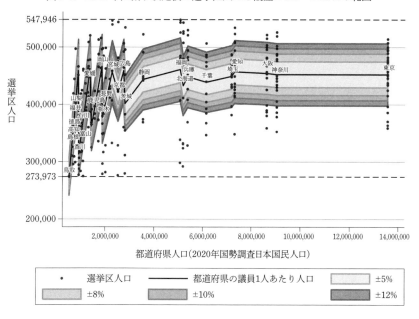

　本書の提案は，アダムズ方式によって都道府県間の議員 1 人あたり人口の最大較差が 2 倍をある程度下回ることを前提として，都道府県内の選挙区を偏差基準にもとづいて区割りするということである．2022 年の区割り改定をもとにして，新しい偏差基準によって区割りを変更しなければならない選挙区数を見てみよう．まず，偏差基準 ±5％を用いると，下側の 89 選挙区の人口を増やし，上側の 106 選挙区の人口を減らす必要がある．これらの同一都道府県内の選挙区が近接していれば，選挙区間で区域人口を移動することになるので，おおよそ最大で 195 選挙区の改定となる．偏差基準 ±8％を用いると，下側の 71 選挙区の人口を増やし，上側の 79 選挙区の人口を減らす必要があり，同様に考えれば，最大で 150 選挙区の改定となる．偏差基準 ±10％を用いると，下側の 63 選挙区の人口を増やし，上側の 67 選挙区の人口を減らす必要があり，最大で 130 選挙区の改定となる．偏差基準 ±12％の場合には，下側の 54 選挙区，上側の 48 選挙区の人口を調整する必要があり，最大で 102 選挙区の改定となる．ちなみに，図には示してない偏差基準 ±15％の場合には，下側の 40 選挙区，

254　第8章　選挙区改定方法の改革へ向けて

表 8-1　将来推計人口と1票の較差

	将来推計人口	2030年	2040年	2050年
定数 289	都道府県間の議員1人あたり人口の最大較差	1.805	1.878	1.937
	±15%	2.076	2.159	2.227
	±12%	2.021	2.103	2.169
	±10%	1.985	2.065	2.131
	±8%	1.949	2.028	2.092
	±5%	1.895	1.972	2.034
定数 300	都道府県間の議員1人あたり人口の最大較差	1.730	1.811	1.871
	±15%	1.990	2.083	2.151
	±12%	1.938	2.029	2.095
	±10%	1.903	1.992	2.058
	±8%	1.869	1.956	2.021
	±5%	1.817	1.902	1.964
定数 320	都道府県間の議員1人あたり人口の最大較差	1.611	1.650	1.752
	±15%	1.853	1.898	2.014
	±12%	1.804	1.848	1.962
	±10%	1.772	1.815	1.927
	±8%	1.740	1.782	1.892
	±5%	1.692	1.733	1.839

上側の 32 選挙区の人口を調整する必要があり，最大で 72 選挙区の改定となる．

　この偏差基準による区割り改定を導入すると，大きな変更が生じるように見えるが，いったん導入した後では，1 票の較差は 2 倍を下回るため，中間年の区割り改定を行わなくてすむことになり，選挙区は 10 年間安定することになる．有権者にとっても，候補者にとっても，また，選挙事務を担当する職員にとっても好ましい結果をもたらすと考えられる．

　本書が提案する区割り基準の改正が行われるとすれば，2030 年の大規模国勢調査結果にもとづく区割り改定から適用されることが望ましい．表 8-1 は，国立社会保障・人口問題研究所が 2020 年国勢調査をもとにまとめた『日本の地域別将来推計人口（令和 5（2023）年推計）』を用いて 2030 年から 2050 年

までの区割り改定における都道府県間の議員1人あたり人口の最大較差および偏差基準による選挙区人口の最大較差を試算した結果である[7]. 小選挙区定数は，現行の289人の他に，仮に300人，320人の場合についても計算した. 将来推計人口は外国人も含むので，区割り審設置法で用いる日本国民の人口とは若干違いはあるが，計算結果にあまり違いはないと考えられる.

まず現行定数の289人の場合では，アダムズ方式による都道府県間の最大較差は2030年に1.805倍となり，偏差基準±12％以上による選挙区間の最大較差は2倍を超えるが，選挙区人口が偏差基準の上限になるとは限らないので，おそらく±12％の偏差基準であれば，公正・公平な区割り改定ができると思われる. しかし，2040年および2050年ではアダムズ方式による都道府県間の1票の較差が1.9倍前後となり，±12％以上の偏差基準では全国の1票の較差が2倍を超える可能性が高く，おそらく±5％の偏差基準だけが2倍未満となる可能性が高い. 定数300人の場合を見ると，2030年の都道府県間の最大較差は1.730倍であり，すべての偏差基準において2倍未満の区割りを行うことができる. 2040年には都道府県間の最大較差は1.811倍になり，±12％以上の偏差基準では選挙区間の最大較差2倍未満を達成できない. 2050年には都道府県間の1票の較差は1.871倍となり，±10％以上の偏差基準による選挙区間の最大較差は2倍を超える. おそらく±8％以下の偏差基準によって2倍未満をクリアできると思われる. そして，定数320人の場合を見ると，2030年には都道府県間の最大較差は1.611倍，2050年でも1.752倍であり，偏差基準による選挙区間の最大較差は2050年の偏差基準±15％の場合のみ2倍を超えるだけで，あとはすべての基準で2倍未満を達成できる.

したがって，現行定数の289人の場合では，アダムズ方式と新偏差基準は2030年の区割り改定では±12％の基準で2倍未満を達成できると思われるが，将来は±8％以下の偏差基準に変更する必要がある. 仮に定数を300人に増加し，偏差基準をより小さい±8％にすれば，2050年までは2倍未満を達成でき

---

7) 品田（2016）は，平成25（2013）年推計の将来推計人口にもとづいて定数300人を比例代表制の諸方式で配分したときの都道府県間の議員1人あたり人口の最大較差を計算し，アダムズ方式でも2040年頃には較差が2倍近くになり，選挙区割りをすれば2倍を超える危険があると指摘している.

256　第 8 章　選挙区改定方法の改革へ向けて

ると思われ，定数を 320 人に増加すれば，ほとんどすべての偏差基準で最大較差 2 倍未満を維持することができる．本書が提案する新偏差基準は，小選挙区定数の見直しも考慮に入れながら，大規模国勢調査ごとに慎重な微調整が必要になる可能性があるが，比較的長期間にわたって持続可能であると考えられる[8].

　さらに，都道府県間の最大較差の意味についても考えておく必要がある．第 6 章の図 6-6 をもう一度見てほしい．アダムズ方式は，各都道府県の日本国民の人口を小選挙区基準除数（2020 年国勢調査の場合は 466,000 人）で除した商の端数を切り上げた数の定数を配分する．都道府県間の議員 1 人あたり人口の最大較差は，小選挙区基準除数にもっとも近く最大の岡山（定数 4 人で議員 1 人あたり人口 465,829 人）と最小の鳥取（定数 2 人で議員 1 人あたり人口 274,549 人）の間で 1.697 倍である．そこで，岡山の議員 1 人あたり人口をほぼ同じ小選挙区基準除数に置き換えて変形すると，

$$\frac{\dfrac{岡山の人口}{岡山の定数}}{\dfrac{鳥取の人口}{鳥取の定数}} = \frac{465,829}{274,549} \fallingdotseq \frac{小選挙区基準除数}{\dfrac{鳥取の人口}{鳥取の定数}} = \frac{\dfrac{鳥取の定数}{鳥取の人口}}{小選挙区基準除数} = \frac{2}{1.178} = 1.697$$

すなわち，都道府県間の議員 1 人あたり人口の最大較差は，ほぼ，アダムズ方式によって人口最少の鳥取が定数 2 人を小選挙区基準除数の 1.178 倍の人口によって得ていることの歪みの指標である．小選挙区基準除数は，各都道府県人口を除した商の端数を切り上げた値の合計が総定数となるので，日本の総人口が減少する場合にはより小さい小選挙区基準除数を用いる必要があり，総定数が増加する場合にもより小さい小選挙区基準除数を用いる必要がある．そこで，鳥取の人口減少が日本の人口減少よりも早く進むならば，相対的に小選挙区基準除数が大きくなることと同等だから，鳥取の人口を除した値（現在は 1.178）は小さくなるので，都道府県間の最大較差は徐々に 2 に近づく．しか

---

8)　衆議院選挙制度に関する調査会（2016）は，小選挙区定数の見直しについて，定数削減の積極的理由や理論的根拠は見出し難いとしている．また，1999 年最高裁判決の反対意見は，過疎地域の代表選出の機会を与えるために総定数を増加する方法に言及している（第 6 章第 3 節参照）．

し，アダムズ方式は真の比例代表制の方式であるから，最大較差が 2 を超えることはない．鳥取の人口が小選挙区基準除数以下となると，商が 1 以下となり，端数を切り上げて定数が 1 人になるが，そのときには，別の県の議員 1 人あたり人口が最少となり，その値が最大較差を決定する．こうした最大較差が 2 倍に近づく速度を弱める方法の 1 つは小選挙区定数の増加であり，それによって小選挙区基準除数が小さくなるので，最大較差が 2 倍に近づくまでより長い時間がかかる．それにあわせて偏差基準をより小さくすれば，選挙区間の最大較差を 2 倍未満にすることができる．また，すべての都道府県について同一の偏差基準を用いるのではなく，都道府県の議員 1 人あたり人口が大きく，同一の偏差基準では人口最少選挙区の人口の 2 倍を超える人口の選挙区がある都道府県については，より小さな偏差基準を用いることで選挙区人口を均等化して 2 倍をある程度下回るようにすることとしてもよい．そもそも，議員 1 人あたり人口が最少の県については，区割り改定案の作成方針において，その各選挙区の人口をできるだけ均等にするものとするとされていることから，こうした方法を取ることもできると考えられる．

　本書で繰り返し述べているように，民主政治は，政治的に平等な構成メンバー全員の選好に完全あるいはほとんど完全に応答する特質を持つ理想的な政治システムであり，その選挙制度はすべてのメンバーが平等に参加し，最終結果に対して平等に影響を及ぼすことができるものでなければならない．国会議員は，アダムズ方式のもとで各都道府県の均等に区割りされた選挙区から選出されることによって，公正・公平な選挙で選ばれた国民の代表としての正統性を得ることができる．本書の提案が，それに近づくための実行可能な最善の改革のためのヒントになれば幸いである．

付表1 1889年の府県への定数配分

府県	1886年12月31日現住人口	12万を除数とするドント方式	1888年12月枢密院諮詢案附録	1889年2月衆議院議員選挙法附録
東京府	1,538,121	12.82	12	12
京都府	849,362	7.08	7	7
大阪府	1,207,907	10.07	10	10
神奈川県	896,948	7.47	7	7
兵庫県	1,480,685	12.34	12	12
長崎県	729,042	6.08	6	6
対馬				1
新潟県	1,632,257	13.60	13	13
埼玉県	1,015,824	8.47	8	8
群馬県	667,931	5.57	5	5
千葉県	1,141,621	9.51	9	9
茨城県	967,480	8.06	8	8
栃木県	655,880	5.47	5	5
奈良県	488,289	4.07	4	4
三重県	892,654	7.44	7	7
愛知県	1,404,106	11.70	11	11
静岡県	1,019,301	8.49	8	8
山梨県	430,996	3.59	3	3
滋賀県	654,558	5.45	5	5
岐阜県	889,739	7.41	7	7
長野県	1,074,069	8.95	8	8
宮城県	688,124	5.73	5	5
福島県	870,822	7.26	7	7
岩手県	641,395	5.34	5	5
青森県	515,779	4.30	4	4
山形県	722,978	6.02	6	6
秋田県	654,037	5.45	5	5
福井県	585,776	4.88	4	4
石川県	728,974	6.07	6	6
富山県	715,384	5.96	5	5
鳥取県	386,083	3.22	3	3
島根県	684,257	5.70	5	5
隠岐				1
岡山県	1,043,029	8.69	8	8
広島県	1,276,461	10.64	10	10
山口県	897,557	7.48	7	7
和歌山県	613,862	5.12	5	5
徳島県	661,548	5.51	5	5
香川県				5
愛媛県	1,533,988	12.78	12	7
高知県	557,776	4.65	4	4
福岡県	1,159,294	9.66	9	9
大分県	762,275	6.35	6	6
佐賀県	534,981	4.46	4	4
熊本県	1,020,460	8.50	8	8
宮崎県	394,261	3.29	3	3
鹿児島県	943,088	7.86	7	7
全国計	38,228,959		298	300

注：枢密院諮詢案は，12万人につき定数1配分のドント方式.

衆議院議員選挙法附録では，対馬，隠岐が独立選挙区となり，香川県は愛媛県から分離した.

付表 2　1900 年の道府県の市部・郡部への定数配分

庁府県	市部・郡部	1898 年 12 月 31 日現住人口	成案	1900 年法
東京府	東京市	1,440,121	11.08	11
東京府	郡部	660,981	5.09	5
京都府	京都市	353,139	2.72	3
京都府	郡部	644,349	4.96	5
大阪府	大阪市	821,235	6.32	6
大阪府	堺市	50,203	1	1
大阪府	郡部	729,485	5.61	6
神奈川県	横浜市	193,762	1.49	1
神奈川県	郡部	733,122	5.64	6
兵庫県	神戸市	215,780	1.66	2
兵庫県	姫路市	35,282	1	1
兵庫県	郡部	1,466,572	11.28	11
長崎県	長崎市	107,422	1	1
長崎県	郡部	757,169	5.82	6
長崎県	対馬	37,864	1	1
新潟県	新潟市	53,366	1	1
新潟県	郡部	1,692,259	13.02	13
埼玉県	郡部	1,175,697	9.04	9
群馬県	前橋市	34,495	1	1
群馬県	郡部	795,728	6.12	6
千葉県	郡部	1,275,376	9.81	10
茨城県	水戸市	33,778	1	1
茨城県	郡部	1,115,816	8.58	9
栃木県	宇都宮市	32,069	1	1
栃木県	郡部	797,561	6.14	6
奈良県	奈良市	30,539	1	1
奈良県	郡部	505,080	3.89	4
三重県	津市	33,287	1	1
三重県	郡部	963,359	7.41	7
愛知県	名古屋市	244,145	1.88	2
愛知県	郡部	1,395,466	10.73	11
静岡県	静岡市	42,172	1	1
静岡県	郡部	1,158,150	8.91	9
山梨県	甲府市	37,561	1	1
山梨県	郡部	468,936	3.61	4
滋賀県	大津市	34,225	1	1
滋賀県	郡部	660,381	5.08	5
岐阜県	岐阜市	31,942	1	1
岐阜県	郡部	945,980	7.28	7
長野県	長野市	31,319	1	1
長野県	郡部	1,233,599	9.49	9
宮城県	仙台市	83,325	1	1
宮城県	郡部	767,885	5.91	6
福島県	郡部	1,098,002	8.45	8
岩手県	盛岡市	32,989	1	1
岩手県	郡部	685,748	5.27	5
青森県	弘前市	34,771	1	1
青森県	郡部	582,760	4.48	4
山形県	山形市	35,300	1	1
山形県	米沢市	30,719	1	1
山形県	郡部	761,119	5.85	6
秋田県	郡部	781,129	6.01	6

付 表　261

庁府県	市部・郡部	1898 年 12 月 31 日現住人口	成案	1900 年法
福井県	福井市	44,286	1	1
福井県	郡部	577,182	4.44	4
石川県	金沢市	83,662	1	1
石川県	郡部	667,658	5.14	5
富山県	富山市	59,558	1	1
富山県	高岡市	31,490	1	1
富山県	郡部	675,359	5.2	5
鳥取県	郡部	421,020	3.24	3
島根県	松江市	34,651	1	1
島根県	郡部	644,597	4.96	5
島根県	隠岐	37,338	1	1
岡山県	岡山市	58,025	1	1
岡山県	郡部	1,077,801	8.29	8
広島県	広島市	122,306	1	1
広島県	郡部	1,327,316	10.21	10
山口県	赤間関市	42,786	1	1
山口県	郡部	936,810	7.21	7
和歌山県	和歌山市	63,667	1	1
和歌山県	郡部	608,558	4.68	5
徳島県	徳島市	61,501	1	1
徳島県	郡部	626,622	4.82	5
香川県	高松市	34,416	1	1
香川県	郡部	659,864	5.08	5
愛媛県	松山市	36,545	1	1
愛媛県	郡部	958,896	7.38	7
高知県	高知市	36,511	1	1
高知県	郡部	586,439	4.51	5
福岡県	福岡市	66,190	1	1
福岡県	郡部	1,359,435	10.46	10
大分県	郡部	835,917	6.43	6
佐賀県	佐賀市	32,753	1	1
佐賀県	郡部	585,926	4.51	5
熊本県	熊本市	61,463	1	1
熊本県	郡部	1,094,807	8.42	8
宮崎県	郡部	464,510	3.57	4
鹿児島県	鹿児島市	53,481	1	1
鹿児島県	郡部	892,136	6.86	7
鹿児島県	大島	158,603	1.22	1
北海道庁	札幌区	37,482	1	1
北海道庁	函館区	78,040	1	1
北海道庁	小樽区	31,174	1	1
北海道庁	札幌，小樽，岩内，増毛，宗谷，上川，空知，室蘭，浦河	433,304	3.33	1
北海道庁	函館，松前，檜山，寿都	194,602	1.5	1
北海道庁	根室，釧路，河西，網走	82,867	1	1
北海道庁	紗那（千島）	2,065		
沖縄県	郡区一括	460,221	3.54	2
全国計		45,402,359		369

注：議員定数配分は，人口を 13 万で除した商を 4 捨 5 入するサント・ラグ方式．ただし，3 万以上の市は独立選挙区．
　　北海道の 3 区を除く支庁管内は 3 選挙区に分割．ただし，千島を除く．
　　沖縄は定数 2 の割り当て．
　　対馬，隠岐，大島は定数 1．

262 付 表

付表3 1919年の道府県の市部・郡部への定数配分

庁府県	市区・郡町村	1913年12月31日現住人口	政府案	1919年法
東京府	東京市	2,033,320	15.64	16
東京府	南多摩郡八王子町	30,898	1	1
東京府	郡部	1,052,826	8.1	8
京都府	京都市	575,756	4.43	4
京都府	郡部	699,103	5.38	5
大阪府	大阪市	1,387,366	10.67	11
大阪府	堺市	67,399	1	1
大阪府	郡部	997,075	7.67	8
神奈川県	横浜市	396,101	3.05	3
神奈川県	横須賀市	71,511	1	1
神奈川県	郡部	744,061	5.72	6
兵庫県	神戸市	440,766	3.39	3
兵庫県	姫路市	37,022	1	1
兵庫県	川辺郡尼ヶ崎町	25,045	1	1
兵庫県	郡部	1,631,878	12.55	13
長崎県	長崎市	160,450	1.23	1
長崎県	佐世保市	89,936	1	1
長崎県	対馬	44,389	1	1
長崎県	郡部	830,675	6.39	6
新潟県	新潟市	65,674	1	1
新潟県	長岡市	39,354	1	1
新潟県	高田市	31,449	1	1
新潟県	佐渡郡	116,302	1	1
新潟県	郡部	1,655,916	12.74	13
埼玉県	郡部	1,342,290	10.33	10
群馬県	前橋市	48,983	1	1
群馬県	高崎市	42,305	1	1
群馬県	郡部	926,696	7.13	7
千葉県	郡部	1,390,271	10.69	11
茨城県	水戸市	42,388	1	1
茨城県	郡部	1,282,627	9.87	10
栃木県	宇都宮市	53,204	1	1
栃木県	郡部	984,662	7.57	8
奈良県	奈良市	39,169	1	1
奈良県	郡部	558,773	4.3	4
三重県	津市	46,708	1	1
三重県	四日市市	33,812	1	1
三重県	宇治山田市	40,214	1	1
三重県	郡部	978,152	7.53	8
愛知県	名古屋市	447,951	3.45	3
愛知県	豊橋市	52,365	1	1
愛知県	額田郡岡崎町	30,202	1	1
愛知県	郡部	1,527,543	11.75	12
静岡県	静岡市	61,488	1	1
静岡県	浜松市	40,960	1	1
静岡県	郡部	1,376,532	10.59	11
山梨県	甲府市	53,672	1	1
山梨県	郡部	552,689	4.25	4
滋賀県	大津市	42,261	1	1
滋賀県	郡部	652,525	5.02	5
岐阜県	岐阜市	50,872	1	1
岐阜県	大垣市	23,554	1	1
岐阜県	郡部	1,017,848	7.83	8
長野県	長野市	40,258	1	1
長野県	松本市	39,090	1	1
長野県	郡部	1,403,168	10.79	11
宮城県	仙台市	97,131	1	1
宮城県	郡部	822,829	6.33	6
福島県	福島市	33,356	1	1
福島県	若松市	39,834	1	1
福島県	郡部	1,227,371	9.44	9
岩手県	盛岡市	43,103	1	1
岩手県	郡部	790,455	6.08	6
青森県	青森市	38,448	1	1
青森県	弘前市	47,075	1	1
青森県	郡部	676,638	5.2	5

付 表　263

庁府県	市区・郡町村	1913 年 12 月 31 日現住人口	政府案	1919 年法
山形県	山形市	43,150	1	1
山形県	米沢市	38,106	1	1
山形県	郡部	881,572	6.78	7
秋田県	秋田市	36,249	1	1
秋田県	郡部	906,417	6.97	7
福井県	福井市	55,878	1	1
福井県	郡部	591,609	4.55	5
石川県	金沢市	127,267	1	1
石川県	郡部	671,773	5.17	5
富山県	富山市	64,822	1	1
富山県	高岡市	38,045	1	1
富山県	郡部	700,590	5.39	5
鳥取県	鳥取市	37,278	1	1
鳥取県	郡部	431,227	3.32	3
島根県	松江市	38,141	1	1
島根県	隠岐	40,748	1	1
島根県	郡部	675,755	5.2	5
岡山県	岡山市	86,153	1	1
岡山県	郡部	1,169,738	9	9
広島県	広島市	159,000	1.22	1
広島県	呉市	119,060	1	1
広島県	尾道市	31,105	1	1
広島県	深安郡福山町	24,802	1	1
広島県	郡部	1,337,576	10.29	10
山口県	下関市	70,755	1	1
山口県	郡部	1,014,642	7.8	8
和歌山県	和歌山市	77,095	1	1
和歌山県	郡部	690,086	5.31	5
徳島県	徳島市	69,629	1	1
徳島県	郡部	670,253	5.16	5
香川県	高松市	41,837	1	1
香川県	丸亀市	26,914	1	1
香川県	郡部	684,295	5.26	5
愛媛県	松山市	43,329	1	1
愛媛県	郡部	1,051,877	8.09	8
高知県	高知市	38,363	1	1
高知県	郡部	652,602	5.02	5
福岡県	福岡市	95,423	1	1
福岡県	久留米市	38,881	1	1
福岡県	門司市	71,977	1	1
福岡県	小倉市	35,854	1	1
福岡県	遠賀郡若松町	34,519	1	1
福岡県	遠賀郡八幡町	45,630	1	1
福岡県	三池郡大牟田町	46,906	1	1
福岡県	郡部	1,540,632	11.85	12
大分県	大分市	36,452	1	1
大分県	郡部	887,838	6.83	7
佐賀県	佐賀市	36,094	1	1
佐賀県	郡部	655,162	5.04	5
熊本県	熊本市	63,124	1	1
熊本県	郡部	1,233,716	9.49	9
宮崎県	郡部	595,160	4.58	5
鹿児島県	鹿児島市	75,907	1	1
鹿児島県	大島郡	204,002	1	1
鹿児島県	郡部	1,113,029	8.56	9
北海道庁	札幌区	96,897	1	1
北海道庁	小樽区	92,830	1	1
北海道庁	函館区	98,885	1	1
北海道庁	上川郡旭川町	56,195	1	1
北海道庁	室蘭郡室蘭町	31,025	1	1
北海道庁	郡部	1,421,351	10.93	11
沖縄県	那覇区	55,244	1	1
沖縄県	郡部	478,868	3.68	4
全国計		54,843,083		464

注：議員定数配分は，人口を 13 万で除した商を 4 捨 5 入するサント・ラグ方式．た
　だし，3 万以上の市は独立選挙区．
　　対馬，隠岐，大島，佐渡は定数 1 の島嶼選挙区．

264 付 表

付表 4 1925 年の道府県への定数配分

府県	1920 年 10 月 1 日国勢調査人口（部隊艦船および監獄人員を除く）	成案	1925 年法
東京府	3,674,194	30.62	31
京都府	1,274,993	10.62	11
大阪府	2,579,537	21.496	21
神奈川県	1,298,196	10.82	11
兵庫県	2,292,201	19.10	19
長崎県	1,119,027	9.33	9
新潟県	1,771,543	14.76	15
埼玉県	1,318,431	10.99	11
群馬県	1,051,300	8.76	9
千葉県	1,324,248	11.04	11
茨城県	1,348,930	11.24	11
栃木県	1,043,695	8.70	9
奈良県	563,286	4.69	5
三重県	1,067,019	8.89	9
愛知県	2,075,106	17.29	17
静岡県	1,545,551	12.88	13
山梨県	581,289	4.84	5
滋賀県	649,995	5.42	5
岐阜県	1,067,554	8.90	9
長野県	1,560,484	13.00	13
宮城県	954,199	7.95	8
福島県	1,360,066	11.33	11
岩手県	843,377	7.03	7
青森県	748,579	6.24	6
山形県	966,540	8.05	8
秋田県	896,188	7.47	7
福井県	596,723	4.97	5
石川県	740,996	6.17	6
富山県	722,130	6.02	6
鳥取県	452,734	3.77	4
島根県	710,709	5.92	6
岡山県	1,212,402	10.10	10
広島県	1,518,396	12.65	13
山口県	1,037,230	8.64	9
和歌山県	747,264	6.23	6
徳島県	668,761	5.57	6
香川県	674,649	5.62	6
愛媛県	1,044,416	8.70	9
高知県	667,711	5.56	6
福岡県	2,169,608	18.08	18
大分県	857,941	7.15	7
佐賀県	671,587	5.60	6
熊本県	1,226,851	10.22	10
宮崎県	648,910	5.41	5
鹿児島県	1,413,039	11.78	12
沖縄県	571,097	4.76	5
北海道	2,348,092	19.57	20
全国計	55,676,774		466

注：成案は，道府県人口を 12 万で除した商を 4 捨 5 入するサント・ラグ方式．

付表 5　1945 年の都道府県への定数配分

都道府県	1945 年 11 月 1 日人口調査	成案	1945 年法
東京都	3,488,284	22.42	22
京都府	1,603,797	10.31	10
大阪府	2,800,958	18.01	18
神奈川県	1,865,667	11.99	12
兵庫県	2,821,892	18.14	18
長崎県	1,318,589	8.48	8
新潟県	2,389,653	15.36	15
埼玉県	2,047,090	13.16	13
群馬県	1,546,081	9.94	10
千葉県	1,966,873	12.64	13
茨城県	1,944,573	12.500	13
栃木県	1,546,355	9.94	10
奈良県	779,685	5.01	5
三重県	1,394,286	8.96	9
愛知県	2,857,338	18.37	18
静岡県	2,220,358	14.27	14
山梨県	839,057	5.39	5
滋賀県	860,911	5.53	6
岐阜県	1,518,649	9.76	10
長野県	2,120,950	13.63	14
宮城県	1,461,316	9.39	9
福島県	1,957,356	12.58	13
岩手県	1,227,789	7.89	8
青森県	1,083,250	6.96	7
山形県	1,326,350	8.526	9
秋田県	1,211,962	7.79	8
福井県	724,856	4.66	5
石川県	887,510	5.71	6
富山県	953,834	6.13	6
鳥取県	563,220	3.62	4
島根県	860,275	5.530	6
岡山県	1,564,626	10.06	10
広島県	1,885,471	12.12	12
山口県	1,356,540	8.72	9
和歌山県	936,006	6.02	6
徳島県	835,763	5.37	5
香川県	863,553	5.55	6
愛媛県	1,361,484	8.75	9
高知県	775,578	4.99	5
福岡県	2,746,855	17.66	18
大分県	1,124,513	7.23	7
佐賀県	830,431	5.34	5
熊本県	1,556,351	10.00	10
宮崎県	913,687	5.87	6
鹿児島県	1,718,466	11.05	11
北海道	3,533,189	22.71	23
沖縄県	300,000	1.93	2
全国計	72,491,277		468

注：成案は都道府県人口をヘア基数 155,560 で除した商を 4 捨 5 入するサント・ラグ方式.

266   付 表

付表 6　1947 年の都道府県への定数配分

都道府県	1946 年 4 月 26 日人口調査	成案	1947 年法
東京都	4,183,351	26.66	27
京都府	1,621,998	10.34	10
大阪府	2,976,140	18.97	19
神奈川県	2,019,943	12.87	13
兵庫県	2,826,192	18.01	18
長崎県	1,417,977	9.04	9
新潟県	2,326,811	14.83	15
埼玉県	2,028,553	12.93	13
群馬県	1,524,635	9.72	10
千葉県	2,008,568	12.80	13
茨城県	1,940,833	12.37	12
栃木県	1,503,619	9.58	10
奈良県	744,381	4.74	5
三重県	1,371,858	8.74	9
愛知県	2,919,085	18.60	19
静岡県	2,260,059	14.40	14
山梨県	796,973	5.08	5
滋賀県	831,306	5.30	5
岐阜県	1,444,000	9.20	9
長野県	2,028,648	12.93	13
宮城県	1,462,100	9.32	9
福島県	1,918,746	12.23	12
岩手県	1,217,154	7.76	8
青森県	1,089,232	6.94	7
山形県	1,294,934	8.25	8
秋田県	1,195,813	7.62	8
福井県	695,703	4.43	4
石川県	877,197	5.59	6
富山県	932,669	5.94	6
鳥取県	557,429	3.55	4
島根県	848,995	5.41	5
岡山県	1,538,621	9.81	10
広島県	1,901,430	12.12	12
山口県	1,375,496	8.77	9
和歌山県	933,231	5.95	6
徳島県	829,405	5.29	5
香川県	872,312	5.56	6
愛媛県	1,380,700	8.80	9
高知県	797,876	5.09	5
福岡県	2,906,644	18.53	19
大分県	1,149,501	7.33	7
佐賀県	856,692	5.46	5
熊本県	1,631,976	10.40	10
宮崎県	957,856	6.10	6
鹿児島県	1,631,144	10.40	10
北海道	3,488,013	22.23	22
全国計	73,115,799		466

注：成案はヘア基数 156,901 を除数とするサント・ラグ方式／ヘア式最大剰余法.
　　人口は, 調査されなかった東京都と鹿児島県の離島について過去の調査人口を加算.

参考文献

市村充章．1997a.「選挙制度の中の数（1）」『選挙時報』46(11)：1-10.

市村充章．1997b.「選挙制度の中の数（2）」『選挙時報』46(12)：13-16.

市村充章．1999.「参議院議員選挙地方区／選挙区の定数配分はどのように計算されたか」『議会政策研究会年報』4：65-119.

一森哲男．1993.「公正な代表制の問題──議席配分と選挙区割り──」『応用数理』3(2)：102-114.

一森哲男．2018.『議席配分の数理──選挙制度に潜む200年の数学──』近代科学社.

伊藤之雄．1999.『立憲国家の確立と伊藤博文』吉川弘文館.

伊藤之雄．2000.『立憲国家と日露戦争』木鐸社.

稲田正次．1962.『明治憲法成立史　下巻』有斐閣.

稲葉馨．2017.「衆議院議員選挙区の区割基準に関する一考察」糠塚康江編『代表制民主主義を再考する』ナカニシヤ出版，83-112.

岩崎美紀子．2021.『一票の較差と選挙制度──民主主義を支える三層構造──』ミネルヴァ書房.

大村華子．2020.「選挙制度と統治のデザイン──政治学の視点から──」駒村圭吾・待鳥聡史編『統治のデザイン──日本の「憲法改正」を考えるために──』弘文堂，59-84.

粕谷祐子．2015.「『1票の格差』をめぐる規範理論と実証分析──日本での議論は何が問題なのか──」『年報政治学』66(1)：90-117.

加藤秀治郎．2018.「わが国の選挙制度の課題」河崎健編『日本とヨーロッパの選挙制度改革』上智大学出版会，11-32.

河崎健（編）．2018.『日本とヨーロッパの選挙制度改革』上智大学出版会.

川人貞史．1991.「現代民主政における代表と参加」『北大法学論集』42(2)：39-82.

川人貞史．1992.『日本の政党政治1890-1937年──議会分析と選挙の数量分析──』東京大学出版会.

川人貞史．1999.「選挙制度」佐々木毅編著『政治改革1800日の真実』講談社，451-469.

川人貞史．2004.『選挙制度と政党システム』木鐸社.

川人貞史．2005.『日本の国会制度と政党政治』東京大学出版会.

川人貞史．2010.「参議院の選挙制度と民意」『學士會会報』885：4-9.

川人貞史．2013.「小選挙区比例代表並立制における政党間競争」『論究ジュリスト』

5：75-85.

川人貞史．2015.『議院内閣制』(川人貞史編「シリーズ日本の政治」1) 東京大学出版会.

川人貞史．2020.「衆議院議員定数の都道府県への配分──どの比例代表制の方式が用いられたか──」『国家学会雑誌』133(5・6)：112-160.

川人貞史・川人典子．1990.「衆議院総選挙候補者選挙区統計，1890-1990」『北大法学論集』40(5・6)：1805-1832.

川人貞史・川人典子．1997.『衆議院総選挙候補者選挙区統計，1890-1990』エル・デー・ピー.

川人貞史・吉野孝・平野浩・加藤淳子．2011.『新版　現代の政党と選挙』有斐閣.

河村又介．1943.「明治時代に於ける選挙法の理論及び制度の発達（3・完）」『国家学会雑誌』57(2)：187-207.

越山康．1991.「人口較差の利用による衆院定数配分是正の功罪」『選挙研究』6：43-62.

越山康．1995.「新制度下における衆議院議員の議席配分について」『選挙研究』10：3-15.

小林良彰．2012.「議員定数不均衡による民主主義の機能不全──民意負託，国会審議，政策形成の歪み──」『選挙研究』28(2)：15-25.

指原安三．1893(1968).「明治政史第23編」『明治文化全集　第9巻　正史篇・下巻』明治文化研究会（復刻版，日本評論社）.

佐藤研資．2013.「参議院選挙制度の改革──1票の較差・定数是正問題を中心として──」『立法と調査』336：14-27.

佐藤俊一．1991.「明治中期における府県会規則と衆議院議員選挙法の形成」『社会科学研究』11(2)：1-94.

佐藤令．2013.「諸外国における選挙区割りの見直し」国立国会図書館 ISSUE BRIEF 782.

参議院各会派懇談会．2000.『参議院選挙制度改革に関する協議会報告書』2000年2月25日.

『三条家文書』国立国会図書館憲政資料室.

自治大学校．1960.『戦後自治史Ⅲ　参議院議員選挙法の制定』.

自治大学校．1961.『戦後自治史Ⅳ　衆議院議員選挙法の改正』.

品田裕．1986.「比例代表制における議席配分法の比較」『選挙研究』7：40-62.

品田裕．2012.「衆議院選挙区の都道府県間の配分について──最高裁の違憲判決を受けて代替案を考える──」『政策科学』19(3)：95-110.

品田裕．2016.「衆議院の都道府県間定数配分について──なぜアダムズ方式なのか──」『法律時報』88(5)：90-97.

参考文献　269

清水唯一朗．2013.「日本の選挙制度――その創始と経路――」『選挙研究』29(2)：
　5-19.

清水唯一朗．2016.「日本の選挙区はどう作られたか――空間的政治制度の始点を考え
　る――」『年報政治学』2016(2)：13-36.

衆議院・参議院（編）．1990.『議会制度百年史　議会制度編』大蔵省印刷局.

衆議院選挙制度に関する調査会．2016.『衆議院選挙制度に関する調査会答申』「説明」.
　http://www.shugiin.go.jp/internet/itdb_annai.nsf/html/statics/shiryo/senkyoseido_toshin.
　html（2020 年 12 月 29 日アクセス）.

衆議院調査局第 2 特別調査室．2014.『選挙制度関係資料集（別冊）――衆議院小選挙
　区選挙に係る 1 票の較差関係――』.

『枢密院衆議院議員選挙法改正法律案会議筆記』各年.

末木孝典．2014.「明治期小選挙区制における選挙区割りと選挙区人口」『選挙研究』
　30(1)：128-142.

末松謙澄．1890.「23 年の総選挙」『国家学会雑誌』4(44)：555-571.

選挙制度審議会．1961.『選挙制度審議会（第 1 次）資料』.

選挙制度審議会．1963.『昭和 38 年第 2 次選挙制度審議会議事速記録』.

選挙制度審議会．1969.『昭和 44 年第 6 次選挙制度審議会議事速記録』.

選挙制度審議会．1970a.『第 7 次選挙制度審議会（上）』.

選挙制度審議会．1970b.『第 7 次選挙制度審議会（下）』.

選挙制度審議会．1990a.「選挙制度及び政治資金制度の改革についての答申」1990 年
　4 月 26 日.

選挙制度審議会．1990b.『参議院議員の選挙制度の改革及び政党に対する公的助成等
　についての答申』1990 年 7 月 31 日.

選挙制度審議会．1991a.『第 8 次選挙制度審議会資料 3-1』.

選挙制度審議会．1991b.『第 8 次選挙制度審議会資料 3-2』.

選挙制度審議会．1991c.『第 8 次選挙制度審議会資料 3-3』.

総理府統計局．1977.『昭和 20 年人口調査　集計結果摘要』日本統計協会.

杣正夫．1986.『日本選挙制度史』九州大学出版会.

只野雅人．2009.「フランスの 2008 年憲法改正と選挙区画定」『選挙』62(8)：1-8.

只野雅人．2010.「投票価値の平等と行政区画」『一橋法学』9(3)：97-111.

『帝国議会議事速記録』．各年.

徳永貴志・砂原庸介．2016.「『投票価値の平等』を阻むものは何か――『一票の較差』
　判決――」山本龍彦・清水唯一朗・出口雄一編著『憲法判例からみる日本』日本評論
　社，42-66.

戸松秀典．1980.「議員定数不均衡訴訟判決の検討」『法律時報』52(6)：20-26.

内閣統計局編．1909.『自明治十七年至明治四十年道府県現住人口』.

内務省. 1887.『日本帝国民籍戸口表　明治 19 年 12 月 31 日調』.

内務大臣官房文書課. 1898.『日本帝国民籍戸口表　明治 30 年 12 月 31 日調』.

中川淳司. 2024.「諸外国における選挙区割りの見直し」『有斐閣 On Line ロージャーナル Web オリジナル』2024 年 2 月 13 日.

中村睦男. 1990.「衆議院議員定数是正の成立と最高裁判決──1986 年公職選挙法改正をめぐって──」『北大法学論集』40(5-6 上)：77-112.

永山正男. 1997.「明治期小選挙区制の基礎的研究──選挙区人口の推定，有権者数および棄権率の整理とその分析──」『選挙研究』12：98-109.

那須俊貴. 2015.「諸外国の選挙権年齢及び被選挙権年齢」『レファレンス』779：145-153.

根本俊男・堀田敬介. 2006.「1 票の重みの格差から観た小選挙区数」『選挙研究』21：169-181.

根本俊男・堀田敬介. 2010.「平成大合併を経た衆議院小選挙区制区割環境の変化と 1 票の重みの較差」『日本オペレーションズ・リサーチ学会和文論文誌』53：90-113.

林田亀太郎. 1902.『改正衆議院議員選挙法釈義』東京専門学校出版部.

林田亀太郎. 1926(1991).『明治大正政界側面史　上巻』大日本雄弁会（復刻版，大空社）.

福永文夫・稲継裕昭・大谷基道（編）. 2012.『戦後自治史関係資料集　第 2 集　選挙制度と地方公務員制度』丸善雄松堂.

堀江湛. 2005.「参議院選挙制度の検証」『選挙研究』20：35-43.

松尾尊兊. 1989.『普通選挙制度成立史の研究』岩波書店.

マッケルウェイン，ケネス・盛. 2022.『日本国憲法の普遍と特異──その軌跡と定量的考察──』千倉書房.

三輪和宏・河島太朗. 2008.「参議院の一票の格差・定数是正問題──我が国・諸外国の現状と論点整理──」国立国会図書館 ISSUE BRIEF 610.

山岡規雄. 2023.「【ドイツ】連邦選挙法の改正」『外国の立法』296-1：4-5.

吉川智志. 2020.「選挙制度と統治のデザイン──憲法学の視点から──」駒村圭吾・待鳥聡史編『統治のデザイン──日本の「憲法改正」を考えるために──』弘文堂，85-113.

和田淳一郎. 2010.「ナッシュ積（ナッシュ社会的厚生関数）に基づいた一票の不平等の研究」『選挙研究』26(2)：131-138.

和田淳一郎. 2012.「定数配分と区割り──経済学の視点から──」『選挙研究』28(2)：26-39.

和田淳一郎. 2017.「一票の平等──個人還元主義の貫徹──」『オペレーションズ・リサーチ』2017 年 10 月号：28-36.

Ansolabehere, Stephen, and James M. Snyder. 2008. *The End of Inequality: One Person, One*

参考文献　271

Vote and the Transformation of American Politics. New York: W. W. Norton & Company, Inc.

Baker, Carl, Elise Uberoi, and Neil Johnston. 2023. "Boundary review 2023: Which seats will change in the UK?" House of Commons Library. (https://commonslibrary.parliament.uk/boundary-review-2023-which-seats-will-change/). Accessed October 2, 2023.

Balinski, M. L., and H. P. Young. 1975. "The Quota Method of Apportionment." *The American Mathematical Monthly* 82(7): 701–730.

Balinski, M. L., and H. P. Young. 1979. "Criteria for Proportional Representation." *Operations Research* 27(1): 80–95.

Balinski, Michael L., and H. Peyton Young. 2001. *Fair Representation: Meeting the Ideal of One Man, One Vote*, 2nd ed. Washington, D.C.: The Brookings Institution.

Barker, Ernest. 1951. *Essays on Government*, 2nd ed. Oxford: Clarendon Press.

Boix, Carles, Will Horne, and Alex Kerchner. 2020. "The Formation and Development of Liberal Democracies." In *The Oxford Handbook of Political Representation in Liberal Democracies*, eds. Robert Rohrschneider and Jacques Thomassen. Oxford: Oxford University Press, 94–123.

Boundary Commission for England. 2023. *The 2023 Review of Parliamentary Constituency boundaries in England, Volume one: Report.*

Boundary Commission for Northern Ireland. 2023. *2023 Review of Parliamentary Constituencies, FINAL RECOMMENDATIONS REPORT.*

Boundary Commission for Scotland. 2023. *2023 Review of UK Parliament Constituency Boundaries in Scotland.*

Boundary Commissions for Wales. 2023. *The 2023 Review of Parliamentary Constituencies in Wales.*

Bormann, Nils-Christian. 2010. "Patterns of Democracy and Its Critics." *Living Reviews in Democracy* 2: 1–14. (https://ethz.ch/content/dam/ethz/special-interest/gess/cis/cis-dam/CIS_DAM_2015/WorkingPapers/Living_Reviews_Democracy/Bormann.pdf).

Burke, Edmund. 1774(1887, 2005). "Speech to the Electors of Bristol, on his Being Declared by the Sheriffs Duly Elected One of the Representatives in Parliament for That City, on Thursday, the 3d of November, 1774." In *The Works of the Right Honourable Edmund Burke, Vol. II*. London: John Nimmo, 90–98. (Project Gutenberg EBook, https://www.gutenberg.org/files/15198/15198-h/15198-h.htm#ELECTORS_OF_BRISTOL).

Chief Electoral Officer of Canada. 2021. "A History of the Vote in Canada." 3rd ed. (https://www.elections.ca/res/his/WEB_EC%2091135%20History%20of%20the%20Vote_Third%20edition_EN.pdf). Accessed August 4, 2023.

Cook, Chris, and John Stevenson. 1980. *British Historical Facts 1760–1830*. London and Basingstoke: The Macmillan Press.

272　参考文献

Cox, Gary, and J. N. Katz. 2002. *Elbridge Gerry's Salamander: The Electoral Consequences of the Reapportionment Revolution*. Cambridge, MA: Cambridge University Press.

Dahl, Robert A. 1971. *Polyarchy: Participation and Opposition*. New Haven and London: Yale University Press.

Dahl, Robert A. 1989. *Democracy and Its Critics*. New Haven and London: Yale University Press.

Dahl, Robert A. 1998. *On Democracy*. New Haven and London: Yale University Press. [中村孝文訳『デモクラシーとは何か』岩波書店，2001]

Duverger, Maurice. 1954. *Political Parties: Their Organization and Activity in the Modern State*. Methuen.

Gallagher, Michael. 1991. "Proportionality, Disproportionality and Electoral Systems." *Electoral Studies* 10(1): 33-51.

Gallagher, Michael. 1992. "Comparing Proportional Representation Electoral Systems: Quotas, Thresholds, Paradoxes and Majorities." *British Journal of Political Science* 22(4): 469-496.

Handley, Lisa. 2017. "Electoral Systems and Redistricting." In *The Oxford Handbook of Electoral Systems*, eds. Erik S. Herron, Robert J. Pekkanen, and Matthew S. Shugart. Oxford: Oxford University Press, 513-532.

House of Commons Canada. 2017. *House of Commons Procedure and Practice*, 3rd ed. (https://www.ourcommons.ca/procedure/procedure-and-practice-3/ch_04-e.html). Accessed January 27, 2023.

Huntington, E. V. 1928. "The Apportionment of Representatives in Congress." *Transactions of the American Mathematical Society* 30: 85-110.

Issacharoff, Samuel, Pamela S. Karlan, Richard H. Pildes, Nathaniel Persily, and Franita Tolson. 2022. *The Law of Democracy: Legal Structure of Political Process*, 6th ed. West Academic.

Jacobson, Gary C., and Jamie L. Carson. 2020. *The Politics of Congressional Elections*, 10th ed. Lanham, Boulder, New York, and London: Rowman & Littlefield.

Johnston, Neil. 2013. "The History of the Parliamentary Franchise." House of Commons Library. Research Briefing. (https://researchbriefings.files.parliament.uk/documents/RP13-14/RP13-14.pdf). Accessed July 13, 2023.

Johnston, Neil. 2023. "Constituency Boundary Reviews and the Number of MPs." House of Commons Library. (https://researchbriefings.files.parliament.uk/documents/SN05929/SN05929.pdf). Accessed July 31, 2023.

Johnston, Ron, Charles Pattie, and David Rossiter. 2008. "Electoral Distortion Despite Redistricting by Independent Commissions: The British Case, 1950-2005." In *Redistricting in*

Comparative Perspective, eds. Lisa Handley and Bernie Grofman. Oxford: Oxford University Press, 205-224.

Kawato, Sadafumi. 1987. "Nationalization and Partisan Realignment in Congressional Elections." *American Political Science Review* 81: 1235-1250.

Kawato, Sadafumi. 2002. "The Study of Japan's Medium-sized District System." In *Legislatures: Comparative Perspectives on Representative Assemblies*, eds. Gerhard Loewenberg, D. Roderick Kiewiet, and Peverill Squire. Ann Arbor: University of Michigan Press, 178-198.

Lijphart, Arend. 2012. *Patterns of Democracy*, 2nd ed. New Haven and London: Yale University Press. [粕谷祐子・菊池啓一訳『民主主義対民主主義——多数決型とコンセンサス型の 36 カ国比較研究 [原著第 2 版]』勁草書房, 2014]

McDonald, Michael P. 2011. "Congressional Redistricting." In *The Oxford Handbook of American Congress*, ed. Georges C. Edwards. Oxford: Oxford University Press, 193-214.

McGann, Anthony J., Charles Anthony Smith, Michael Latuer, and Alex Keena. 2016. *Gerrymandering in America: The House of Representatives, the Supreme Court, and the Future of Popular Sovereignty*. Cambridge: Cambridge University Press.

Neto, Octavio Amorim, and Gary W. Cox. 1997. "Electoral Institutions, Cleavage Structures, and the Number of Parties." *American Journal of Political Science* 41: 149-174.

Rallings, Colin, Ron Johnston, and Michael Thrasher. 2008. "Changing the Boundaries but Keeping the Disproportionality: The Electoral Impact of the Fifth Periodical Reviews by the Parliamentary Boundary Commissions for England and Wales." *Political Quarterly* 79(1): 80-90.

Rallings, Colin, and Michael Thrasher. 2009. *British Electoral Facts*. London: Total Politics.

Reed, Steven R. 1991. "Structure and Behaviour: Extending Duverger's Law to the Japanese Case." *British Journal of Political Science* 20: 335-356.

Rossiter, D. J., R. J. Johnston, and C. J. Pattie. 1999. *The Boundary Commissions: Redrawing the UK's Map of Parliamentary Constituencies*. Manchester and New York: Manchester University Press.

Sartori, Giovanni. 1987a. *The Theory of Democracy Revisited, Part I: The Contemporary Debate*. Chatham, NJ: Chatham House.

Sartori, Giovanni. 1987b. *The Theory of Democracy Revisited, Part II: The Classical Issues*. Chatham, NJ: Chatham House.

Sziklai, Balázs R., and Károly Héberger. 2020. "Apportionment and Districting by Sum of Ranking Differences." *Plos One* March 23, 2020.

Wada, Junichiro. 2010. "Evaluating the Unfairness of Representation with Nash Social Welfare Function." *Journal of Theoretical Politics* 22(4): 445-467.

Wada, Junichiro. 2012. "A Divisor Apportionment Method Based on the Kolm-Atkinson Social

Welfare Function and Generalized Entropy." *Mathematical Social Sciences* 63(3): 243–247.

Wada, Junichiro. 2016. "Apportionment behind the Weil of Uncertainty." *The Japanese Economic Review* 67(3): 348–360.

White, Isobel. 2010. "Parliamentary Constituency Boundaries: The Fifth Periodical Review." House of Commons Library. (https://researchbriefings.files.parliament.uk/documents/SN03222/SN03222.pdf). Accessed July 31, 2023.

索 引

ア 行

アダムズ方式 16, 17, 19, 25, 43, 53, 55-57, 59, 61, 62, 64, 66-70, 79-81, 84, 85, 87-89, 92, 97, 98, 100, 102, 104, 109, 121, 122, 176, 178, 199-203, 205-208, 211, 212, 214, 215, 242, 243, 247-249, 252, 255-257

安倍晋三 54, 194, 233

アメリカ 21-33, 58-64, 69, 70, 73, 178

アラバマのパラドックス 26, 73

イギリス 7, 13, 18, 33-41, 49, 58-64, 127, 215, 240, 247

違憲 i, 66, 79, 161-165, 167, 168, 193, 222-224

違憲状態 i, 54, 163-165, 168, 191, 198, 223, 224, 231, 232, 243

一木喜徳郎 101, 104, 106, 108

1票の較差 16, 54, 65, 88, 89, 126, 127, 146, 149, 155-175, 191, 193, 194, 196, 197, 199, 200, 205, 211, 212, 216, 218, 221, 223, 235, 236, 241-243, 245-247, 249, 252, 254, 255

伊藤博文 96, 100, 103, 122

委任代表 7

岩本久人 124

ヴィントン方式 →ハミルトン方式

ウェブスター方式 →サント・ラグ方式

潮恵之輔 147-149

沖縄 48-50, 56, 93, 96, 101, 103-106, 109, 110, 113, 117, 118, 135, 136, 139, 162, 184, 190, 200

小沢左重喜 119, 152, 153, 155

カ 行

改革協議会 →参議院改革協議会

海部俊樹 167

下院 7, 18, 21-30, 32, 33, 42-45, 69, 70, 73, 178, 220

下院議員の配分(Apportionment) 22-27

解散 i, 5, 54, 100, 111, 165, 191, 193, 194, 199, 216, 230

カウンティ選挙区 34, 35

較差2倍未満 17, 54-57, 62, 64, 83, 85, 88, 89, 128, 135, 180, 183, 184, 186, 189, 193, 195, 196, 198, 199, 202-207, 210, 211, 213-215, 240, 242, 243, 247-252, 255-257

過疎への配慮 187

加藤高明 114, 122

カナダ 13, 18, 21, 42-46, 58-64, 127, 187, 215, 240, 247

金丸三郎 119

過密の軽視 187

間接民主政治 2, 11

完全比例状況 16

完全比例配分数 65, 66, 68

完全連記(投票)制 8, 49, 63, 96, 97, 119, 131, 132 →連記投票も参照

完全連記投票 →連記投票

議員1人あたり人口の最大較差 17, 19, 30, 31, 51-56, 80, 82-86, 88, 89, 127, 130, 132, 135, 137, 140, 141, 148, 149, 152, 156, 161, 162, 166, 167, 176, 177, 182, 184, 188, 190, 191, 198, 200, 205, 206, 211, 213, 215, 221, 226, 228, 234-236, 240-243, 248, 250-256

議員定数配分 ii-iv, 15, 17-20, 49, 57-65, 69, 73, 82-84, 86, 91-125, 128, 130, 131, 136, 137, 139, 140, 148, 152, 164, 165, 168, 169, 171-174, 181, 188, 193, 194, 206, 210-212, 218-220, 223, 228, 239-243, 247, 248

幾何平均 26, 78, 79

基数 70, 71

奇数切り上げ偶数切り捨て方式 218-221

議席配分 9, 11, 26, 37, 38, 43, 45, 61, 73, 88, 90, 135, 136, 139, 140, 183, 199, 202, 203, 217, 238

逆戻り推論 ii

行政区画 15, 16, 18, 27, 33, 52, 55, 61, 62, 111, 128, 131, 142, 144, 151, 153, 171, 172, 179, 184, 195, 201, 203, 206, 213, 239, 242, 247, 249, 250

276　索　引

行政権—政党次元　12, 13
共和政体保障条項　28, 29
共和党（アメリカ）　30, 32
共和党（リパブリカンズ）　22
拒否権　24
緊急是正法　54, 66, 193-195, 198, 199, 214, 242
　——附則　194, 195
区割り　15-20, 27-33, 36-41, 45, 46, 48-62, 89,
　93-95, 105, 111, 112, 119, 126-157, 160, 169-
　173, 175-215, 238, 239, 246-255, 257
区割り案の作成方針　52, 180
区割り（の）改定案の作成方針　ii, 53, 54, 188, 195,
　196, 203, 206, 213, 214, 242, 251, 257
区割り基準　18, 32, 33, 36, 64, 180, 181, 188, 189,
　193, 195, 196, 203, 206, 207, 211, 213-215,
　247-252, 254
区割り審設置法　→衆議院議員選挙区画定審議
　会設置法
郡部　47, 49, 95-114, 121-123, 126, 127, 135-147,
　169-171, 241
郡部選挙区　138, 144, 145
ゲリマンダリング　30-32
権威主義体制　5
現行の選挙制度の仕組み自体の見直し　229-232
現住人口　94, 98, 99, 101, 103, 106, 112, 113, 122,
　129, 133, 134, 136, 138, 140, 142, 145, 259-263
憲法　i, 3-7, 14, 20-22, 24, 27-29, 32, 33, 43, 63,
　79, 151, 162-165, 167-169, 185-187, 191, 192,
　198, 199, 205, 212, 216, 221-224, 227, 229, 231,
　232, 234, 245, 246, 248
合区　231-234
合憲　164, 169, 191, 192, 205, 212, 221-224, 226-
　229, 234-237, 243
公職選挙法　i, 6, 19, 48, 50, 51, 91, 92, 157, 161,
　164, 179, 181, 189, 194-196, 200-202, 214, 222,
　227, 228, 230, 231, 233, 236, 237, 244, 246, 249
　——別表　157, 160, 194, 195, 202, 236
交通　52, 55, 61, 62, 111, 116, 117, 132, 142-144, 147,
　148, 171, 177, 179-181, 184, 188, 195, 201, 203,
　207, 213, 242, 250
高度成長期　157, 173, 242
合理的期間　i, 163-165, 168, 187, 192, 198, 199
郡祐一　119

国勢調査（アメリカ）　7, 22, 23, 25, 26, 29-31, 73,
　239
国勢調査（カナダ）　43, 45
国勢調査（日本）　i, 17, 20, 50, 51, 71, 78, 80, 115,
　116, 120, 122, 148, 150, 157-159, 162-166, 168-
　170, 175, 176, 179, 181-183, 187, 188, 190, 191,
　193-195, 197, 200, 203-210, 215, 224-226, 230,
　233, 235, 236, 244, 246, 253, 264
　簡易，中間年の——　53-55, 184, 190, 199, 201,
　202, 214, 251
　大規模，10 年ごとの——　20, 52-55, 63, 66,
　179, 200-202, 206, 214, 242, 249-251, 254,
　256
国民代表　6, 7, 217
国立社会保障・人口問題研究所　254
国会の裁量権　186, 187, 222, 224, 226-229, 231,
　232, 237
小松原英太郎　101, 104
混合制　8, 9
コンセンサス・モデル　6, 12, 13

サ 行

西園寺公望　110
最高裁（アメリカ）　28, 29, 32
最高裁（日本）　→選挙無効請求訴訟
最高裁大法廷判決　→選挙無効請求訴訟
最高裁判決　→選挙無効請求訴訟
最高平均法（highest averages method）　9, 66, 69,
　74, 76, 77, 89
最大較差 2 倍未満　→較差 2 倍未満
最大剰余法（largest remainders method）　9, 66,
　70-73, 89
斎藤隆夫　112, 142, 143
参議院　1, 5, 164, 196, 216, 217
参議院改革協議会　228, 229, 234
参議院議員選挙法　92, 119, 151, 217-219
参議院選挙　→通常選挙（参議院）
参議院選挙制度協議会　231, 232
参議院選挙制度に関する検討委員会　224
三条家文書　93, 94
サント・ラグ方式　16, 19, 25-27, 43, 64, 68-70,
　73, 82, 83, 87, 88, 97, 100-102, 104-113, 115-
　118, 120-126, 136-141, 143, 144, 147-149,

索 引　277

151-156, 169-172, 218, 220, 221, 241-243, 261, 263-266

ジェファソン, トーマス（Jefferson, Thomas）　22

ジェファソン方式　16, 23-26　⇒ドント方式も参照

市部　47, 49, 95-114, 121-123, 126, 127, 135, 141, 145-147, 169-171, 241

司法判断適合性　29, 33

衆議院　1, 4, 5, 18, 20, 65, 66, 91, 95-97, 100, 103-106, 111, 112, 115, 119-121, 123, 124, 144, 147, 157, 162, 165, 166, 191, 194, 196, 198, 199, 202, 216, 217, 230, 236, 238, 239, 244-246

衆議院議員選挙区画定審議会（区割り審）　iv, 52-55, 175, 179-181, 184, 185, 188-191, 193-196, 203, 206, 207, 212-214, 242, 251

衆議院議員選挙区画定審議会設置法（区割り審設置法）　ii, iv, 20, 52-56, 89, 91, 92, 124, 178, 180, 184-187, 192-194, 198, 200, 202, 206, 208, 212, 214, 215, 249-251, 255

　——改正　20, 92, 194, 200, 202, 214, 251

　——附則　20, 200, 202, 206, 214, 251

衆議院議員選挙法　5, 6, 19, 47, 48, 91-97, 100, 101, 103-106, 108, 114-116, 118, 119, 122, 128, 135, 139, 141-143, 147, 151, 153

　——附録　19, 48, 91-95, 128, 259

　——別表　48, 91-93, 110, 111, 142, 143, 147, 152, 153, 157

衆議院選挙制度改革関連法　55

衆議院選挙制度協議会　244-246

衆議院選挙制度に関する調査会（衆議院選挙制度調査会）　54, 66, 67, 71, 80, 88, 89, 199, 200, 214

衆議院総選挙　→総選挙（衆議院）

修正サント・ラグ方式　25, 75, 83

州（地方，都道府県）レベルの偏差　58, 59, 61, 62

自由民主党（自民党）　i, ii, 10, 11, 52, 54, 55, 162, 165, 169, 177, 178, 193, 194, 196, 199, 200, 231-234

小選挙区（制）　8-11, 13, 15, 27, 34, 42, 48-50, 62, 63, 92, 93, 95, 96, 105, 110, 111, 113, 121, 122, 124, 127-129, 131, 132, 134, 139, 150, 151, 169-172, 174, 183, 238-241, 244, 245, 247

小選挙区定数　65, 66, 93, 124, 160, 175, 177, 178, 194, 199, 200, 214, 255-257

小選挙区比例代表併用制　9

小選挙区比例代表並立制　9, 20, 52, 63, 124, 125, 167, 169, 174, 175, 185, 191, 212, 242

女子普通選挙　→選挙権

除数基準　74-78

除数方式　70, 76, 80, 89, 121

女性参政権運動　→選挙権

女性選挙権　→選挙権

小選挙区基準除数　201, 208, 256, 257

庶民院　18, 33, 37-40

人口移動　20, 28, 50, 157, 236, 243

人口減少　26, 244-246, 248, 256

人口代表主義　142, 143, 171

人口調査　48, 50, 117, 119, 120, 122, 151, 152, 155, 217, 218, 220, 265, 266

人口と定数の逆転現象　20, 144-146, 150, 154, 156, 158, 161-168, 173, 174, 185, 188, 198, 205, 223-227, 242

人口パラドックス　73

人口比例の原則　144, 173, 174, 178, 184, 197, 205

真の比例代表制　16, 17, 19, 65, 67, 75, 76, 78-80, 88, 89, 178, 182, 185, 208, 213, 215, 239, 240, 242, 243, 247, 248, 257

新偏差基準　255, 256

枢密院勅令　39

末松謙澄　130, 132

制限連記（投票）制　8, 35, 48-50, 63, 151

政治改革　52, 124, 167, 169, 174, 175, 177-181, 184, 212, 225

政治の茂み（political thicket）　28

政党システム　6, 9-11, 13

選挙基数　37-41, 45, 46, 59-62, 64, 213, 240

選挙区改定　21, 28-30, 41, 54, 58, 59, 62-64, 66, 179, 207, 215, 239, 246

選挙区改定革命（reapportionment revolution）　29

選挙区画定委員会（Boundary commissions）　36, 37, 39, 40, 45, 46, 63

選挙区（選挙）（参議院）　72, 92, 119, 120, 124, 216-218, 220, 221, 225, 226, 233, 235-238

選挙区レベルの偏差　60-62

選挙区割り（Redistricting）　→区割り

278　索　引

選挙権　5, 16, 17, 21, 22, 34-38, 42, 47, 48, 62, 63, 96, 103, 105, 106, 110-112, 114, 116, 163, 164, 168, 169, 185, 216, 221, 222, 239, 247, 249

選挙制度審議会　15, 51, 158-160, 219, 226
　第 8 次——(8 次審)　124, 167, 175, 177-181, 187, 226, 227

選挙制度調査会　119, 124

選挙制度に関する専門委員会(参議院)　228, 234

選挙制度の改革に関する検討会(参議院)　229, 231, 232

選挙民主政治　11

選挙無効請求訴訟(参議院)　217, 221-224, 226-232, 234, 235

選挙無効請求訴訟(衆議院)　54, 66, 79, 160, 161, 163-169, 174, 185-188, 191-194, 198, 199, 205, 211, 213, 215

全国区選挙　217

全州 1 区　27

先住民　42, 60

全米州議会協議会　33

総選挙(イギリス)　6, 38-40

総選挙(カナダ)　43, 45

総選挙(衆議院)　5, 54, 55, 66, 79, 93, 96, 118, 160-169, 185, 191, 192, 194, 196, 197, 205, 207, 210, 211, 213, 215, 242, 252

総定数の増加　248

タ　行

第 1 次改革法　34

大学選挙区　33, 36, 38, 63

大規模民主政治システム　1, 3-6, 16

第 3 次改革法　35

大選挙区(制)　8, 15, 48-50, 63, 95-100, 102-108, 110-112, 116, 118, 119, 121-123, 127, 128, 135, 141, 151, 169, 170, 238, 241

第 2 次改革法　35

代表民主政治　6, 11, 12, 14, 65

代表命令　45

多数主義的　12

多数代表制　8

ダール，ロバート(Dahl, Robert A.)　1, 2

単記移譲式投票　67

単記投票　96, 139, 151, 217, 243

単記非移譲式投票(制)(SNTV)　8, 49, 136, 139
　⇒中選挙区制も参照

男女平等普通選挙制度　→選挙権

男女普通選挙　→選挙権

地域間格差の拡大　246

地勢(地理)　18, 52, 55, 61, 62, 111, 130, 142, 144, 147, 153, 169, 171, 172, 179, 184, 195, 201, 203, 207, 213, 242, 250

地方行政区画　→行政区画

地方区　→選挙区(選挙)(参議院)

中選挙区(制)　8, 10, 11, 15, 20, 48-52, 63, 92, 114, 115, 118-123, 125, 127, 139, 147, 150, 151, 153, 154, 157-159, 167, 169-174, 181, 198, 238-242, 245, 247

超ドント比例性　11

調和平均　78, 79

直接民主政治　2

地理人情等　→地勢(地理)

通常選挙(参議院)　221-223, 226-231, 233-235

土屋佳照　219

ディーン方式　16, 79

定期リビュー　38
　第 5 次——　38
　2023 年——　39-41, 64

定数不均衡是正　50, 127, 157, 159, 160, 162, 163, 166, 168, 169, 178, 242

定数変更　66, 157, 159-168, 170, 173, 189, 190, 210, 225, 226, 233, 235, 236, 246

デュヴェルジェ，モーリス(Duverger, Maurice)　9

デュヴェルジェの法則　9

デンマーク方式　16, 78

ドイツ　9, 13, 187, 247

島嶼　39-41, 49, 64, 95, 97, 99-102, 104-106, 109-112, 114, 122, 123, 128-130, 133-141, 143, 146, 147, 149, 170, 259, 261, 263

投票価値の平等　i, 18, 20, 21, 29, 54, 58, 79, 162, 186, 187, 192, 193, 198, 205, 212, 221, 222, 226, 227, 229-231, 242, 245, 246

投票価値の不平等　58, 126, 160, 164-167, 169, 186, 223, 224, 226, 228, 230, 249

徳田球一　119

索引　279

特定枠　234
床次竹二郎　111, 112, 141-144, 146
ドント式比例代表制　→ドント方式
ドント方式　11, 16, 17, 19, 23, 25, 67-70, 74, 75,
　77-82, 85, 87-89, 94, 95, 97, 98, 104, 111, 121,
　122, 126, 128-133, 135, 144, 169, 170, 172, 215,
　217, 240, 241, 243, 259

ナ 行
2院制　13, 216
2段階の比例代表制の方式　172, 174, 215, 241,
　243
2段階のプロセス　16
2倍未満　→較差2倍未満
人情(人情習慣)　130, 132, 147, 153, 169, 171, 172
野田佳彦　54, 194

ハ 行
バーク, エドマンド(Burke, Edmund)　6
端数　17, 65-68, 72, 73, 76-80, 85, 87, 130, 181,
　218
　——切り上げ　25, 43, 68-70, 84, 97, 98, 100,
　　101, 201, 208, 256, 257
　——切り捨て　23-25, 68-70, 81, 94, 95, 97-99,
　　121, 128, 129, 133
　——4捨5入　25, 43, 68-70, 97, 99, 100, 104-
　　107, 111, 112, 114, 116-118, 121, 124, 136,
　　139, 147, 154, 219
8次審　→選挙制度審議会(第8次——)
ハミルトン, アレクサンダー(Hamilton, Alexander)
　22, 24
ハミルトン方式　23, 24, 26
林田亀太郎　131, 132
バラ選挙区　34
原敬　49, 110, 111, 122
非拘束名簿式　9, 224, 227, 234
非純粋比例性　11
被選挙権　→選挙権
1人1票の原則(one-person, one-vote principle)
　17, 29, 30, 33, 41, 58, 60, 63-65, 89, 127, 240
1人別枠方式　25, 52, 54, 59, 91, 179, 186, 191-
　193, 248　⇒1人別枠方式＋ヘア式最大剰
　余法も参照

　——廃止　54, 193, 194
1人別枠方式＋ヘア式最大剰余法　53, 66, 67,
　79-81, 85, 86, 176, 178, 181-183, 185, 188,
　194, 213, 215, 226, 242, 243, 248
非比例性指標　73
平等保護条項　29
ヒル方式　16, 25, 26, 30, 31, 59, 61, 64, 79, 178
比例代表制　8-11, 13, 15-17, 25, 59, 61, 62, 65-
　90, 92, 93, 95, 96, 121-123, 136, 160, 172, 174,
　177, 208, 217, 238, 239, 243-245, 247, 255
比例代表選挙　9, 52, 65, 177, 193, 202, 217, 224,
　227, 238
複数投票制　34, 36, 38, 63
附帯決議　ii, 234, 244, 246
フランス　9, 13, 187, 247
分散要素分析(variance components analysis)
　58-60
ヘア基数　23, 24, 71-73, 76, 81, 85, 86, 115-118,
　120-125, 152, 155, 156, 181, 220, 241, 265, 266
ヘア式最大剰余法　iii, 16, 19, 23, 24, 43, 52, 71-
　73, 78-80, 92, 93, 115, 117, 118, 120, 121, 123-
　125, 151, 177-179, 181, 187, 193, 212, 219, 220,
　241, 266　⇒1人別枠方式＋ヘア式最大剰余
　法も参照
偏差　18, 39, 58-62, 127, 149, 151, 160, 169, 180,
　181, 184, 188, 196, 213, 239, 243, 247, 249-
　257
法の下の平等　i, 5, 20, 50, 186, 221
細川護熙　52, 169, 178
北海道　49, 50, 56, 58, 93, 96, 100, 101, 103-106,
　109, 110, 113, 117, 118, 127, 135, 136, 139,
　177, 184, 190, 203, 204, 207, 210, 224, 232,
　234, 252
ポリアーキー　3, 14
堀切善次郎　116, 117

マ 行
マジョリテリアン・モデル　6, 12-14
見込人口　202-205, 207, 214, 251
宮城　199, 200, 204, 209, 210, 219, 221, 224, 232,
　234
民主化　4, 21, 33, 62
民主政治　1, 2, 4, 6, 11-14, 16, 65, 91, 185, 229,

280 索 引

231, 239, 240, 246, 247, 250, 257
民主的プロセスの規準 2
民主党 54, 193, 194, 196, 199, 200
民主党(アメリカ) 30, 32

ヤ 行

山県有朋 96, 100, 103, 122, 132
山花貞夫 124

ラ 行

ラウンズ方式 16, 71
立法裁量権 →国会の裁量権
リベラル・デモクラシー 3
臨時法制調査会 217, 218

レイプハルト，アレンド(Lijphart, Arend) 12-14
連記制 →完全連記(投票)制，制限連記(投票)
　制
連記投票 27, 32, 34, 47, 63, 96, 105, 128, 238
　⇒完全連記(投票)制も参照
連邦最高裁判決 →最高裁(アメリカ)
連邦制―単一制次元 13
連邦党(フェデラリスツ) 22

ワ 行

ワシントン，ジョージ(Washington, George) 24

Loosemore-Hanby index 73

著者略歴
1952 年　富山県に生まれる.
1980 年　東京大学大学院法学政治学研究科博士課程単位取
　　　　得退学.
1993 年　東京大学博士（法学）.
現　在　日本学士院会員，東京大学・東北大学名誉教授.

主要著書
『概説 現代日本の政治』（共著，東京大学出版会，1990 年）
『日本の政党政治 1890-1937 年』（東京大学出版会，1992 年）
『選挙制度と政党システム』（木鐸社，2004 年）
『日本の国会制度と政党政治』（東京大学出版会，2005 年）
『現代の政党と選挙』新版（共著，有斐閣，2011 年）
『議院内閣制』（東京大学出版会，2015 年）

日本の選挙制度と 1 票の較差

2024 年 9 月 25 日　初　版

［検印廃止］

著　者　川人 貞史

発行所　一般財団法人　東京大学出版会
　　　　代表者　吉見 俊哉
　　　　153-0041 東京都目黒区駒場 4-5-29
　　　　https://www.utp.or.jp/
　　　　電話 03-6407-1069　Fax 03-6407-1991
　　　　振替 00160-6-59964

組　版　有限会社プログレス
印刷所　株式会社ヒライ
製本所　牧製本印刷株式会社

©2024 Sadafumi Kawato
ISBN 978-4-13-030193-0　Printed in Japan

JCOPY〈出版者著作権管理機構　委託出版物〉
本書の無断複写は著作権法上での例外を除き禁じられています. 複写され
る場合は, そのつど事前に, 出版者著作権管理機構（電話 03-5244-5088,
FAX 03-5244-5089, e-mail: info@jcopy.or.jp）の許諾を得てください.

川人 貞史著	日本の政党政治 1890-1937 年	A5・5400 円
川人 貞史著	議　院　内　閣　制 シリーズ日本の政治 1	46・2800 円
山田 真裕著	政 治 参 加 と 民 主 政 治 シリーズ日本の政治 4	46・2800 円
待鳥 聡史著	政党システムと政党組織 シリーズ日本の政治 6	46・2800 円
増山 幹高著	立 法 と 権 力 分 立 シリーズ日本の政治 7	46・2800 円
谷口 将紀著	政治とマスメディア シリーズ日本の政治 10	46・2800 円
京極 純一著	日　　本　　の　　政　　治	A5・3800 円
上神 貴佳著	政党政治と不均一な選挙制度	A5・7400 円

ここに表示された価格は本体価格です．ご購入の
際には消費税が加算されますのでご了承ください．